Jim Leonard/Phil Laut · Neu geboren werden

Putz

Jim Leonard Phil Laut

Neu geboren werden

REBIRTHING

der Weg zu Selbstentfaltung und Lebensfreude

Kösel

Übersetzung aus dem Amerikanischen: Karin Petersen, Berlin.
Fachliche Beratung: Demian zur Strassen, Berlin.
Die Originalausgabe erschien unter dem Titel »Rebirthing. The Science of
Enjoying All of Your Life« by Trinity Publications, Cincinatti, U.S.A.

CIP-Titelaufnahme der Deutschen Bibliothek

Leonard, Jim:
Neu geboren werden : rebirthing: d. Weg zur Selbstentfaltung
u. Lebensfreude / Jim Leonard ; Phil Laut. [Übers. aus d.
Amerikan.: Karin Petersen]. – München : Kösel, 1988
    Einheitssacht.: Rebirthing <dt.>
    ISBN 3-466-34209-0
NE: Laut, Phil:

Gesamtherstellung: Kösel, Kempten.
Umschlag: Elisabeth Petersen, Glonn.
Umschlagfoto: Victor Goico, Stuttgart.
ISBN 3-466-34209-0

Widmung

Ich, Jim Leonard,
widme dieses Buch meinen Eltern,
Al und Anna Lee Leonard,
und meiner engelhaften Frau
Anne Jill Leonard,
die mir Liebe, Unterstützung und Weisheit
und damit den Beweis geschenkt haben,
daß das Leben unendlich gut ist.

Ich, Phil Laut,
widme dieses Buch meinen Eltern,
Betty und Phil Laut,
mit die besten Eltern, die ich je kennengelernt habe,
und die mir einen wunderbaren Einstieg
ins Leben geschenkt haben.

Inhalt

Anhang

Einleitung:
Warum ein Buch über Selbstentfaltung lesen?

Selbstentfaltung ist die Freizeitbeschäftigung, die auf der ganzen Welt am meisten verbreitet ist. Darüber hinaus gehört sie zu den ältesten menschlichen Aktivitäten, weil es unser Streben nach Vervollkommnung ist, das uns in erster Linie zu Menschen werden ließ.

Bei sämtlichen Techniken zur Selbstentfaltung geht es um die Steigerung unserer Daseinsfreude, unserer kreativen Kraft und unseres Wohlbefindens; es geht darum, Vorgehensweisen zu verstärken, mit denen wir weiterkommen, und nicht darum herauszufinden, was mit uns nicht stimmt. In diesem Buch liegt die Betonung auf Problemlösungen.

Selbstentfaltung ist das Ziel sämtlicher Religionen, Philosophien und Therapien. Sie ist das Ziel von Sport, Yoga und ganzheitlichen Gesundheitslehren. Sie ist das Ziel von Erziehung und auch das Ziel von Medizin, Wissenschaft und Technologie. Menschliche Selbstentfaltung und die Evolution des menschlichen Bewußtseins verliefen immer parallel.

Wir leben in einem Zeitalter, das zunehmend von hoch entwickelten Technologien beherrscht wird – und dieser Zustand muß durch hoch entwickelte Methoden zur Selbstentfaltung des Menschen ausbalanciert werden. Die Lektüre dieses Buches wird Sie mit dem neuesten Entwicklungsstand auf diesem Gebiet bekannt machen.

Wir, die Autoren dieses Buches, sind dankbar für die Möglichkeit, diese neuen Verfahren mit Ihnen zu teilen, und wir laden Sie ein, sie sich anzueignen.

Die Techniken, die in diesem Buch beschrieben werden, sind einfach, direkt, außerordentlich effektiv, und sie machen Spaß. Sie können leicht lernen, sie ganz eigenständig für Ihre Entwicklung anzuwenden. Sie erfordern ein Minimum an Zeitaufwand und führen trotzdem zu maximalen Ergebnissen. Sie können sogar lernen, einige dieser Verfahren anzuwenden, während Sie gleichzeitig mit anderen Dingen beschäftigt sind – eine Wohltat für moderne, aktive Menschen.

Neben Rebirthing, worauf in diesem Buch das Hauptgewicht liegt, stellen wir Ihnen auch detaillierte Anweisungen für viele andere Techniken zur Selbstentfaltung vor. Fast alle können Sie zur Steigerung Ihres Wohles und Ihrer Zufriedenheit sofort anwenden.

Sie können sich auf jedem Gebiet nur dann weiterentwickeln, wenn Sie es gründlich kennen. Dieses Buch wird Ihnen beibringen, wie Sie sich selbst besser kennenlernen können als je zuvor. Niemand möchte die dunkelsten Winkel seiner Seele erforschen, ohne auch das Licht hervorzuholen. Rebirthing erleichtert Ihnen die Selbstentfaltung in den tiefsten Schichten Ihres Seins, weil es Sie darin unterstützt, sich in einem heiteren und freudigen Umfeld zu bewegen.

Rebirthing geschieht auf körperlicher wie auf geistiger Ebene; es erneuert die natürliche Verbindung zwischen Geist und Körper. Man könnte sagen, daß es den Körper einsetzt, um mit dem Geist in Kontakt zu kommen, und man könnte mit der gleichen Berechtigung sagen, daß es den Geist benutzt, um mit dem Körper in Kontakt zu kommen. Es führt zur Transformation, indem es die ursprüngliche Freude und das ursprüngliche Wohlbefinden hervorruft, die das ganze Wesen umschließen und sich ausbreiten. Der Geist wird glücklicher und der Körper gesünder. Es steigert die menschliche Wirkungskraft, indem es das ganze Wesen in Einklang mit dem Lebenszweck bringt. Es ist eine Hingabe an das eigene Selbst und ein Akt umfassender Liebe. Leonard Orr, ein Pionier auf dem Gebiet der Techniken zur Selbstentfaltung, war der erste, der Rebirthing in den frühen siebziger Jahren entwickelte. Da es bei den Menschen, die es praktizieren, rapide Umwandlungen zur Folge hat, wundert es nicht, daß auch die Technik selbst sich rapide gewandelt hat. Was in diesem Buch über Rebirthing mitgeteilt wird, ist eine sehr gründliche Abhandlung über die fortgeschrittensten Methoden.

Man kann ohne weiteres behaupten, daß kein einziges Lebensgebiet unberührt bleiben wird, wenn Sie lernen, sich selbst zu rebirthen. Uns ist wohl bewußt, daß diese Aussage Ihre Skepsis hervorrufen kann. Solange Sie Rebirthing nicht ausprobiert haben, werden Sie nicht glauben, wie gut es wirkt. Den Beweis zu verlangen, daß Sie gute Wirkungen damit erzielen können, noch bevor Sie es selbst ausprobieren, ist in etwa das gleiche, wie vor einem erloschenen Feuerplatz zu stehen und zu sagen: »Wenn du mir Hitze gibst, gebe ich dir das Brennholz.« »Ja, aber«, fragen Sie vielleicht, »kann denn ein Buch mir beibringen, so tiefgehend an mir zu arbeiten?« Die Antwort lautet, daß dieses Buch Sie sehr gründlich auf Rebirthing vorbereiten wird, Sie aber trotzdem einen persönlichen Lehrer brauchen werden, der Sie durch Ihre ersten Rebirthing-Erfahrungen begleitet; und zwar nicht, weil die Technik kompliziert oder gefährlich wäre. Sie ist einfach und vollkommen sicher. Während des Rebirthing kann ein Mensch aber Erfahrungen mit körperlichen Empfindungen und geistigen Bildern machen, die so ungewöhnlich sind, daß sie beängstigend werden können, wenn nicht jemand anwesend ist, der ähnliche Dinge bereits erfahren und gelernt hat, sie zu genießen und sich sicher damit zu fühlen. Rebirthing ist nur effektiv, wenn es angenehm verläuft. Die Aufgabe des Rebirthers besteht darin, sicherzustellen, daß Ihre Erfahrung so angenehm wie möglich wird. Professionelle Rebirther (siehe S. 265 ff.) sind nicht teuer, und nach einigen angeleiteten Sitzungen werden Sie in der Lage sein, sich allein zu rebirthen. Wir geben Ihnen in diesem Buch die vollständigen Informationen für die Suche und Auswahl Ihres persönlichen Rebirthers. Sie machen sich selbst damit eines der größten Geschenke.

Was Rebirthing nicht ist

Rebirthing ist keine Therapie, Religion, Psychologie, Medizin, Hypnose oder etwas, dem Sie beitreten können, und es ist auch kein Ersatz für diese Dinge.

Was Rebirthing ist

Rebirthing ist eine moderne, ganzheitliche Methode zur Selbsthilfe, die von Millionen von Menschen auf der ganzen Welt erfolgreich angewendet wird. Es benutzt eine genau festgelegte, wunderbare Atemtechnik, mit deren Hilfe man sich seines Geistes, seines Körpers und seiner Gefühle zutiefst und bis in feine Einzelheiten positiv bewußt wird. Es versetzt Geist und Körper in die Lage, sich auf eine sanfte Weise neu zu strukturieren, so daß Daseinsfreude, kreative Kraft und Gesundheit intensiv gesteigert werden. Das Grundlegende an Rebirthing ist die Hingabe an die eigenen Erfahrungen, so wie sie sich darstellen, und darüber hinaus die Dankbarkeit für das Wunder unserer Existenz.

Was Rebirther nicht sind

Die meisten Rebirther sind – bis auf wenige Ausnahmen – keine Ärzte oder Psychotherapeuten. Wenn Sie glauben, körperlich oder geistig krank zu sein, dann suchen Sie professionelle Hilfe bei einem zugelassenen Fachmann auf dem Gebiet des Gesundheitswesens.
Wenn Sie bei einem Arzt oder Psychotherapeuten in Behandlung sind und Rebirthing machen möchten, dann machen Sie auf jeden Fall zuerst Ihren Arzt oder Therapeuten mit dieser Technik bekannt, und stellen Sie als nächstes einen Kontakt zwischen Ihrem Arzt oder Therapeuten und Ihrem Rebirther her. Unter diesen Umständen empfehlen wir Ihnen Rebirthing nur dann, wenn Ihr Arzt oder Therapeut und ein kompeten-

ter, professioneller Rebirther darin übereinstimmen, daß es gut für Sie wäre.

Während der insgesamt zwölfjährigen Erfahrung beider Autoren mit Rebirthing kam es nicht einmal vor, daß Rebirthing sich auf eine ärztliche oder therapeutische Behandlung in irgendeiner Form nachteilig ausgewirkt hätte. Tatsache ist, daß es sich als große Hilfe bei psychologischen und körperlichen Heilungsprozessen erwiesen hat. Aber Ärzte und Therapeuten haben bei ihren Patienten und Klienten auch schon ausgezeichnete Ergebnisse erzielt, bevor Rebirthing in Erscheinung trat, und wenn Sie körperlich oder geistig krank sein sollten, halten wir es für wichtig, daß Sie Ihren Arzt oder Therapeuten bei jeder Entscheidung hinzuziehen, die Sie im Hinblick auf Rebirthing treffen.

Was Rebirther sind

Rebirther sind erfahrene und ausgebildete Fachleute, die genügend Selbstvertrauen, Integrität und Mitgefühl entwickelt haben, um Menschen mit durchgängig guten Ergebnissen durch eine Rebirthing-Sitzung leiten zu können.

Wir beschreiben in diesem Buch noch genauer, wie man ein professioneller Rebirther wird.

Wem kann Rebirthing nützlich sein?

Für jeden Menschen, der ohne Zusatzgeräte atmen kann (das Atmen ist ein wichtiger Bestandteil der Technik) und bereit ist, die Verantwortung für die eintretenden Wirkungen voll zu übernehmen (es ist eine Technik zur *Selbst*entfaltung), kann Rebirthing von großem Nutzen sein.

Rebirthing unterstützt Sie in Ihrer Autonomie und bei der Übernahme von Eigenverantwortung

Sie können im Leben keinerlei gute Wirkungen erwarten, wenn Sie nicht zunächst einmal die volle Verantwortung für deren Zustandekommen übernehmen. Diese Wahrheit hat vor allem für Rebirthing Gültigkeit, denn es liegt in der Natur des Rebirthing-Prozesses, daß *Sie* für das Zustandekommen sämtlicher Wirkungen, die sich bei Ihnen einstellen, hundertprozentig verantwortlich sind. Rebirther können Ihnen lediglich Dinge zeigen und Sie anleiten. Wenn Sie vom Rebirther erwarten, daß er eine bestimmte Wirkung für Sie erzielt, ist das in etwa das gleiche, als wenn Sie Golfstunden nähmen und dann vom Golflehrer erwarten würden, daß er alle Bälle für Sie ins Loch schlägt. Sie können mit Hilfe von Rebirthing bestimmte Ergebnisse erzielen. Wenn Sie erwarten, daß Rebirthing selbst die Wirkungen für Sie erzielt, ist das ähnlich, als wenn Sie sich eine Axt kauften und von der Axt erwarten würden, daß sie Ihnen Ihr Holz hackt. Wenn Sie erst einmal gelernt haben, sich selbst zu rebirthen, können Sie die Wirkungen für sich zu jeder beliebigen Zeit und an jedem beliebigen Ort hervorrufen; Sie werden von niemandem abhängig, und Sie werden auch von der Technik nicht abhängig.

Wie alt sind diese Methoden?

Nichts in diesem Buch ist neu. Die Wahrheit stand zu jeder Zeit all denen offen, die sich entschlossen haben, danach zu suchen. Wir haben unter anderem viele Erfahrungen im Rebirthen von Christen, Juden, Buddhisten, Yogis und Hindus gesammelt, und uns wurde gesagt, daß unsere Ideen und Praktiken mit sämtlichen Lehren dieser alten Traditionen im Einklang stehen. Vielleicht stellen wir sie neu dar, vielleicht sind einige unserer Techniken neu – wir haben zumindest die *Erfahrung* gemacht, einige dieser Techniken zu erfinden. Da wir nicht alles wissen, ist es uns zur Zeit auch nicht möglich, herauszufinden, wer unsere Vorgänger sein könnten. Das Material in diesem Buch ist so grundlegend für das menschliche Dasein, daß wir uns nicht vorstellen können, die ersten zu sein, die es entdeckt haben, oder daß es überhaupt von irgend jemandem erst *kürzlich* entdeckt wurde.

Wie Sie dieses Buch benutzen können

Wir haben dieses Buch sorfältig, logisch und systematisch geschrieben. Die Informationen bauen aufeinander auf und führen die Leser Schritt für Schritt weiter. Wir gehen nicht von der Voraussetzung aus, daß der Leser bereits irgendwelche Erfahrungen mit Techniken zur Selbstverwirklichung gemacht hat. Jeder, der dieses Buch von vorne beginnt und es Abschnitt für Abschnitt zu Ende liest, wird in der Lage sein, noch das fortgeschrittenste Material zu begreifen, das wir vorstellen.
Fast jeden Ablauf und jede Technik, die wir in diesem Buch beschreiben, können Sie sofort praktisch anwenden. Wir empfehlen Ihnen, das zu tun.
Dieses Buch soll in keinem Fall den gesunden Menschenverstand

ersetzen. Wir betonen an dieser Stelle und im ganzen Buch, daß wir nützliche *Modelle* vorstellen und daß die Wirklichkeit mit *keinem* Modell immer und vollkommen übereinstimmt. Wenn Sie sich beispielsweise ein Bein brechen, sagt Ihnen Ihr gesunder Menschenverstand, daß Sie einen Arzt aufsuchen und Ihr Bein in Gips legen lassen sollen; auch wir würden Ihnen mit Sicherheit empfehlen, das sofort zu tun – selbst wenn sich durch Rebirthing der Schmerz verringern kann und die Heilkräfte für Ihr krankes Bein verstärkt aktiviert würden.

Unmittelbar im Anschluß an den Hauptteil dieses Buches folgen Worterklärungen, in denen Begriffe erläutert werden, die Ihnen vielleicht unbekannt sind oder bei denen es sich um Worte handelt, die wir auf unübliche Art benutzen.

Um dieses Buch möglichst effektiv nutzen zu können, lesen Sie es am besten einmal ganz durch, machen mehrere Rebirthing-Sitzungen bei einem guten, professionellen Rebirther und lesen es dann ein zweites Mal ganz durch.

ERSTER TEIL

Die Wahrheit über das menschliche Dasein

1 Wie Sie Ihren Verstand befreien können

Wenn Sie einen Gegenstand betrachen, können Sie von ihm jeweils nur eine Seite auf einmal sehen; das ist die Natur der optischen Wahrnehmung. Das Gleiche gilt, wenn Sie über etwas nachdenken – Sie können die Gedanken nur in einem Zusammenhang auf einmal entwickeln; so ist die Natur des menschlichen Denkens. Ebenso wie Ihr optischer Blickwinkel bestimmt, was Ihre Augen sehen, legt der von Ihnen gewählte Zusammenhang fest, was Ihr Verstand denkt.

Ein Mensch, der zum Beispiel nur chinesische Schriftzeichen kennt, sieht beim Betrachten dieser Seite genau dieselben Druckmuster auf dem Papier vor sich wie Sie. Der Grund dafür, daß Sie diese Wörter lesen können und der chinesische Leser nicht, besteht darin, daß Ihnen ein Zusammenhang zur Verfügung steht, der Sie in die Lage versetzt, diesen Druckmustern Bedeutung zu verleihen, während dem chinesischen Leser dieser Zusammenhang fehlt.

Inhalt bedeutet »der Gegenstand an sich«, und *Zusammenhang* oder *Blickwinkel* bedeutet, wie Sie ihn handhaben und erleben. Zu verstehen, wie ein Wechsel des Zusammenhangs oder des Blickwinkels die menschliche Erfahrung verändert, ist grundlegend für ein praktisches Verständnis des menschlichen Lebens. Ehe wir Ihnen irgendwelche Methoden für Ihre Selbstentfaltung vermitteln können, müssen wir zunächst einige grundlegende Zusammenhänge darlegen, in deren Rahmen Sie unsere Modelle von der Arbeitsweise des Verstandes und von der Entstehung der Lebenserfahrung verstehen können. Darum geht es in diesem Teil unseres Buches.

Der Verstand reduziert

Der Verstand ist nicht in der Lage, vollkommen zu erfassen, was etwas ist, und er ist auch nicht in der Lage, vollkommen zu begreifen, daß er es nicht erfassen kann. Er ist lediglich imstande, Wirklichkeitsmodelle zu entwerfen und dann darauf zu bestehen, daß die Realität diesen Modellen entspricht – aber die Realität entspricht ihnen niemals vollkommen.

Um irgend etwas vollständig beschreiben zu können, bräuchten wir unendlich viele Aussagen. Da es für den Verstand zu aufwendig wäre, unendlich viele Aussagen zu produzieren, muß er entscheiden, welcher Aspekt eines Gegenstandes wichtig ist, und dann diesen Aspekt als ein Symbol für das Ganze benutzen. Die Auswahl der so festgelegten Aspekte bestimmt in hohem Maße die Effektivität des Verstandes bei der Schaffung von Daseinsfreude und kreativer Kraft für das Individuum.

Nehmen wir beispielsweise an, daß Sie nicht mehr und nicht weniger als 1000,– DM auf der Bank haben. Sowohl Ihre Gefühle zu dieser Geldsumme als auch Ihre Pläne für deren Anwendung hängen davon ab, ob Ihr Verstand das »eine Menge Geld« nennt oder »Ich bin fast pleite«. Jeder dieser beiden Blickwinkel ist gleich »gültig« und gleich »wahr«, und der Verstand hat absolut freie Wahl.

Betrachten wir als weiteres Beispiel für einen Inhalt die nachweisbaren, aufeinander bezogenen Bewegungsabläufe von Erde und Sonne. Wir können dieses Phänomen in den Zusammenhang stellen, daß die Sonne im Osten auf- und im Westen untergeht, oder wir können es in den Zusammenhang stellen, daß die Sonne sich in Wirklichkeit gar nicht bewegt, sondern durch die Erdumdrehung nur dieser Anschein erweckt wird. Beide Bezugsrahmen sind absolut gültig, und für welchen Sie sich entscheiden, hängt von Ihrer jeweiligen Tätigkeit ab. Wenn Sie sich im Wald verirrt hätten, würden Sie den ersten wählen, um Ihre Richtung zu finden. Wenn Sie Bewegungsabläufe am Himmel berechneten, *könnten* Sie beide wählen, würden sich aber wahrscheinlich für den letzteren entscheiden, um die Berechnungen zu vereinfachen.

Wann immer jemand Schwierigkeiten hat, ein Problem zu lösen, liegt der Grund dafür darin, daß er die Situation in einen ungeeigneten Zusammenhang stellt. Ist der Verstand in einem bestimmten Zusammenhang festgefahren, kann es so aussehen, als lägen die Hindernisse in der Situation selbst. Tatsächlich sind Begrenzungen aber das Resultat von Zusammenhängen, in die wir die Dinge stellen, oder von Blickwinkeln, die wir einnehmen, und ein Wechsel des Zusammenhangs oder Blickwinkels verwandelt auch die scheinbaren Begrenzungen.

Stellen Sie sich ein Auto vor, das über seine Schwierigkeiten sinniert, im vierten Gang einen steilen Berg hinaufzufahren. Das Auto könnte denken: »Meine Schwierigkeiten sind wohl durch das Verhältnis zwischen meinem Gewicht, meiner Motorkraft und der Steigung des Berges bedingt. Da ich offensichtlich nicht genug Kraft habe, den Berg hochzukommen, und weil mir vor Anstrengung schon alles wehtut, kann ich genauso gut aufgeben.« Und von seinem vierten-Gang-Blickwinkel aus gesehen hat das Auto recht!

Eine Absicht dieses Buches ist, Ihnen zu vermitteln, wie Sie Ihre eigenen, individuellen »Gänge« einlegen können.

Seit Tausenden von Jahren beobachten Menschen den Flug der Vögel und sehnen sich danach, auch fliegen zu können. Ihre zahlreichen Versuche hatten wenig Erfolg. Die Vögel flogen immer noch wie eh und je, als die Gebrüder Wright sie beobachteten, aber die Gebrüder Wright haben dieses Phänomen in andere Zusammenhänge gestellt. Als sie in den richtigen Zusammenhang »schalteten«, begann eine neue Ära menschlicher Fortbewegung.

Es gibt keine allgemeingültigen Blickwinkel und Zusammenhänge

Kein vernünftiger Mensch würde einen Zusammenhang wählen, in dem er festgefahren bleibt; die Fähigkeit, auf neue Zusammenhänge und Blickwinkel umschalten zu können, ist sehr erstrebenswert. Wir sind keine Vertreter des »Positiven Denkens«, wir sind Vertreter eines angemessenen Denkens. »Positives Denken« ist nicht immer angemessen, und wenn man sich zu sehr darauf festlegt, kann es begrenzend oder sogar gefährlich sein. Zwei Beispiele:

Wer würde nicht der Aussage zustimmen, daß Bildung besser ist als Unwissenheit? Uns sind Menschen begegnet, die an dem »positiven Gedanken« festhielten, allwissend zu sein – für jemanden, der »positiv« sein will, eine unwiderlegbare Logik, aber es hält ihn davon ab, Neues zu lernen. Ob positiv oder nicht – genau zu wissen, daß man nichts weiß, ist der beste Einstieg ins Lernen, den es gibt.

Uns sind auch Menschen begegnet, die an Seminaren über positives Denken teilnahmen und dann mit »positiven Gedanken« in die Geschäftswelt zurückkehrten wie: »Ich kann alles erreichen«, »Ich denke jetzt nur noch in großen *Dimensionen*« und »Das Universum stellt die Ergebnisse für mich bereit, die ich gewählt habe«. Dann haben sie Geld in ein Geschäft investiert, das sie nicht überblicken konnten – und es verloren. Positives Denken ist wunderbar und hat sicherlich seinen Stellenwert, aber es kann den gesunden Menschenverstand und sorgfältig überdachte Handlungen nicht ersetzen. Zumindest im Geschäftsleben halten wir ein ausgewogenes Verhältnis von Begeisterung und realistischer Einschätzung für angebrachter als blinden Positivismus.

Jedes Modell hat seine eigenen Grenzen, und ein Modell, an dem man zu sehr festhält, wird mit Sicherheit zur Falle.

Der Verstand ist eine Bibliothek von Blickwinkeln

Um uns mit unserer Umwelt auszutauschen, müssen wir die Daten, die wir über unsere Sinne empfangen, aussortieren und dann nach Art und Funktion zuordnen. Diese erstaunlich komplexe Aufgabe erledigen wir mit erstaunlich hoher Geschwindigkeit und mit ebenso erstaunlicher Selbstverständlichkeit. Für diese Aufgabe tragen wir eine schnell arbeitende, »auf Computer umgestellte« Bibliothek von Blickwinkeln mit uns herum, die unter dem Namen »der Verstand« bekannt ist. Die Interaktion zwischen dem Verstand und der Erfahrung, bei der festgelegt wird, in welchen Zusammenhang die Erfahrung gestellt bzw. von welchem Blickwinkel aus sie betrachtet werden soll, ist unter dem Namen »Gedanke« bekannt.

Ihr Verstand organisiert seine Blickwinkel und ordnet seine Inhalte auf Anweisung des leitenden Bibliothekars – und der sind *Sie*! Als leitender Bibliothekar können Sie Ihren Verstand jederzeit und nach eigenem Belieben neu organisieren oder Ihre Erfahrungen neu zuordnen.

Bibliothekswissenschaft

Eine der besten Möglichkeiten, Blickwinkel zu wechseln, besteht darin, einen Gedanken zu vertreten, der nur in dem Zusammenhang wahr sein kann, auf den Sie gerade »umschalten« wollen. Wenn Sie zum Beispiel denken, daß die Sonne ein feststehender Planet und ihr Auf- und Untergehen eine Illusion ist, können Sie die Zusammenhänge leicht wechseln, indem Sie entweder denken, »Die Sonne geht im Osten auf und im Westen unter«, oder, »Ich befinde mich an einem feststehenden Ort«.

Betrachten Sie als weiteres Beispiel das Vexierbild auf Seite 21.

Der Künstler E. G. Boring, von dem dieses Bild stammt, nannte es »Frau oder Schwiegermutter«. Von einem Blickwinkel aus ist eine junge Frau zu sehen, die sich nach links vom Betrachter abwendet. Vom anderen Blickwinkel aus sieht man eine alte Frau im Profil. Um selbst zu erfahren, wie der Wechsel von Blickwinkeln funktioniert, betrachten Sie die junge Frau, schauen auf ihr Kinn und denken, »Das ist die Nasenspitze der alten Frau«, und Sie werden umschalten und die alte Frau vor sich sehen. Wenn Sie dagegen die alte Frau sehen und Ihr Auge betrachten, können Sie denken, »Das ist das Ohr der jungen Frau«, und Sie schalten wieder um und sehen die junge Frau vor sich.

Abbildung 1:
Ein Wechsel des Blickwinkels führt zu einem Wechsel der Erfahrung

Nach diesem Prinzip funktioniert auch die Affirmationstechnik, die im dritten Teil dieses Buches ausführlich beschrieben wird. Der oft gehörte Satz, »Durch dein Denken schaffst du dir deine Realität«, beschreibt diesen Prozeß tatsächlich in Kurzform.

Jemand, der aus irgendeinem Grund Wert darauf legt, nur eine junge Frau oder nur eine alte Frau zu sehen, könnte behaupten, daß man Blickwinkel nicht wechseln kann. Dieser Mensch wird nicht imstande sein, beide Gesichter zu sehen.

Wenn Sie die Fähigkeit beherrschen, Blickwinkel zu wechseln und Dinge in neue Zusammenhänge zu stellen, können Sie Ihren Verstand befreien.

Um zu testen, ob Sie dieses Prinzip verstanden haben, lösen Sie bitte folgendes Puzzle, ehe Sie zur nächsten Seite weitergehen:
Anleitung: Verbinden Sie sämtliche Punkte durch vier oder weniger gerade Linien, ohne Ihren Stift abzusetzen oder bereits gezogene Linien zu verdoppeln.

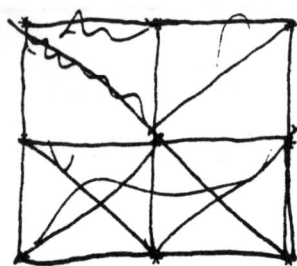

Abbildung 2: Testen Sie Ihre Fähigkeit, Probleme durch einen Wechsel der Zusammenhänge zu lösen

Lösung:

1. Schritt: Das Naheliegende probieren:

Abbildung 3: Offensichtlich keine Lösung

2. Schritt: Erwägen Sie den Gedanken, »Das ist nicht möglich«.

3. Schritt: Beachten Sie, daß der Gedanke, »Das ist nicht möglich«, für den Zusammenhang stimmt, in dem die Lösung nicht möglich ist. Beachten Sie weiter, daß der Gedanke, »Ich werde herausfinden, wie es geht«, nur in einem Zusammenhang stimmt, in dem das auch möglich ist. Halten Sie mit äußerster Entschlossenheit an dem Gedanken »Ich werde dieses Problem lösen« fest.

4. Schritt: Beachten Sie, daß der Zusammenhang, in dem Sie das Problem zunächst zu lösen versuchten, nicht mit dem Zusammenhang vereinbar ist, in den Sie es jetzt stellen. Oder anders gesagt: Beachten Sie, daß Sie jetzt nicht mehr so vorgehen können wie vorher.

5. Schritt: Überprüfen Sie, ob die vorgegebenen Regeln für die Problemlösung Sie wirklich auf genau die Methode festlegen, nach der Sie zunächst vorgegangen sind.

6. Schritt: Beachten Sie, daß diese Regeln nicht besagen, daß Sie sich beim Zeichnen Ihrer Linien in bestimmten Grenzen halten sollen, selbst wenn Sie zunächst davon ausgegangen sind.

22

7. Schritt: Überprüfen Sie, ob der neue Zusammenhang mit dem Gedanken, »Ich werde dieses Problem lösen«, vereinbar ist.

8. Schritt: Lösen Sie das Problem so:

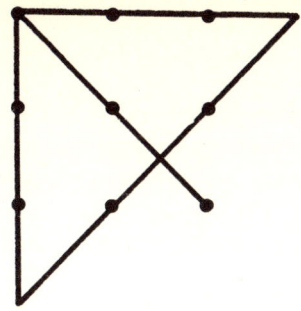

Abbildung 4: Eine von unendlich vielen richtigen Lösungen

Alternative Lösung Nr. 1:
Die Regeln besagen nichts über die Größe des Zeichengerätes. Wenn Sie einen Stift mit entsprechend dicker Spitze (oder einen Malerpinsel) benutzen, können Sie alle neun Punkte mit einem einzigen Strich verbinden.

Alternative Lösung Nr. 2:
Sie könnten eine Schere nehmen und das Bild in Streifen mit je drei Punkten zerschneiden, die Streifen dann zu einem langen Streifen zusammenkleben und sämtliche Punkte mit einem Strich verbinden.

Alternative Lösung Nr. 3:
Finden Sie einen anderen Weg, das Problem auf Ihre Weise zu lösen. Es gibt unendlich viele Lösungen.

Eine gute Frage zu dieser Methode, Zusammenhänge zu wechseln, wäre: »Beruht der neue Gedanke in der Phase, in der ich anfange ihn zu denken, bis zu dem Zeitpunkt, da ich den neuen Zusammenhang entdecke, in dem der Gedanke wahr ist, lediglich auf meinem Glauben?«

Lassen Sie sich zu der Frage beglückwünschen! Die Antwort lautet: nein, wenn Sie den Prozeß selbst nicht in einen Zusammenhang gestellt haben, in dem Glaube eine notwendige Voraussetzung ist.

Alle Aussagen sind gleich wahr

Die Aussage, »Alle Aussagen sind gleich wahr«, stimmt deswegen, weil die Wahrheit vom jeweiligen Zusammenhang oder Blickwinkel abhängt. Alles ist so, wie es ist, aber »Wahrheit« ist das, was der Verstand darüber denkt. Verwechseln Sie die Wahrheit nicht mit der Sache selbst.

Die Aussage, »Die Sonne wandert um die Erde«, ist vom Blickwinkel eines Menschen hier auf dieser Erde aus gesehen wahr. Wir können aber auch einen Blickwinkel einnehmen, in dessen Rahmen die scheinbar unsinnige Aussage, »Die Erde dreht sich um eine imaginäre Achse, die durch ihren Nord- und Südpol verläuft«, wahr ist.

Die Aussage, »Der Mond besteht aus grünem Käse«, stimmt im Zusammenhang vieler Comics, seien es Trickfilme oder Hefte. Zumindest theoretisch ist sie auch in zahllosen anderen Zusammenhängen wahr, und das gilt auch für jede weitere Äußerung, die irgend jemand macht.

Mag die Aussage, »Der Mond besteht aus grünem Käse«, auch ein dummes Beispiel sein, so ist sie doch prägnant genug, um damit arbeiten zu können. Es ist sinnvoll, über Wahrheit auf diese Weise nachzudenken, weil sich Ihnen dadurch die Möglichkeit eröffnet, sich der Wahrheit von mehreren Seiten zu nähern. Wenn Sie mit Hilfe Ihres Verstandes etwas erreichen wollen, genügt es nicht, »die Wahrheit« zu wissen. Sie müssen die Wahrheit in einen Bezugsrahmen stellen, der für die Erreichung Ihrer speziellen Absicht nützlich ist.

Wir empfehlen Ihnen, diese Art zu denken solange zu üben, bis Sie sie beherrschen! Versetzen Sie Ihre Freunde in Erstaunen! Lassen Sie Ihre Freunde die unsinnigsten Aussagen zusammentragen und beweisen Sie Ihnen dann, daß diese Aussagen tatsächlich stimmen, indem Sie Zusammenhänge ausfindig machen, in denen sie wahr sind. Wenn Ihre Freunde so schlau sind, Aussagen zu machen, die in sich schon Zusammenhänge enthalten, dann stellen Sie die ganze Aussage samt begrenzender Zusammenhänge in einen größeren Zusammenhang, in dem sie wieder stimmt. Sie werden damit nicht nur sich und Ihren Freunden beweisen, daß Sie einen regen Verstand haben, sondern auch Ihre Fähigkeit steigern, alle möglichen Probleme zu lösen.

Beachten Sie bitte, daß die Beweisführung, die wir hier beschreiben, eine Methode ist, um Zusammenhänge zu wechseln oder neu festzulegen. Wissenschaftliche Beweisführungen dagegen beinhalten die Entdeckung, Vorführung oder Beschreibung bestimmter Phänomene und damit *Inhalte*, nachdem der Zusammenhang bereits festgelegt wurde.

Lügen sind auf Inhalte bezogen. Wahrheit bleibt Wahrheit, ganz gleich in welchem Zusammenhang, aber durch den Wechsel von Zusammenhängen kann es erforderlich werden, daß Aussagen über die Wahrheit ganz neu formuliert werden müssen.

Halten Sie an dem Gedanken, »Alle Aussagen sind gleich wahr«, solange fest, bis er in Ihren Gehirnzellen Wurzeln geschlagen hat. Dieser Gedanke kann die Wirkungen Ihres Affirmationsprozesses um ein Zehnfaches beschleunigen. Er kann Ihnen außerdem eine Menge Debatten ersparen. Wenn Sie beispielsweise gewohnt sind, über die Dinge auf Ihre Weise zu denken und dann jemandem zuhören, der von anderen Denkvoraussetzungen ausgeht, können Sie zweierlei tun: Sie können alles falsch finden, was der Sprecher sagt, oder Sie können es in einen Zusammenhang stellen, in dem alles stimmt, was er sagt, und in diesem Falle lernen Sie etwas dazu. Sollten Sie dann anderer Meinung sein, haben Sie die großartige Möglichkeit, das mit den Worten auszudrücken: »Es stimmt offensichtlich, was Sie sagen – und das Gegenteil stimmt offensichtlich ebenso.«

Und dann können Sie sich an die praktische Anwendung machen. Sind Sie es zum Beispiel müde, sich nicht geliebt zu fühlen, können Sie den Gedanken vertreten, »Jeder liebt mich unendlich« und fünf oder sechs verschiedene Blickwinkel finden, von denen aus gesehen diese Äußerung wahr ist. Wann immer Sie sich dann für einen dieser Blickwinkel entscheiden, können Sie sich geliebt fühlen. Und die meisten Menschen werden Sie mit Sicherheit liebenswerter finden, wenn Sie deren spontanes Verhalten Ihnen gegenüber als liebevoll interpretieren.

2 Zeit

Wir alle stellen Zeit in zwei Zusammenhänge. Beide sind für das Funktionieren des Verstandes absolut notwendig, und selbstverständlich haben beide die gleiche Gültigkeit. Den ersten Zusammenhang bezeichnen wir als »momentane Zeit«. In der momentanen Zeit existiert nur der gegenwärtige Moment. Wir erfahren diesen Zusammenhang in dem Sinne, daß wir den gegenwärtigen Moment nur als solchen erfahren und *berühren* können.

Den zweiten Zusammenhang nennen wir die »lineare Zeit«. Im Zusammenhang der linearen Zeit ist die Vergangenheit eine Tatsache, und die

Zukunft wird eine Tatsache sein. In der momentanen Zeit ist genau jetzt der »Moment der Schöpfung«, der einzig mögliche Moment. Unsere sogenannten »Erinnerungen« an die Vergangenheit, unsere Spekulationen über die Zukunft und der scheinbare »Fluß« der Zeit sind in gewisser Weise Illusionen, die so, wie sie sind, in diesem Augenblick »geschaffen« werden.

In der linearen Zeit ist die Schöpfung das Ergebnis eines langwierigen Prozesses von Ursache und Wirkung, den wir bis zu einem theoretisch angenommenen Ursprung zurückverfolgen können: dem Urknall oder der Genesis oder welchen Begriff man dafür auch wählen mag.

Bewegung ist in der linearen Zeit eine Veränderung der Position innerhalb einer Zeitspanne.

In der momentanen Zeit ist Bewegung eine Dingen und Ereignissen innewohnende Eigenschaft und keine »Veränderung« der Position. Wenn wir uns scheinbar daran erinnern, daß etwas »früher« anders war, dann ist diese scheinbare Erinnerung einfach Teil dessen, womit wir in diesem Augenblick leben, und das ist alles.

In der linearen Zeit sind wir frei, zu wählen und Entscheidungen zu treffen, und in der momentanen Zeit machen wir direkte Erfahrungen.

In der momentanen Zeit sind Sie nicht frei, weil alles, was existiert, bereits vorhanden ist, und alles ist vorhanden, was existieren *kann*, einschließlich Ihres Wunsches nach Veränderung. Wir können das Phänomen der momentanen Zeit mit dem Begriff der linearen Zeit erklären, indem wir sagen, daß wir uns, sowie wir etwas verändert haben, bereits in einem anderen Moment befinden.

In der linearen Zeit machen wir keine *unmittelbaren* Erfahrungen, denn in der linearen Zeit ist der gegenwärtige Moment leer. In dem Augenblick, in dem wir mit unseren Sinnen Daten registrieren, ist das Ereignis, das die Daten hervorgebracht hat, bereits Teil der Vergangenheit geworden. Daseinsfreude existiert im Reich der momentanen Zeit. Sie freuen sich Ihres Daseins in dem Maße, wie Sie sich über das freuen, was Ihnen jetzt zuteil wird.

Kreative Kraft existiert im Reich der linearen Zeit. Mit »kreativer Kraft« meinen wir »die Fähigkeit, selbst beabsichtigte Wirkungen hervorzurufen«.

Einige Menschen haben ziemliche kreative Kräfte, erleben aber keine Daseinsfreude. Andere Menschen erfreuen sich ihres Daseins, haben aber wenig kreative Kraft. Natürlich möchten wir uns alle sowohl unseres Daseins freuen können als auch kreative Kraft haben.

Wir erleben in dem Maße Daseinsfreude und kreative Kraft, wie wir unsere Erfahrungen in Zusammenhänge stellen, die unsere Daseinsfreude und unsere kreative Kraft fördern.

3 Der Ursprung aller Negativität

Mit »Negativität« meinen wir »die gewohnheitsmäßige Anwendung von Zusammenhängen und Blickwinkeln, die für die maximale Steigerung unserer Daseinsfreude und unserer kreativen Kraft unangemessen sind.«

Der Ursprung aller Negativität ist, »etwas abwerten«.

Um verstehen zu können, was wir mit »etwas abwerten« meinen, gehen Sie einmal davon aus, daß Sie in jedem gegebenen Moment nur das erfahren, was Sie erfahren. Sie können für diese Erfahrung dankbar sein. Oder Sie können diese tatsächlich existierende Erfahrung an einem imaginären Standard messen, wie, »Was ich mir eigentlich wünsche«, oder »Was eigentlich sein sollte«, oder »Was eigentlich immer so war« und anderes mehr, und dann für sich beschließen, daß die tatsächlich existierende Erfahrung nicht Ihren Vorstellungen entspricht, sondern schlechter ist. Die erste Entscheidung nennen wir »etwas feiern«. Die zweite Entscheidung nennen wir »etwas abwerten« (oder »schlecht machen«).

Immer wenn Sie etwas abwerten, erleben Sie ein unangenehmes Gefühl im Körper, das solange anhält, wie Sie betrachten, was Sie abwerten, was immer es sein mag. Prüfen Sie das einmal selbst nach, und achten Sie darauf, wie Sie sich fühlen, wenn Sie sich das nächste Mal über etwas beklagen.

Menschen verspüren einen starken Anreiz, sich gut zu fühlen, und einen ebenso starken Anreiz, Recht zu haben. Also bestehen sie oft darauf, daß das, was sie abwerten, wirklich schlecht ist, und dann entziehen sie ihm ihre Aufmerksamkeit, um sich wieder gut fühlen zu können. Diesen Entzug der Aufmerksamkeit nennen wir »Unterdrückung«.

Wenn Sie etwas unterdrücken, ändert sich bis auf den Grad Ihrer Aufmerksamkeit für das Unterdrückte gar nichts. Das, was Sie abwerten, bleibt ebenso unverändert bestehen wie Ihre Abwertung. Das unangenehme Gefühl existiert weiterhin in Ihrem Körper; Sie haben lediglich beschlossen, ihm keine Aufmerksamkeit zu schenken.

Infolge von Abwertung und Unterdrückung wird das Abgewertete zu etwas, vor dem Sie sich verstecken oder weglaufen. Das unangenehme Gefühl wird im Körper als chronische Verspannung oder anderes körperliches Problem gespeichert (darüber später mehr). In Ihrem Verstand läuft folgendes ab:

In Ihrem unbewußten Verstand (womit wir den Teil Ihres Verstandes meinen, dem Sie laut eigenem Beschluß keine Aufmerksamkeit schenken) entsteht ein neuer Mechanismus, der Ihre Erfahrungen von Moment zu Moment kontinuierlich bewertet und mit dem imaginären Standard vergleicht. Wenn Sie also einmal etwas abgewertet und unterdrückt haben, fahren Sie kontinuierlich fort, es auf die gleiche Weise abzuwerten.

Wir werden diese Art Mechanismen im ganzen Buch auf folgende Weise darstellen, damit sie gedanklich klarer faßbar sind:

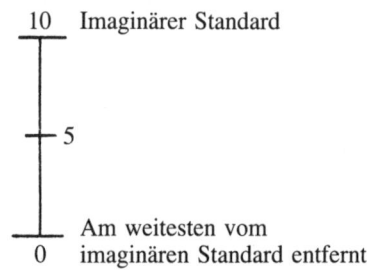

Abbildung 5: Dualitäts-Mechanismus

Der unbewußte Verstand mißt sämtliche Erfahrungen kontinuierlich an imaginären Standards und gibt den Erfahrungen eine »Note«, die wir zwischen Null und Zehn ansiedeln können, wobei Zehn die beste und Null die schlechteste Note ist.

Sie können einen Großteil Ihrer abwertenden Dualitäts-Mechanismen herausfinden, wenn Sie einmal darauf achten, welche Gedanken und Situationen Ihnen die gute Laune nehmen. Allen schlechten Stimmungen liegt ein abwertender Dualitäts-Mechanismus zugrunde. Trotzdem werden Sie nicht Ihre sämtlichen Dualitäts-Mechanismen entdecken können, indem Sie auf Ihre Stimmungen achten. Ihre generelle Lebenseinstellung wird weniger von vorübergehenden Stimmungen als vielmehr von den ältesten, am stärksten unterdrücken Mechanismen beeinflußt, und um sich diese bewußt zu machen, brauchen Sie einen tiefgreifenden Prozeß wie Rebirthing.

Der Ursprung unerwünschten Verhaltens und unerwünschter Erfahrungen

Immer, wenn Sie etwas abwerten, erwacht in Ihnen der Wunsch, es möge besser werden, und Ihr Verstand beginnt sich Verbesserungspläne auszudenken. Im Augenblick der Unterdrückung wird der beste Plan, der Ihrem Verstand bis dahin einfällt, wichtigster Bestandteil des neuen Mechanismus. Wenn nämlich Ihre aktuelle Erfahrung in irgendeinem Moment von Ihrem unbewußten Verstand auf der Skala zu weit unten angesiedelt wird, dann wird dieser Verbesserungsplan, der als »zwanghafte Anpassung« bekannt ist, vom unbewußten Verstand automatisch aktiviert. In den folgenden Diagrammen zeigen wir die zwanghafte Anpassung mit Hilfe eines Pfeiles an.

Der vollständige Mechanismus in seiner grundlegenden Form läßt sich so darstellen:

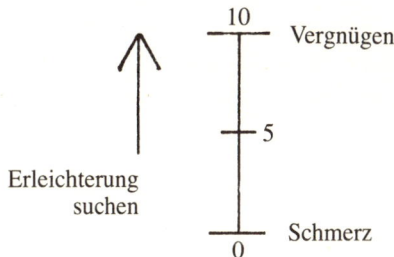

Abbildung 6: Der grundlegende abwertende Dualitäts-Mechanismus, einhergehend mit zwanghafter Anpassung

Immer, wenn Sie etwas zwanghaft tun müssen oder Situationen unbeabsichtigt herstellen, liegt der Grund dafür in einem dieser Mechanismen.

Solange Sie sich dessen nicht bewußt sind, bleibt der Mechanismus bestehen. Es ist schlichtweg nicht möglich, seine Einstellungen zu ändern, ohne zu wissen, zu was man seine Einstellung ändert.

Um Ihnen das praktische Verständnis dieses Ablaufs zu erleichtern, werden wir Ihnen zwei Fallgeschichten erzählen. Das erste Beispiel ist erfunden. Das zweite Beispiel stammt aus Jim Leonards Arbeit mit einem Klienten.

Als Joe seinen Studienabschluß gemacht hatte, schenkte ihm sein Vater zum bestandenen Examen ein Auto. Joe hatte erwartet, ein Auto geschenkt zu bekommen, und auf das neueste Modell eines Sportwagens gehofft. Stattdessen aber schenkte ihm sein Vater einen alten Kombiwagen.

Joe hat die Wahl, dankbar für das Auto zu sein und über den Witz zu lachen, der darin liegt, auf einen Sportwagen zu hoffen und stattdessen einen alten Kombiwagen geschenkt zu bekommen. Um der Anschaulichkeit willen nehmen wir aber einmal an, daß er das Auto ablehnte und beschloß, sein Vater sei ein alter Geizkragen, weil er von ihm »nur« einen alten Kombiwagen geschenkt bekam: die Abwertung des Geschenks geht zwangsläufig einher mit der Abwertung des Schenkenden. Um sein Unbehagen zu unterdrücken, geht Joe ins Nachbarhaus zu einem Freund und sieht fern. Aus seiner Schlußfolgerung, nicht bekommen zu haben, was er haben wollte, weil sein Vater nicht genug Geld spendiert hat, zieht Joes unbewußter Verstand das Fazit:»Um im Leben zu bekommen, was ich will, muß ich mehr Geld ausgeben«, was wir im Diagramm wie folgt darstellen:

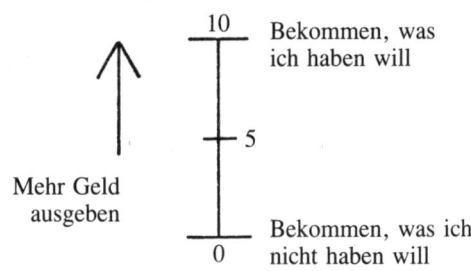

Abbildung 7: Joe beschließt,
was nötig ist, damit er bekommt, was er haben will

Und fortan bis in alle Zeiten lebte Joe glücklich über seine Verhältnisse!

Wir möchten auch ausführen, wie in erster Linie Joes unbewußter Verstand die ganze Situation inszeniert haben könnte. Nehmen wir an, Joe wurde früher, als er noch ein Student war, von seiner Freundin sitzengelassen und kam zu dem Schluß, daß sie ihn nicht mochte, weil er ein aufgeblähtes Ego hatte. Er unterdrückte sein Ego und erzeugte damit einen Mechanismus, der Joes Leben lang alles mögliche veranstaltete, um ihn kleinzukriegen. Auf einen Sportwagen zu hoffen und stattdessen einen Kombiwagen geschenkt zu bekommen, war der geniale Einfall seines unbewußten Verstands, um Joes Ego wieder einmal einen kräftigen Dämpfer zu verpassen.

Nur los, lachen Sie über den armen Joe und seine blödsinnigen Mechanismen! Auch Ihr Leben ist aus diesem Stoff gemacht.

Der sechsjährige Steve spielt in seinem Zimmer, als seine Mutter hereinkommt und ihn anfährt, weil in seinem Zimmer eine solche Unordnung herrsche. Würde Steve die Situation nicht abwerten, täte seine Mutter ihm mit ihrem täglichen Arbeitspensum einfach leid und er wüßte, daß ihr Ausbruch mit ihm gar nichts zu tun hat. In diesem Fall entstünde keinerlei Negativität.

Tatsächlich zog Steve aber den Schluß, er sei anscheinend nicht liebenswert, weil seine Mutter kein Lächeln für ihn übrig hatte. Er fing an zu weinen, und seine Mutter riß sich etwas zusammen. Er bemerkte das (verdammt schlauer kleiner Teufel, was?), legte erst richtig los und schwelgte regelrecht in hilflosem Weinen. Seine Mutter, die Schuldgefühle hatte und wollte, daß er zu weinen aufhört, nahm ihn in die Arme und tröstete ihn. In Steves unbewußtem Verstand blieb folgendes haften: »Je hilfloser ich mich aufführe, desto liebenswerter finden andere mich«, was wir im Diagramm wie folgt darstellen:

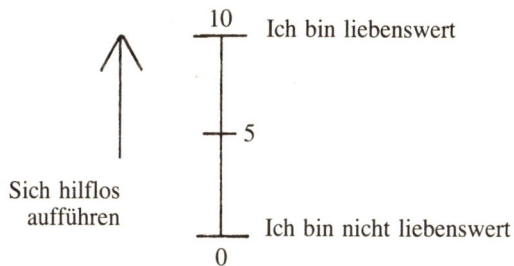

Abbildung 8: Wie Steve glaubt,
liebenswerter zu werden

Steve kam mit zweiundvierzig Jahren als Klient zu Jim Leonard. Mit den Jahren war ihm aufgefallen, daß er die Tendenz hatte, sich in bestimmten Situationen ziemlich hilflos zu fühlen und zu verhalten. Jim und Steve machten einen Beschwerden-Umwandlungsprozeß (wird in einem späteren Kapitel genauer beschrieben), entdeckten den zugrundeliegenden Mechanismus und mit Hilfe dieses Verfahrens beseitigte Steve sein Problem an der Wurzel.

Beachten Sie, daß die zwanghafte Anpassung zu der Zeit, als der

Mechanismus entwickelt wurde, ihren beabsichtigten Zweck wahrscheinlich genau erfüllte: wenn Steve sich hilflos aufführte, kam seine Mutter seinem Wunsch nach Nähe nach und entsprach seinen Vorstellungen von »geliebt werden«. Die meisten Menschen würden aber einen zweiundvierzigjährigen Mann, der sich hilflos aufführt, nicht liebenswerter finden als einen, der den entsprechenden Situationen gewachsen ist.

Es kommt sehr oft vor, daß eine zwanghafte Anpassung, die die Dinge auf der Skala anheben soll, sie tatsächlich weiter nach unten drückt. Wurde das zwanghafte Verhalten erst einmal ausgelöst, beginnt also oft eine endlose Talfahrt, die solange andauert, bis sie durch irgend etwas gestoppt wird.

Es ist wichtig, zu beachten, daß in diesem Prozeß *sämtliche* Teile Ihrer Persönlichkeit zumindest alles *versuchen,* um Ihnen zu einem guten Ergebnis zu verhelfen.

Wir erfahren diese zwanghaften Anpassungen als »Drang«; als den »Drang, jetzt einen Martini zu trinken«, »den Drang, jetzt etwas Süßes zu essen«, »den Drang, heute von der Arbeit früher wegzugehen« und so weiter. Die meisten Menschen verspüren fast ständig einen Drang, dies und jenes zu tun, der anscheinend niemals verschwindet. Manche Menschen haben zum Beispiel fast ständig den Drang, beweisen zu müssen, daß sie dem Rest der Welt überlegen sind, oder den Drang, Alkohol zu trinken, und wieder andere Menschen verspüren fast ständig den Drang nach Gesellschaft, weil sie nicht allein sein können. In Ihrer Kneipe am Ort werden Sie sicherlich jemanden antreffen, bei dem sämtliche dieser Beispielmechanismen fast ständig am Werk sind. Meistens kommt Ihr Drang nur unter bestimmten Umständen hoch. Sie müssen zum Beispiel immer eine Zigarette rauchen, wenn Sie telefonieren, oder vor einer langen Autofahrt zum Frühstück unbedingt Spiegelei mit Schinken essen.

Wie Sie sich sicher leicht vorstellen können, bezieht sich dieser Drang oft auf Dinge, die der Daseinsfreude, der Gesundheit oder dem Wohlstand eines Menschen nicht unbedingt zugute kommen. Das überrascht nicht, wenn man bedenkt, daß jedem Drang abwertende Dualitäts-Mechanismen zugrundeliegen. Die meisten Menschen werden ständig von dem einen oder anderen Drang getrieben. Viele Menschen glauben, daß der Sinn ihres Lebens darin besteht, diesen dringenden Bedürfnissen ständig nachzukommen. Sobald sie einem Drang nachgegeben haben, tritt der nächste an die Stelle, und weiter geht's. Die Entscheidung, Ihrem jeweiligen Drang nachzukommen, ist gleichbedeutend mit der Entscheidung, sich von Ihren unbewußten, abwerten-den Dualitäts-Mechanismen beherrschen zu lassen. In dem Maße, wie Sie zulassen, daß Ihr Handeln von diesen zwanghaften Bedürfnissen kontrolliert wird, werden Sie Ihr Leben entweder sinnlos oder aber unnütz finden. Das Gefühl von Nutzlosigkeit, das wir empfinden, wenn unsere zwanghaften Bedürfnisse unser Leben beherrschen, ist auch als »Überdruß« bekannt. Überdruß ist nicht das Vorrecht weniger Auser-wählter; wir alle fühlen mal mehr, mal weniger Überdruß. Sie müssen sich für Ihren Überdruß nicht schlechtmachen, aber es wäre vernünftig, sich ihn offen einzugestehen. Das Gegenteil von Überdruß wäre, bewußt zu entscheiden, was Sie aus Ihrem Leben machen wollen (Ihrer Bestimmung zu folgen), sich entsprechende Ziele zu setzen und Pläne zu machen und dann genug Disziplin daran zu setzen, daß Ihre Bestimmung im Leben sich erfüllt. In mehreren Abschnitten dieses Buches finden Sie detaillierte Informationen dazu, wie Sie mit zwang-haften Bedürfnissen auf lebensbejahende, nicht repressive Weise um-gehen können, um Ihr Leben zu genießen und kontinuierlich nach Ihrer Bestimmung zu leben.

Menschen haben einen erstaunlichen Hang dazu, Dinge abzuwerten, und fast jeder von uns hat Hunderte dieser unbewußten, abwertenden Dualitäts-Mechanismen entwickelt. Diese Mechanismen bilden eigen-ständige Verstandeskräfte und Persönlichkeiten aus, sie konferieren miteinander, schließen Bündnisse und bekriegen sich gegenseitig, wobei jeder versucht, seiner speziellen Verantwortlichkeit nachzukom-men. Lauschen Sie einmal Ihren Gedanken, und Sie werden die lautstärkste Fraktion und ihr Palavern hören können.

Natürlich will Ihr bewußter Verstand in dem Glauben bleiben, daß er die Kontrolle hat. Wenn Sie sich also einer Situation gegenüber sehen, die Ihr bewußter Verstand nicht geschaffen zu haben glaubt, sind Sie schnell dabei, ihn dadurch zu unterstützen, daß Sie auch diese Situatio-nen abwerten. Diese Abwertungs- und Unterdrückungsmechanismen haben die Tendenz, sich gegenseitig hervorzubringen, und auf diese Weise kann sich eine Schicht von unterdrückter Negativität nach der anderen bilden.

Der unbewußte Verstand

Wir benutzen den Begriff »unbewußter Verstand« durchgängig mit der Bedeutung, »der Teil Ihres Verstandes, der laut eigenem Beschluß unbewußt bleiben soll, um Traurigkeit über die Vergangenheit, Fru-stration über die Gegenwart und Angst vor der Zukunft zu vermeiden«.

Er ist angefüllt mit abwertenden Zusammenhängen, die wiederum abgewertete Erfahrungen beinhalten, die alle mit unangenehmen Emotionen verbunden sind, die der Körper gespeichert hat.

Aber Ihr unbewußter Verstand hält auch einen großen Vorrat an Wissen und Weisheit bereit. Ihre »fünf Sinne« empfangen in jedem Moment weitaus mehr Informationen, als Ihr bewußter Verstand jemals wahrnehmen kann. Ihr unbewußter Verstand aber empfängt, klassifiziert und speichert sämtliche Informationen, die Ihre Sinne aufnehmen. Ein fähiger Hypnotiseur kann Ihnen helfen, sich an die Farbe der Krawatte zu erinnern, die Ihr Vater an einem bestimmten Tag Ihrer Kindheit getragen hat, ganz gleich, ob Ihr bewußter Verstand diese Krawatte damals überhaupt bemerkt hat. Außerdem können Teile Ihres unbewußten Verstandes eine immense praktische Weisheit in Bezug auf Handlungsweisen besitzen, die Ihnen helfen, Ihre Ziele zu erreichen. Diese Teile werden beispielsweise dann unterdrückt, wenn Sie Ihre Eltern schlecht machen und dabei zugleich all das Wissen mit unterdrücken, das Sie daran erinnern könnte, was Sie an Ihren Eltern schlecht gemacht haben.

Unterdrückung bewirkt die Zersplitterung der geistigen Wahrnehmung in viele Teile. Manchmal kontrollieren diese Teile Ihre Handlungen direkt, ohne daß der bewußte Verstand auch nur ahnt, was da vor sich geht; dann wieder übt der unbewußte Verstand einen starken Einfluß auf bewußte Denkprozesse aus und beeinflußt mögliche Handlungen auf diesem Wege. Der bewußte Verstand ist nur ein sehr kleiner Teil der gesamten geistigen Wahrnehmung.

Rebirthing bringt Ihrem bewußten Verstand auf direktem Weg nahe, was sich im unbewußten Verstand abspielt, so daß Sie die unbewußten Teile auf Ihre bewußt gewählten Absichten abstimmen können.

Verlauf und Wirkung der Unterdrückung

Wir haben gezeigt, aus welchem Grunde Unterdrückung geschieht (es ist die einzige Möglichkeit, mit seinen Abwertungen »recht« zu behalten und sich gleichzeitig wohlzufühlen), und wir haben die Wirkungen erforscht, die Unterdrückung im Verstand hervorruft (unbewußte Negativität und Zwanghaftigkeit). Wir möchten Ihnen jetzt einige Modelle vorstellen, die erläutern, *wie* Unterdrückung vor sich geht und welche Wirkungen sie auf den physischen Körper hat.

Jedem Gedanken, der im Verstand abläuft, entspricht ein bestimmtes Gefühl im Körper. Sie können das an sich selbst überprüfen. Wenn Sie in der Lage sind, Ihre Gedanken auf relativ beständiger Basis zu fühlen, sind Sie auf dem besten Wege, Ihre Unterdrückungsmechanismen aufzugeben. Rebirthing fördert nachdrücklich die Fähigkeit, Gedanken zu fühlen, und wir werden darauf später noch ausführlicher zurückkommen.

Tatsächlich sind Gedanke und Gefühl das gleiche, nur werden sie auf zweierlei Weise simultan wahrgenommen, ganz ähnlich, wie ein Dudelsackpfeifer mit Augen und Ohren gleichzeitig wahrgenommen werden kann.

Ihren sämtlichen Interaktionen entspricht zumindest ein Gedanke, der in Ihrem Verstand abläuft. Die grundlegendste Interaktionsform, die Sie mit Menschen, Dingen oder Ereignissen entwickeln können, besteht darin, zu identifizieren »was er/sie/es ist«, und das tun Sie mit Hilfe von Gedanken.

Ein Gedanke, der etwas in einen abwertenden Zusammenhang stellt, wertet automatisch auch das entsprechende Gefühl zu dem, »was ist«, ab. Das ist nur eine andere Formulierung dafür, daß Sie sich jedesmal unbehaglich fühlen, wenn Sie etwas betrachten, das Sie abwerten.

Jedesmal, wenn Sie irgendeine Emotion oder ein Gefühl erleben, können Sie sich exakt darauf »einstimmen«, wie sich das anfühlt, und ebenso exakt bestimmen, wo Sie es im Körper wahrnehmen. Gefühle lassen sich immer lokalisieren und folgen immer einem bestimmten Muster. Das meinen wir mit dem Begriff »energetisches Muster«, den wir in diesem Buch häufig anwenden. Beachten Sie aber, daß es nur wenige »Emotionen« gibt, die einen festen Namen (Ärger, Angst, Eifersucht usw.) haben, dagegen aber Tausende von namenlosen und trotzdem wichtigen energetischen Mustern, die wir ständig erfahren.

Die Beziehung zwischen dem physischen Körper und dem »geistigen Körper« kann als gute Grundlage für ein Modell zur Beschreibung von Unterdrückung dienen. Der »geistige Körper« ist in diesem Modell der »Körper«, den Sie in Träumen haben. Er umschließt Ihren Verstand, Ihr Identitäts- oder Selbstgefühl und Ihre bewußte Aufmerksamkeit. Im Traumzustand spüren Sie Ihren physischen Körper nicht, weil sich Ihr geistiger Körper beim Träumen nicht im physischen Körper befindet. Im Wachzustand erleben Sie Ihren physischen Körper soweit, wie Ihr geistiger Körper mit ihm verbunden ist. In diesen Begriffen gedacht, ist Unterdrückung der langfristige Rückzug des geistigen Körpers aus Teilen des physischen Körpers, in denen Vorgänge lebendig sind, die die Person laut eigenem Beschluß nicht erfahren will. Einige Menschen nehmen ihren Körper und ihre Gefühle sehr viel bewußter wahr als andere.

Im Rahmen dieses Modells gibt Ihr »geistiger« Körper einem Schwarm von Molekülen Leben und Gestalt und sorgt für ihr Zusammenspiel, das wiederum die angenehme Form, die wir »den physischen Körper« nennen, hervorbringt. Der Rückzug des geistigen Körpers aus dem physischen Körper bei Unterdrückung bewirkt eine Blockierung des vitalen, aufbauenden Energieflusses im betroffenen Teil des physischen Körpers. Der Aufbau der Moleküle ist weniger durchgestaltet, ein Zustand, den wir als »altern« oder »Krankheit« kennen. Die Bereiche, in denen die Energie blockiert ist, beeinträchtigen unvermeidlich auch andere Körperbereiche, was ein Mensch ohne weiteres abwerten könnte. Diese Abwertung führt dann zu stärkerer Unterdrückung, weiteren Energieblockaden und so weiter.

Was wir hier eigentlich sagen, ist folgendes: Sie werden sehr viel energiegeladener sein, wenn Sie Ihre Lebendigkeit feiern, statt sie abzuwerten und sich vor dem Leben zu verstecken. Die Unterdrückung einer Emotion führt unweigerlich zur Stärkung dieser Emotion. Emotionen folgen natürlichen Zyklen, die zu ihrer Auflösung führen. Unterdrückung verhindert, daß diese Zyklen selbständig zum Abschluß kommen und führt zu einem Stau dieser Emotion in Körper und Verstand. Dieser Stau wird sich ein Ventil suchen, einen Anlaß für übermäßige Reaktionen, um den Druck loszuwerden, den er erzeugt hat.

Die Mechanismen dieses Prozesses sind interessant. Hier ein gutes Beispiel. Viele Menschen rauchen Zigaretten, um ihre Frustration zu unterdrücken. Tatsächlich entsteht aber durch den Zigarettenrauch ein Belag auf den Lungen, durch den jeder Atemzug frustrierend wird! Gewohnheitsraucher rauchen, um die Frustrationen zu unterdrücken, die ihr Zigarettenrauchen hervorruft! (Hier müssen wir erzählen, daß wir einmal in einer Bar einen Burschen trafen, der einen Button trug, auf dem stand: »Ich trinke, um zu vergessen, daß ich Alkoholiker bin«.)

Wenn also die Unterdrückung einmal eingesetzt hat, baut sich meistens eine Schicht Unterdrückung nach der anderen auf, und das führt zum mehr oder weniger ständigen Rückzug des geistigen Körpers vom physischen Körper. Der Tod ist letzten Endes die Folge einer Unterdrückung, bei der der geistige Körper sich völlig aus dem physischen Körper zurückzieht. Fast alle Menschen beginnen bereits bei der Geburt mit der Unterdrückung. Wenn Sie sich an Ihre Geburt nicht erinnern können, dann auf Grund der Unterdrückung, mit der Sie damals angefangen haben.

Im zweiten bis sechsten Teil dieses Buches erklären wir im einzelnen, wie man Rebirthing und verwandte Techniken benutzen kann, um diese fatale Kettenreaktion zu unterbrechen.

Wie unterdrücken Menschen? Es gibt viele Wege. Bewußtseinsverändernde Drogen sind ein verbreitetes Unterdrückungsmittel und geben ein gutes Beispiel für diesen Prozeß. Aufputschmittel, Medikamente auf Rezept und die Betäubungsmittel, die in Krankenhäusern und von Zahnärzten verabreicht werden, sind weitere ideale Unterdrückungsmittel. Nicht jeder Mensch zeigt die gleichen Reaktionen, aber im allgemeinen unterdrückt Alkohol Angst, Nikotin Ärger und Frustration, Marihuana unterdrückt Traurigkeit und Koffein die langwierigen, energieraubenden Nachwirkungen anderer Formen von Unterdrükkung. Versuchen Sie einmal von heute auf morgen für zwei Wochen mit dem Gebrauch dieser Mittel aufzuhören, wenn Sie eines davon regelmäßig nehmen, um herauszufinden, ob Sie es als Unterdrückungsmittel eingesetzt haben. Wenn Sie ehrlich sind, genügt allein der *Gedanke* an das Aufhören, um Ihnen die Antwort zu geben.

Um sich die Wirkung dieser Mittel vorstellen zu können, denken Sie einmal daran, daß Ärger eine Ausdehnung der Blutgefäße bewirkt, wodurch der Mensch im Gesicht rot anläuft. Nikotin dagegen bewirkt eine Verengung der Blutgefäße und unterdrückt auf diesem Wege den normalen physiologischen Ablauf von Ärger. Ein aufmerksamer Mensch kann unterdrückten Ärger und unterdrückte Frustration an der Körpersprache vieler gewohnheitsmäßiger Raucher ablesen.

Und ganz ähnlich ist es mit der Angst. Sie bewirkt eine Verengung der Blutgefäße, wodurch der Mensch blaß wird; Alkohol dagegen weitet die Blutgefäße. Whisky wird manchmal als »Mutmacher« bezeichnet. Menschen sagen und tun im Zustand der Betrunkenheit alle möglichen Dinge, die sie sich im nüchternen Zustand nicht trauen würden. Der Grund dafür ist, daß Alkohol die Fähigkeit des Menschen blockiert, Angst zu *fühlen*.

Menschen, die sehr gehemmt sind, verspüren oft ständig ein Bedürfnis nach Koffein, das sie benutzen, um überhaupt funktionieren zu können, denn die Aufrechterhaltung ihrer Unterdrückungsmechanismen kostet sie sehr viel Energie. Unterdrückung bedeutet die Abspaltung eines Teils Ihrer Energie zwecks Zurückhaltung anderer Teile Ihrer Energie, die Sie nicht fühlen wollen. Das ist sehr energieaufwendig. Etwas (oder viel) Koffein schafft hier Abhilfe. Der Mensch kann sein gesamtes Unterdrückungssystem aufrechterhalten und trotzdem weiter funktionieren. Natürlich gibt es noch viele weitere Aufputschmittel, die auf gleiche Weise eingesetzt werden. Manche Menschen sind abhängig von täglichem Leistungssport oder von anderen Dingen, die alle dem gleichen Zweck dienen.

LSD und andere psychedelische Drogen sind in diesem Zusammenhang gesehen »Superstimulantia«. Wenn Menschen durch LSD Bereiche ihres Selbst erfahren, die normalerweise unbewußt bleiben, liegt das allein daran, daß diese Droge vorübergehend »die Unterdrückung unterdrückt«. Das zeigt sich dann auch an der körperlichen und geistigen Verfassung der meisten Menschen, die über längere Zeiträume hinweg häufig hohe Dosen von LSD genommen haben. Alles, was dem Verfall von Körper und Geist Vorschub leistet, ist Unterdrückung.

Im allgemeinen kann man mit Aufputschmitteln fast alles unterdrücken, und Aufputschmittel gehören zu den Drogen, die die Unterdrückung am stärksten vorantreiben und am weitesten verbreitet sind.

Dies ist kein Arzneimittelbuch, aber das oben Gesagte soll Ihnen eine ungefähre Vorstellung davon vermitteln, wie die Unterdrückung mittels chemischer Substanzen abläuft.

Andere allgemein verbreitete Unterdrückungsmittel sind: gewohnheitsmäßige Zerstreuungen (zum Beispiel Fernsehen), sich selbst oder andere belügen, gefühlsmäßig stark besetzte Themen als »unwichtig« beiseite schieben, Dinge ständig aufschieben und anderes mehr. Einsamkeitsgefühle werden von vielen Menschen unterdrückt und lassen sich durch übermäßiges Essen, Sex (inklusive Masturbation), Fernsehen und Lesen leicht unterdrücken.

Jede Tätigkeit *kann* der Unterdrückung dienen. Die oben erwähnten Aktivitäten dienen jedoch nicht zwangsläufig immer der Unterdrückung. Selbst wenn Sie Ihr Bestes versuchen, um nichts zu unterdrücken, sind Sie schließlich auch nur ein Mensch, und es wird immer Zeiten geben, in denen Sie trotzdem etwas abwerten und unterdrücken. Es hilft Ihnen nicht weiter, wenn Sie dann wiederum sich und die Unterdrückung abwerten.

4 Das Prinzip der Ekstase

Wir möchten hier auf etwas ganz Wichtiges hinweisen: Abwertung, Unterdrückung, Zwanghaftigkeit und Negativität sind Prozesse, die in Körper und Verstand ablaufen. Aber *Sie* sind *nicht* Ihr Verstand, und *Sie* sind *nicht* Ihr Körper!

Man kann sagen, daß Sie nicht Ihr Verstand oder Ihr Körper sind, weil Sie Ihren Verstand und Ihren Körper ja *erfahren* und wahrnehmen können. Sie sind der unberührte *innere Zeuge*. Sie sind nichts von alledem, was Gegenstand Ihrer Erfahrung ist, ebenso wie Ihre Augen nichts von alledem sind, was sie sehen. (Schauen die Augen in einen Spiegel, dann sehen sie ein Spiegelbild von sich und nicht sich selbst.)

Auf diese Vorstellung vom inneren Zeugen werden wir uns im ganzen Buch fortlaufend beziehen, deswegen stellen wir Ihnen an dieser Stelle einige wichtige Tatsachen über ihn vor.

Rufen Sie sich unsere Ausführungen über die momentane und die lineare Zeit ins Gedächtnis zurück. Der innere Zeuge erfährt *nur* die momentane Zeit. Oder anders gesagt: Selbst wenn Ihr Verstand sich an die Vergangenheit erinnert oder über die Zukunft nachdenkt, erfährt der innere Zeuge nur den *gegenwärtigen Moment,* in dem Ihr Verstand über gestern oder morgen reflektiert.

Das bedeutet, daß der innere Zeuge nicht in der Lage ist, Dinge zu vergleichen. Beim Vergleichen müssen Sie zwischen den Dingen, die verglichen werden, »vor- und zurückschalten«. Der Verstand ist dazu in der Lage, der innere Zeuge aber nicht. Aus diesem Grunde ist der innere Zeuge auch nicht imstande, etwas abzuwerten.

Für den inneren Zeugen ist alles, so wie es ist, vollkommen. Im allgemeinen wird unter »vollkommen« »10 auf einer Skala von 0 bis 10« verstanden, aber wir benutzen den Begriff hier nicht in diesem Sinne. Was wir meinen, ist die Abwesenheit jeder Skala, die Erfahrung, daß jede Erfahrung einzigartig und folglich unvergleichbar ist.

Für den inneren Zeugen, Ihr wahres Ich, sind sämtliche Erscheinungsformen »reine Unterhaltung«. Ihr Verstand und Ihr Körper achten beim Lesen dieser Zeilen auf deren Bedeutung. Der innere Zeuge kennt nur die Interaktionsform der reinen Erfahrung ohne jegliche Interpretation.

Der innere Zeuge kann auch als der leere Raum betrachtet werden, in dem sich sämtliche Erscheinungsformen manifestieren. (Der Begriff »innerer Zeuge« schließt ein, daß unser Bewußtsein Teil des universellen Bewußtseins ist, daß er unser tiefster Wesenskern und zugleich in allem um uns herum präsent ist. Anm. d. Ü.) Der innere Zeuge ist immer im Zustand der *Ekstase*, ganz gleich, was Körper und Verstand gerade durchmachen. Mit »Ekstase« meinen wir keine Emotion. Das Wort »Ekstase« stammt vom Altgriechischen *ek stasis,* das man mit »außerhalb stehen« übersetzen könnte. Der innere Zeuge steht außerhalb all dessen, was er erfährt. Auf dieser Ebene werden keine Urteile wie gut oder böse, richtig oder falsch, angenehm oder unangenehm gefällt. Auch gibt es dort keine Zeit. Dort ist die Erfahrung präsent, wie der Verstand Zeiteinteilungen und Urteile schafft, und für den inneren Zeugen ist diese Erfahrung ekstatisch!

Das Prinzip der Ekstase lautet wie folgt: Jeder Mensch ist permanent im Zustand der Ekstase, ganz gleich, ob ihm das gefällt oder nicht.

Aus dem Prinzip der Ekstase folgt, daß Sie alles, was in Ihrer Realität existiert, unterschiedslos entweder genießen oder genießen, es nicht zu genießen, oder genießen, nicht zu genießen, daß Sie es nicht genießen. Weiter muß man nicht gehen, um zur Wahrheit über Daseinsfreude zu gelangen.

Machen Sie sich das einmal klar! Es ist ein Wunder, daß überhaupt irgend etwas existiert! Hierzusein und überhaupt Erfahrungen zu machen, ist ein unendliches Wunder! Das ist das Reich des inneren Zeugen.

Man könnte auch sagen, daß der innere Zeuge unendlich ekstatisch ist, weil er so unendlich dumm ist. Er ist so dumm, daß er noch nicht einmal weiß, daß es überhaupt etwas Falsches gibt!

Manchmal glauben Menschen, daß bestimmte Bedingungen erfüllt sein müssen, damit sie sich ihres Dasein freuen können; aber das stimmt nicht. Wenn zum Beispiel nur der Mercedes Benz dastünde, ohne den Mann, der glaubt, diesen Wagen für sein Glück zu brauchen, gäbe es auch keine Daseinsfreude. Aber ein Mensch kann sehr wohl Daseinsfreude empfinden, ohne einen Mercedes zu besitzen. Unsere bloße Existenz ist alles, was wir brauchen, um uns unseres Daseins freuen zu können.

Für den inneren Zeugen macht es keinen Unterschied, ob Sie gerade einen anderen Menschen leidenschaftlich lieben oder von einem Verrückten in Stücke gehackt werden – der innere Zeuge nimmt mit gleichbleibend glückseliger Aufmerksamkeit das Wunder all dieser Ereignisse wahr. Für Ihren Verstand und Ihren Körper ist es natürlich sehr wichtig, was mit Ihnen geschieht, und Verstand und Körper sind auch die Adressaten dieses Buches.

Jede Erfahrung ist in sich ein Genuß und segensreich

Alles, was Sie jemals erfahren, wird zumindest von zwei Seiten von Ihnen genossen. Der innere Zeuge genießt es, weil er gar nicht anders kann. Die Seite von Ihnen, die die Erfahrung herstellt oder Sie zu der Erfahrung hinführt, hat wahrscheinlich lange und hart gearbeitet, um sie in Szene zu setzen. Sie nimmt an, Ihnen mit dieser Erfahrung wohlzutun und genießt ihren Erfolg und damit auch die Erfahrung. Es liegt bei Ihnen, ob Sie zulassen, daß auch Ihr bewußter Verstand diese Erfahrung genießt, und die Möglichkeit, Ihre Erfahrungen zu genießen, steht Ihnen jederzeit offen.

Auch ist jede Erfahrung zumindest in zweifacher Hinsicht segensreich. Erstens lernen Sie wenigstens etwas aus allem, was geschieht, und selbst wenn Sie diese Lernerfahrung aus Ihrem bewußten Verstand verdrängen, haben Sie Ihr Wissen über die Welt aufgestockt. Und zweitens ist jede Erfahrung segensreich, weil sie der nachfolgenden vorangeht. Wenn Sie für irgend etwas dankbar sind, was Ihnen jetzt zuteil wird, können Sie auch für alles dankbar sein, was in der Vergangenheit jemals geschah. Denn wenn nur ein winziges Detail anders gewesen wäre, sähe auch jetzt alles anders aus. (Schauen Sie sich einmal einen Moment lang an, wie unglaublich die Abfolge von »Zusammen-Treffen« ist, die dazu führte, daß sich dieses eine Spermium mit dieser einen Eizelle vereinigte, um dann Ihren Körper zu bilden!)

Ganz gleich, wie viele gedankliche Möglichkeiten Ihnen einfallen, Ihre Erlebnisse als Segen und Genuß zu sehen, es steht Ihnen immer mindestens noch eine weitere positive Sichtweise offen, und darum sagen wir, daß alles, was Sie erleben, in sich ein *unendlicher* Genuß und *unendlich* segensreich ist.

Beachten Sie bitte, daß auch Ihre Negativität und alles, was durch sie hervorgerufen wird, in sich ein unendlicher Genuß und unendlich segensreich für Sie ist. Wenn Sie Ihre Negativität abwerten, führt das nur zu weiterer Negativität, und wenn Sie die Auswirkungen Ihrer Negativität abwerten, kommt das der Abwertung Ihrer Negativität gleich. Sie haben die Fähigkeit, alles zu feiern, was existiert und was Sie erfahren, und wenn Sie Ihre Negativität in diese Feier mit einbeziehen, beseitigen Sie sie an der Wurzel.

5 Die Wahrheit über das menschliche Dasein

Es gibt im Menschen keine Unterdrückung außer der Unterdrückung von Seligkeit. Zu Abwertung und Unterdrückung kommt es, wenn ein Mensch die Seligkeit, die allen Erfahrungen innewohnt, irrtümlich verneint. Wenn dieser Mensch das unterdrückte Material reaktiviert und schließlich zugesteht, daß es beseligend ist, dann verschwindet das angebliche Problem.

Das einzige, was die Daseinsfreude eines Menschen behindern kann, ist sein Widerstand gegen die überwältigend beseligende Erkenntnis, wie unglaublich gut wir es mit dem Leben getroffen haben. Das

Geburtstrauma hat weitaus weniger Wichtigkeit als das Glückseligkeitstrauma.

Wir haben es unendlich gut getroffen, Menschen zu sein – das ist die Wahrheit über das menschliche Dasein! Wir sind nicht nur ständig im Zustand der Ekstase, ganz unabhängig davon, wie unsere Erfahrungen aussehen, sondern wir können deren Inhalte auch selbst bestimmen.

Das heißt, wir sind es, die das Spiel spielen! Wir können die Regeln aufstellen, die Ziele festlegen und Spiele spielen! Im sechsten Teil dieses Buches geht es darum zu entscheiden, welche Spiele Sie spielen wollen und diese Spiele dann zu spielen, um zu *gewinnen*.

6 Integration – der Schlüssel zu Daseinsfreude und kreativer Kraft

Integration heißt, aufmerksam werden für das, was Sie bislang abgewertet und unterdrückt haben, und mit der Abwertung aufzuhören. Integration ist die Wirkung, die durch Rebirthing erzielt wird. Integration ist die Umwandlung von Unterdrückung in Feiern. Und das Hauptanliegen dieses Buches ist, Ihnen ganz genau beizubringen, wie Sie Integration erreichen können.

[*Eine persönliche Anmerkung von Jim Leonard:*
Bevor wir fortfahren, möchte ich Ihnen ein wenig Geschichte erzählen. Rebirthing wurde eingeführt, noch bevor seine Wirkungsweise entdeckt worden war. In »den alten Tagen« des Rebirthing konnten wir zwar sehen, daß der Prozeß wirkte, hatten aber keine Grundlage für die logische Beschreibung dieser Wirkung. Wir nannten die Wirkung »Loslassen« und hatten nichts als eine Menge Aberglaube über die Art und Weise, wie sie entstand. Selbst damals schon gingen die Wirkungen von Rebirthing so in die Tiefe und Breite, wie es die meisten Menschen niemals zuvor erlebt hatten. Aber oft war der Prozeß auch umständlich, wirkungslos und unnötig schmerzhaft. Ich habe jahrelang Ablauf und Wirkung des »Loslassens« genau erforscht und die theoretischen und praktischen Grundlagen ausgearbeitet, die es effektiv bewirken. Ich habe das hauptsächlich deswegen getan, weil ich es müde war, meinen Lebensunterhalt damit zu verdienen, Menschen bei einem qualvollen Prozeß begleiten zu müssen, um auf diesem Umweg eine beseligende Wirkung zu erreichen. Es wollte mir nie ganz einleuchten,

daß wir nur durch Qualen zur Glückseligkeit gelangen, und mir ist viel wohler, seit ich weiß, daß der Prozeß ebenso beseligend ist wie seine Wirkung!]

Wie Sie noch sehen werden, ist Rebirthing ein *enorm* direkter und wirkungsvoller Weg zur Integration. Es ist absolut keine Übertreibung zu sagen, daß Sie mit Rebirthing – wenn Sie es richtig machen – unterdrückte Negativität *innerhalb weniger Sekunden* Schicht für Schicht integrieren können. Ein wirkungsvolles Rebirthing ist außerdem sehr *angenehm*.

Jetzt, wo wir den Ablauf von Rebirthing genau verstehen, nennen wir die Wirkung nicht länger »Loslassen«, denn dieses Wort beinhaltet die Vorstellung, daß wir uns von etwas Schlechtem lösen. Der Gedanke, wir müßten uns von etwas Schlechtem lösen, ist eine der Hauptursachen für Negativität. In Wahrheit hat es niemals Schlechtes gegeben. Sie haben entschieden, daß das, was vollkommen wunderbar ist, schlecht sein soll. Die negativen Wirkungen dieser negativen Entscheidung können Sie nur dann unterbinden, wenn Sie das Abgewertete in Ihr umfassendes Gefühl von Dankbarkeit und Wohlbefinden »integrieren«. Vielleicht sieht es so aus, als ob wir viel Lärm um ein simples Wort machen, aber Worte formen unsere Einstellung. Der Unterschied zwischen integrieren und »loslassen«, ist gleichbedeutend mit dem Unterschied zwischen angenehmen, ergiebigen Wirkungen durch Rebirthing und einer unnötigen Fortsetzung Ihres Kämpfens.

Wir möchten Ihnen jetzt die theoretische Basis vermitteln, mit deren Hilfe Sie Ablauf und Wirkung der Integration verstehen können. Das Verständnis dieser Grundlagen wird es Ihnen sehr erleichtern, Integration zu erreichen, wenn Sie dann im zweiten Teil des Buches mehr über das »Know-how« erfahren.

Um etwas zu integrieren, das früher einmal abgewertet und unterdrückt wurde, müssen wir nicht zu dem ursprünglichen Erlebnis »zurückgehen«, das wir abgewertet haben. Es ist nicht nötig, sich an irgendetwas zu erinnern, das mit diesem Erlebnis zusammenhängt. Manchmal wird die Erinnerung an das Ereignis während der Integration spontan an die Oberfläche kommen. Meistens geschieht das jedoch nicht. Für das Erreichen der Wirkung ist es unwesentlich, ob diese Art von Erinnerungen auftauchen oder nicht.

Um integrieren zu können, müssen wir das, was wir integrieren, bewußt wahrnehmen. Diese bewußte Wahrnehmung ist bekannt als »Aktivierung«, und sie kann auf körperlicher Ebene oder auf Verstandesebene stattfinden.

Wurde eine unterdrückte, abwertende Dualität erst einmal aktiviert, ist für die Integration nur noch die Beendigung der Abwertung erforderlich. Tatsächlich ist das Nichtabwerten sehr viel einfacher als die Abwertung. Es ist natürlich, dankbar zu sein und zu feiern, weil es ein natürlicher Genuß ist, überhaupt zu existieren. Sie müssen nichts tun, um etwas zu genießen, im Gegenteil, Sie müssen etwas tun, um diesen Genuß zu *verhindern*! Es gibt also viele Möglichkeiten, etwas zu integrieren, wenn es erst einmal aktiviert wurde.

Um Mißverständnissen vorzubeugen, möchten wir an dieser Stelle etwas ganz deutlich machen: Wenn wir davon sprechen, »etwas nicht abzuwerten«, meinen wir damit keine moralischen Urteile oder andere Entscheidungen über die Zukunft eines Menschen. Rebirthing und Integration haben mit der momentanen Zeit zu tun. In der momentanen Zeit gibt es keine Entscheidungen. In der momentanen Zeit erfahren Sie einfach, was immer Sie gerade erfahren, und feiern es oder werten es ab, aber es existiert, so wie es ist, ob es Ihnen gefällt oder nicht. In der linearen Zeit können Sie entscheiden, was Sie zukünftig tun wollen. Unterscheidungen von »richtig und falsch«, »effektiv und ineffektiv«, »vernünftig und unvernünftig« sind aber bei Entscheidungen über zukünftige Aktivitäten von größter Wichtigkeit. Unsere Fähigkeit zu Disziplin und Moral gehört zu unseren segensreichsten Eigenschaften.

Obgleich Rebirthing mit unseren Erfahrungen in der momentanen Zeit zu tun hat, nimmt es tiefgreifend Einfluß auf Fähigkeiten, die sich auf die lineare Zeit beziehen. Es hilft, zwanghafte Einstellungen und Handlungsweisen zu beseitigen, die sonst unsere Effektivität behindern würden.

Grundsätzlich bedeutet Integration, die Wahrheit über Ihre Erfahrungen an den Tag zu bringen. Das geschieht, wenn Sie sich Ihrer Erfahrung so, wie sie wirklich ist, hingeben. Wenn Sie keinen Widerstand mehr dagegen verspüren, wissen Sie, daß Sie etwas integriert haben. Entweder ist es ganz verschwunden, oder es ist immer noch da, und Sie genießen es jetzt. Auf jeden Fall stellt es kein Problem mehr dar, und Ihr Verstand ist frei, sich wichtigeren Dingen zuzuwenden.

Integration kann, muß aber nicht zwangsläufig persönliche Vorlieben beseitigen. Es versetzt Sie in die Lage, Ihre Vorlieben bewußt zu wählen. Wenn Sie es vorziehen, Ihr Leben zu verändern, bedeutet das nicht zwangsläufig, daß Sie Ihre Gegenwart abwerten. Wenn Sie eine Million Mark haben und lieber zwei Millionen hätten, müssen Sie Ihre eine Million nicht abwerten. Sie können sowohl Ihre Million feiern als auch Ihr Vorhaben, zwei Millionen zu besitzen, und ebenso können Sie die Aktivitäten feiern, mit denen Sie Ihre zweite Million zusammenbekommen. Wenn aber Ihr Ziel, zwei Millionen zu haben, unbewußt durch den Zwang bestimmt war, besser sein zu wollen als Ihr Millionärs-Nachbar, den Sie schlecht gemacht haben, dann haben Sie auch abgewertet, daß Sie selbst »bloß« eine Million besitzen. Die Integration dieser Abwertung wird Ihnen die Chance geben, mit der einen Million, die Sie haben, zufrieden zu sein, und es Ihnen leichter machen, mit Ihrem Leben etwas besseres anzufangen, als zwanghaft hinter der zweiten Million herzujagen. Sie können sich dann immer noch entscheiden, eine zweite Million zu verdienen, aber Ihre Motive sind jetzt klarer. Integration fördert bewußte Entscheidungen.

Aktivierung und Integration können auf jeder der folgenden Ebenen stattfinden: der der materiellen Manifestation (bezieht sich auf die »äußere Welt«), der Verstandesebene oder der körperlichen Ebene. Wir werden wieder Joe und sein Auto als Beispiel heranziehen, um die Wirkung von Integration auf jeder dieser Ebenen zu demonstrieren. Integration bleibt Integration, ganz gleich auf welcher Ebene sie geschieht. Wenn Sie etwas integrieren, integrieren Sie es auf sämtlichen Ebenen gleichzeitig.

Nehmen wir einmal an, Joe bemerkt, daß er seinen Kombiwagen abwertet. Wenn er seine Meinung ändert und beschließt, seinen Wagen bedingungslos zu lieben, wird Joe diesem Gegenstand gegenüber anspruchsloser. Die abwertende Dualität wird bereinigt.

Wenn Joe bemerken würde, daß er über seine Verhältnisse lebt und den Beschwerden-Umwandlungsprozeß (der im dritten Teil genauer beschrieben wird) anwendete, dann würde er mit Hilfe dieses Verfahrens folgende »Gedächtnisstützen-Affirmation« entwickeln: »Ich habe in jedem Augenblick genau das, was ich wirklich am meisten haben will.« Durch das Beweisverfahren (d. h., er würde mehrere Beweise für die Richtigkeit dieser Aussage finden), würde er neue Blickwinkel festlegen und die abwertende Dualität durch Arbeit auf der Verstandesebene beseitigen. (Wenn Sie die Gradabstufungen einer Skala beseitigen, fällt die ganze Skala weg.)

Der leichteste und direkteste Weg, der für Joe die Auflösung der Dualität bewirkte, führt über die Ebene seines physischen Körpers, das heißt, er würde sich der *Gefühle* bewußt werden, die er für das »falsche« Auto hat, und *diese Gefühle jetzt genießen*. Das ist viel leichter, als es zunächst aussehen mag; im zweiten Teil dieses Buches beschreiben wir im Kapitel über das Vierte Element des Rebirthing genau, wie man dabei vorgeht. Wenn wir die Gefühle genießen, die sich auf eine abwertende Dualität beziehen, fällt diese Dualität in sich zusammen (d. h. sie wird integriert), weil *es keinen Unterschied macht, ob wir den Blickwinkel wechseln, von dem aus wir unsere Gefühle betrachten, oder die Dinge selbst in einen neuen Zusammenhang stellen.* Wenn wir uns bei 0 genausogut fühlen wie bei 10, fällt die Bewertungsskala ganz weg, und wir genießen wie ursprünglich wieder alles, weil es einzigartig ist. Auf diese Weise verschwinden beim Rebirthing abwertende Dualitäten. Es bewirkt Integration auf der Ebene des physischen Körpers. Wenn Sie Ihre Daseinsfreude und Ihre Effektivität steigern wollen, ist dieser Punkt für Sie außerordentlich wichtig. Hier zwei weitere Beispiele:

Nehmen wir an, Sie beschließen, daß Ihnen Punk-Rock nicht gefällt. Damit haben Sie sich darauf festgelegt, sich jedesmal unbehaglich zu fühlen, wenn Sie diese Musik hören oder nur daran denken. Wenn Sie die abgewertete Musik wieder einmal hören und dabei die abgewerteten Gefühle spüren, die sie in Ihnen hervorruft, und dann zulassen, daß Sie diese Gefühle genießen, ist das gleichbedeutend damit, einen neuen Zusammenhang herzustellen, in dessen Rahmen Sie die Musik selbst genießen können.

Oder nehmen wir an, Sie fahren auf der Autobahn und haben eine Reifenpanne. Anfangs reagieren Sie vielleicht frustriert. Wenn Sie dieses Frustrationsgefühl zulassen und genießen, ist das das gleiche, als wenn Sie den Reifenwechsel selbst genießen würden. Sie werden so effektiver handeln können, als wenn Sie die Panne abwerten.

Die einzige Alternative zu genießen und feiern besteht in der Abspaltung von Teilen Ihrer Energie zu dem Zweck, sich vor Ihren Gefühlen zu verstecken und den Kontakt Ihres geistigen Körpers mit diesen Gefühlen zu unterbinden. Rebirthing ist die Kunst, den geistigen Körper wieder voll in Kontakt mit dem physischen Körper zu bringen. Unser physischer Körper fühlt sich in jedem Fall lebendiger, wenn wir unser Leben feiern. Menschen versuchen manchmal, sich zu Veränderungen zu bewegen, indem sie ihre augenblickliche Situation abwerten. Sie sagen sich dann zum Beispiel, »Wenn ich es mir nur schwer genug mache, wird es mir vielleicht besser gehen als im Augenblick«. Das ist eine scheußliche Methode, sich zu motivieren, und zwar aus zweierlei Gründen. Erstens, wenn Sie tun, was Sie sich da vornehmen, werden Sie sich schlecht fühlen. Zweitens entziehen Sie den Einzelheiten Ihrer augenblicklichen Situation jedes Mal die Aufmerksamkeit, wenn Sie sie abwerten. Eine allgemein verbreitete Form für diesen Entzug an Aufmerksamkeit ist, »in die Zukunft zu schweifen« und sich die Erleichterung auszumalen, die eintreten könnte, wenn endlich »alles vorbei« ist. Gerade die Einzelheiten aber, die Sie nicht beachten, weil

Sie die »momentane Zeit« fliehen, können wesentlich für die effektive Bewältigung Ihrer Situation sein.

Motivation ist eine grundlegende menschliche Qualität. Sie sind bereits motiviert, Erfahrungen, die Sie schätzen, zu vermehren und zu vertiefen. (Darüber mehr im 55. Kapitel.) Wenn wir unseren Wunsch, etwas zu tun, feiern, empfinden wir »Begeisterung«. All Ihre Handlungen – ob ein Reifenwechsel oder sonst etwas – sind sehr viel wirkungsvoller, wenn Sie sie mit Begeisterung ausführen. Wenn Sie zum Beispiel mit Begeisterung aus einer Grube hochklettern, schließt das zunächst erst einmal Dankbarkeit dafür ein, sich in einer Grube zu befinden. Wenn Sie die Grube selbst feiern, können Sie die Einzelheiten genauer wahrnehmen, durch die Ihr Ausstieg leichter und angenehmer wird. Werten Sie die Situation dagegen ab, dann werden Teile Ihrer Energie automatisch für die Bewältigung der unangenehmen Gefühle abgezweigt, die sich bei Ihnen in diesem Falle einstellen. Und diese Energie steht Ihnen für die Kletterpartie nach oben dann nicht mehr zur Verfügung.

Emotionen

Emotionen entstehen im allgemeinen durch Widerstände, die wir gegen etwas haben. Eine Emotion hat nur solange Bestand, wie Sie fortfahren, Widerstand zu leisten. Wenn Sie sich einer Emotion vollkommen hingeben und sie genießen, wird sie integriert, und Sie werden plötzlich guter Laune sein. Eine integrierte Emotion ist allerdings nicht genau das gleiche wie eine Emotion. Einige Beispiele:

Daseinsfreude bedeutet Hingabe an das, was ist. In den Modellen, die wir benutzen, wird Daseinsfreude nicht als Emotion betrachtet.

Traurigkeit entsteht durch den Widerstand gegen bereits stattgefundene Veränderungen oder gegen die Tatsache, daß Ihre augenblicklichen Erfahrungen unwiderruflich Vergangenheit werden. Wird eine bereits stattgefundene Veränderung abgewertet, interpretieren wir sie als »Verlust«. Geben Sie sich Ihrer Traurigkeit aber hin, werden Sie schließlich eine angenehme Erinnerung haben, Ihre Gefühle genießen können und Dankbarkeit verspüren. Wenn Sie gegen eine angenehme Erinnerung Widerstände haben, werden Sie wiederum Traurigkeit verspüren.

Ärger wird bewirkt, wenn Sie gegen Ihre »Bestimmung« opponieren, d. h. dagegen, was Sie Ihrem Gefühl nach eigentlich tun müßten. Nehmen wir zum Beispiel an, Sie sehen gerade Sportschau, knabbern Ihre Kartoffelchips, trinken Ihr Bier und sind vollkommen glücklich.

Gerade in dem Augenblick, als es verspricht, spannend zu werden und ein wichtiges Spiel gezeigt wird, klingelt es an der Haustür. Wenn Sie sicher sind, daß es für Sie sinnvoll ist, das Spiel zu sehen, und Sie das Klingeln ignorieren, werden Sie sich, statt ärgerlich zu werden, glücklich fühlen. Wenn Sie sicher sind, daß es wichtiger ist, die Tür zu öffnen, als das Spiel zu sehen, und dieser Aufgabe nachkommen, werden Sie ebenfalls glücklich statt ärgerlich sein. Wenn Sie hingegen denken, Sie müßten die Tür gezwungenermaßen öffnen, tatsächlich aber am liebsten nur das Spiel sehen wollen, dann sollte sich der blöde Tölpel, der gerade jetzt an der Tür klingelt, besser in acht nehmen! Wenn Sie Ihren Ärger in den Genuß des gegenwärtigen Moments mit einschließen, werden Sie mit Ihrem Besucher wiederum glücklich sein. Wenn Sie Ärger integrieren, erleben Sie Ihre Erfahrungen als sinnvoll. Wenn Sie gegen Erfahrungen Widerstand haben, die für Sie sinnvoll sind, entsteht Ärger.

Angst entsteht bei der Vorstellung von zukünftigen Möglichkeiten, gegen die wir Widerstände haben. Wenn Angst integriert wird, erleben Sie die Sicherheit, daß Sie tun, was nötig ist, um alles zu verhindern, was nicht mit Ihren Zielen übereinstimmt und deren Verwirklichung stört. Dann realisieren Sie entweder, daß Sie nichts zu fürchten haben, und wenn doch, wissen Sie, daß Sie begeistert alles tun werden, um das Befürchtete zu verhindern. Wenn Sie sich sicher fühlen wollen, ohne für die Zukunft zu planen, werden Sie entweder Angst empfinden oder Dinge verdrängen. Angst ist für wirkungsvolles Handeln außerordentlich wichtig. Wenn Sie fortfahren, Dinge zu tun, die zu schlechten zukünftigen Ergebnissen für Sie führen, dann *sollten* Sie Angst haben. Die Unterdrückung von Angst hindert Sie daran, angemessen zu handeln, und ist aus diesem Grund gefährlich. Um Angst zu integrieren, müssen Sie sie nur bis ins Detail bewußt erfahren und in die Feier Ihrer Existenz in diesem Moment mit einbeziehen. Wenn Sie das tun, erledigt sich der Rest automatisch von selbst. Wenn Sie sich weigern, Vorbereitungen für die Zukunft zu treffen, werden Sie Angst erleben. Weitere Überlegungen zu einer angemessenen Umgangsweise mit Angst finden Sie im vierten Teil dieses Buches.

Frustration und Langeweile hängen eng mit Ärger zusammen: *Frustration* entsteht durch die Weigerung, Bescheidenheit zu entwickeln. Sollten Ihre Versuche zu falschen Ergebnissen führen, haben Sie die Wahl: entweder Sie entwickeln Bescheidenheit oder Sie werden sich frustriert fühlen. Bescheidenheit heißt, daß Sie eine gesunde Einstellung zu Ihren Begrenzungen, zu Ihrer Menschlichkeit haben. Frustration heißt, darauf bestehen, daß Sie keine Grenzen haben, selbst wenn

Ihr Kopf gerade mit hundert Stundenkilometern Geschwindigkeit gegen eine gestoßen ist! Wenn Sie die Frustration annehmen, werden Sie *Bescheidenheit* verspüren. Weigern Sie sich, bescheiden zu sein, werden Sie frustriert sein.

Ein anderes Wort für Bescheidenheit ist *»Selbstachtung«*. Manche Menschen denken, »hohe Selbstachtung« bedeute, sich selbst übertrieben wichtig zu nehmen oder ein dickes Ego zu haben. Sie glauben, hohe Selbstachtung zu zeigen, wenn Sie sich und anderen weismachen, sie hätten absolut keine Probleme mehr. Das ist ganz sicher keine gute Umgangsweise mit Selbstachtung, weil der Zusammenhang für bedingungslose Selbstliebe in diesem Falle nicht gegeben ist und auch unterdrückte Negativität unter diesen Bedingungen nicht auf sanfte Art und Weise zum Vorschein kommen kann. Bescheidenheit heißt, voll zu akzeptieren, daß Sie ein menschliches Wesen sind und sich dafür lieben. Sie läßt keinen Raum dafür, sich anderen Menschen über- oder unterlegen zu fühlen. Sie unterstützt den Menschen darin, die Arbeit zu tun, die gerade für ihn ansteht, statt daß er sie anderen überläßt, die nicht »zu höherem veranlagt« sind. Sollte es eine größere Tugend geben als Bescheidenheit, so ist sie uns jedenfalls nicht bekannt.

Wenn Sie es hinauszögern, Bescheidenheit zu entwickeln, ist das übrigens das ungefährlichste von der Welt. Sie können nämlich sicher sein, daß das Universum Ihnen auf die Sprünge hilft, wenn Sie nur lange genug warten!

Langeweile entsteht durch Widerstände gegen emotionale Aktivierung. Sie taucht gewöhnlich dann auf, wenn Sie etwas aufschieben, das – wie Sie selbst am besten wissen – Emotionen aufwühlt, die Sie bislang vermieden haben. Wenn Ihnen nichts besseres mehr einfällt und Sie sich trotzdem weiterhin weigern, das bislang Vermiedene zu tun, werden Sie Langeweile empfinden. Wenn Sie das nächste Mal Langeweile haben, dann achten Sie darauf, welche Emotion tatsächlich gerade dicht unter der Oberfläche blubbert – und dann tauchen Sie hinein! Sie werden sich nicht lange langweilen, und Ihre anstehende Arbeit wird gleich mit erledigt! Wenn Sie sich der Langeweile hingeben, werden Sie sich immer aktiviert fühlen. Verweigern Sie sich der Aktivierung, werden Sie sich ständig langweilen. Langeweile zu integrieren, ist sehr lohnenswert. Menschen sind nämlich oft dann am destruktivsten, wenn Sie von unterdrückter Langeweile angetrieben werden. Denken Sie daran, daß unsere Emotionen für unseren Genuß und unser Wohlergehen da sind.

Spontane Integration

Menschen integrieren gelegentlich im normalen Alltagsleben, ohne es selbst zu wissen. Das beste Beispiel dafür sind Jugendliche, die ihre Eltern oft in vielen Situationen schlecht machen. Wenn sie dann in ihrem Erwachsenenleben mit ähnlichen Situationen fertigwerden müssen, versöhnen sie sich allmählich mit ihren Eltern. Immer wenn sie aufhören, ihre Eltern wegen irgendwelcher Dinge schlecht zu machen, erleben sie eine umfassende Integration mit all den Wohltaten, die damit gewöhnlich einhergehen. Leider unterdrücken die meisten Menschen weit mehr Erfahrungen als sie integrieren, weil sie keinerlei Techniken für die Auslösung von Integration kennen.

Wenn Sie Ihre Eltern immer noch wegen irgendwelcher Dinge schlecht machen, sind Sie übrigens in einer glücklichen Lage! Denn das heißt, Sie können Ihr Leben jetzt auf direktem und relativ leichtem Wege noch schöner machen als es im Augenblick bereits ist. Wenn Sie mit Ihren Eltern alles klären, haben Sie auch die wichtigsten Dinge in sich selbst geklärt! Im vierten Teil dieses Buches finden Sie einige Vorschläge, wie Sie Ihre Beziehung zu Ihren Eltern verbessern können.

Rebirthing ist der wirkungsvollste Weg, um eine abwertende Dualität zu integrieren, weil Rebirthing auf der Ebene physischer energetischer Muster arbeitet. Ihr Verstand kann Sie jahrelang ständig an der Nase herumführen, aber Ihr Körper wird Sie niemals in die Irre leiten. Ihre Gefühle sind immer da und warten darauf, von Ihnen erforscht und gefeiert zu werden. Der Atem als Erstes Element des Rebirthing soll Sie dabei unterstützen, Ihre unterdrückten Gefühle zu spüren.

Sie können sich Ihres Lebens da nicht freuen, wo Sie gegen etwas Widerstände haben. Durch Rebirthing können Sie Ihre individuellen Widerstände Schritt für Schritt abbauen.

Durch Integration steigert sich sowohl die Daseinsfreude eines Menschen als auch seine kreative Kraft. Seine Freude wächst in dem Maße, wie er aufhört, Dinge abzuwerten. Seine kreative Kraft wächst, weil Integration ihn von zwanghaften, unbewußt motivierten Verhaltensweisen befreit.

Die Botschaft, die all diese Ausführungen enthalten, ist im Grunde sehr einfach: Sie sind in diesem Moment lebendig, ob Ihnen das gefällt oder nicht. Wenn Sie sich dem Leben verweigern, werden Sie sich schlecht und schwach fühlen. Sind Sie aber bereit, sich der Herausforderung des Lebens hinzugeben, werden Sie glücklich und frei sein.

Rebirthing ist die fortgeschrittene »Wissenschaft« von der Umwandlung unserer Widerstände in Begeisterung.

Rebirthing – Die Wissenschaft von der umfassenden Daseinsfreude

Der zweite Teil dieses Buches enthält eine umfassende Beschreibung des gegenwärtigen Standes der Methoden des Rebirthing, Resultat von insgesamt zehn Jahren gemeinsamer Forschung beider Autoren beim Rebirthing mit Tausenden von Menschen. Die Beschreibungen sind sehr ausführlich und zugleich leicht verständlich. Wir gehen von Anfang an nicht von der Voraussetzung aus, daß der Leser – außer der Lektüre des ersten Teils dieses Buches – bereits irgendwelche Erfahrungen mit Rebirthing gemacht haben muß und beschreiben das Verfahren absolut gründlich. Unsere Ausführungen sind sowohl für den professionellen Rebirther als auch für jeden Menschen gedacht, der sich für Rebirthing interessiert.

Wir stellen dieses Material in der Gewißheit vor, daß es für jeden professionellen Rebirther von großem praktischen Wert ist, weil es einmalig ist in Bezug auf Inhalt, Form und Vollständigkeit der Darstellung.

Ebenso sicher sind wir uns, daß jeder, der es liest, viele praktische Einsichten gewinnen wird, die ihn in vielen alltäglichen Situationen seines Lebens unterstützen können, ganz gleich, ob er jemals Rebirthing macht oder nicht. Außerdem werden diese Informationen den Lesern, die sich für Rebirthing-Sitzungen entschließen, in jedem Fall helfen, diese effektiver und angenehmer zu gestalten, ganz unabhängig vom Rebirthing-Stil und vom jeweiligen Rebirther.

Wir geben ausführlich Auskunft über Trocken-Rebirthing, Rebirthing mit Einsatz von warmem und kaltem Wasser und mehrere andere fortschrittliche Rebirthing-Techniken.

An diesem Punkt könnte sich jemand, der nie Rebirthing gemacht hat, die Frage stellen: »Wenn ich dieses Material durchlese und verstehe, kann ich mich dann selbst rebirthen?«

Die Antwort lautet ja und nein. Sie werden all das Wissen erhalten, das Sie brauchen, aber Sie brauchen mehr als Wissen. Wenn Sie fliegen lernen wollen, würden Sie sich nicht einfach ein Flugzeug kaufen, das Anleitungsbuch lesen und Ihre Maschine starten. Ähnliches gilt für

Rebirthing – wir empfehlen Ihnen dringend, sich von einem professionellen Rebirther, wie wir sie im Anhang dieses Buches aufgeführt haben, helfen zu lassen.

Nicht, daß es wirklich *gefährlich* wäre, wenn Sie gleich versuchten, sich ohne Hilfe zu rebirthen. Selbst wenn Sie wollten, könnten Sie sich mit Rebirthing keinen Schaden zufügen. Schlimmstenfalls werden Ihnen unterdrückte Gefühle in aller Deutlichkeit bewußt, und Sie hängen damit fest, weil Sie sie nicht integrieren können. Diese Erfahrung würde Ihnen nicht schaden, aber Sie könnten sich ein paar Stunden oder Tage lang ziemlich unbehaglich fühlen. Wenn Sie dagegen Rebirthing bei einem ausgebildeten Rebirther machen, ist im Grunde jede Möglichkeit ausgeschlossen, länger als ein paar Minuten in unangenehmen Gefühlen festzuhängen.

Rebirthing ist für jeden, der denken und seinen Atemmechanismus selbständig und frei steuern kann, das Wertvollste, wovon wir je gehört haben. Wir möchten Ihnen wirklich dringend empfehlen, diesen Teil zwei-, dreimal zu lesen und sich dann so bald wie möglich von einem professionellen Rebirther rebirthen zu lassen.

7 Die Fünf Elemente des Rebirthing

Alles, was jemals abgewertet und unterdrückt wurde, kann mit Hilfe der Rebirthing-Technik integriert werden. Rebirthing benutzt die Gefühle im physischen Körper, um Zugang zum unbewußten Verstand zu bekommen. Alles, was Sie jemals abgewertet und unterdrückt haben, hat sein energetisches Zeichen im Körper hinterlassen und ist dort, in unterdrücktem Zustand, geblieben, wartend, daß Sie darauf aufmerksam werden und es in Ihr Gefühl von Dankbarkeit und Wohlbehagen integrieren.

Rebirthing ist nicht die einzige Möglichkeit, unterdrücktes Material zu integrieren, aber es ist die wirkungsvollste. Da es den bewußten Verstand umgeht, vermeidet es die Verzögerungen, die mit dem Versuch verbunden sind, etwas gedanklich erfassen zu wollen.

Die Fünf Elemente des Rebirthing zeigen genau, »wie man's macht«, wie man mit Hilfe der Rebirthing-Methode Integration bewirkt. Obwohl Rebirthing ein zusammenhängender Prozeß ist, kann dieser am besten anhand von fünf Elementen beschrieben werden.

Immer wenn alle Fünf Elemente vollständig vertreten sind, kommt es zur Integration. Immer wenn es zur Integration kommt, ganz gleich mit Hilfe welcher Methode sie bewirkt wird, sind sämtliche Fünf Elemente vollständig vertreten. Wenn es nicht zur Integration kommt, fehlt mit Sicherheit jedesmal mindestens eines der Fünf Elemente.

Rebirthing wurde bereits eingeführt und in großem Umfang gelehrt, bevor die Fünf Elemente entdeckt worden waren. Rebirthing mit Einsatz der Fünf Elemente ist bei weitem wirkungsvoller als Rebirthing ohne diese Fünf Elemente. Wenn sowohl der Rebirther als auch der Rebirthee die Fünf Elemente gründlich verstanden haben, kann jedes unterdrückte energetische Muster wunschgemäß integriert werden, sowie der Rebirthee darauf aufmerksam wird.

Die Zeitspanne, die mit dem Einsetzen des kreisförmigen Atmens beginnt und mit einer Integration abschließt, nennen wir »Atemzyklus«. Der Unterschied, den die Fünf Elemente beim Rebirthing ausmachen, läßt sich auch als Verkürzung des Atemzyklus beschreiben. Durch den erfahrenen Einsatz der Fünf Elemente kann jeder Atemzyklus auf wenige Sekunden verkürzt werden.

Die schnellere Integration ist nicht nur nützlich, weil wir damit in jeder Sitzung mehr erreichen können (was tatsächlich der Fall ist), sondern auch, weil die Integration zu einem Zeitpunkt bewirkt werden kann, wo die jeweiligen energetischen Muster sich erst auf einer ganz subtilen

Ebene zeigen. Dadurch verläuft der Prozeß für den Rebirthee sehr viel leichter und angenehmer. Ganz gleich, wie intensiv ein energetisches Muster zum Zeitpunkt der Unterdrückung war, in einer Rebirthing-Sitzung kann es bereits auf einer ganz subtilen Ebene integriert werden. Wird es nicht bereits auf einer subtilen Ebene integriert, und das Rebirthing geht weiter, dann wird das energetische Muster immer intensiver, bis der Rebirthee schließlich gezwungen ist, sich ihm hinzugeben; an diesem Punkt löst es sich auf oder verwandelt sich in angenehme Empfindungen. Werden die Fünf Elemente beim Rebirthing nicht angewendet, ist die »erzwungene Hingabe«, die auf der intensiven Steigerung der Gefühle beruht, die Methode zur Integration.

Ein Rebirthee, der von Anfang an lernt, Gefühle bereits in einem subtilen Stadium zu integrieren, wird sich beim Rebirthing sehr viel wohler und sicherer fühlen. Durch dieses Gefühl von Wohlbefinden und Sicherheit wiederum ist der Rebirthee viel eher bereit, unterdrücktes Material hochkommen zu lassen; er genießt es mehr und integriert es somit schneller, wenn es sich erst einmal zeigt.

Aus den oben genannten Gründen empfehlen wir Rebirther und Rebirthee, die Fünf Elemente des Rebirthing bei jeder Sitzung anzuwenden und sich die wirkungsvolle und ergiebige Integration immer als oberstes Ziel zu setzen.

Die Fünf Elemente des Rebirthing sind:
1. Kreisförmiges Atmen
2. Vollkommene Entspannung
3. Bewußte Wahrnehmung aller Einzelheiten
4. Integration in Ekstase
5. Tun Sie, was Sie gerade tun – Bereitschaft ist genug.
Wir werden nun jedes der Fünf Elemente genauer erläutern.

8 Kreisförmiges Atmen – Das Erste Element des Rebirthing

Beim Rebirthing wird eine besondere Atemtechnik benutzt, die Ihnen hilft, über Ihren physischen Körper Zugang zu Ihren Unterdrückungsmechanismen zu bekommen. Wir nennen diese Atmung »kreisförmiges Atmen«.

Kreisförmiges Atmen heißt jede Form des Atmens, auf die folgende drei Kriterien zutreffen:
1) Einatmen und Ausatmen sind ohne Pause miteinander verbunden.
2) Das Ausatmen ist entspannt, geschieht von selbst und wird auf keinerlei Weise kontrolliert.
3) Wird durch die Nase eingeatmet, atmet man auch durch die Nase aus; wird durch den Mund eingeatmet, atmet man auch durch den Mund aus.
Kreisförmiges Atmen bewirkt einen »vollständigen Energiekreislauf« im Körper – einen Ausgleich von »Prana« und »Apana«.

Prana

Prana ist die lebensspendende Energie in Ihrem Körper. »Prana« ist ein Ausdruck aus dem Sanskrit, der in der Philosophie des indischen Yoga benutzt wird. Im Chinesischen heißt es »Chi«, im Japanischen »Ki«.
Es gibt viele Quellen für das Prana: Nahrung, Sonnenlicht, Wasser, Luft. Luft ist die wichtigste Quelle für Prana. Sie können tagelang ohne Nahrung, Wasser oder Sonnenlicht auskommen, aber ohne Luft kommen Sie unter normalen Umständen nur wenige Minuten lang aus.
Prana ist nicht identisch mit Sauerstoff. Sauerstoff wird durch die roten Blutkörperchen zu den Körperzellen transportiert, während Prana sich durch subtile Energiekanäle, »Nadis« genannt, im Körper verbreitet. Die Hauptgefäße für den Fluß des Prana sind die allgemein bekannten Akupunktur-Meridiane, aber jede Körperzelle Ihres Körpers, die lebendig ist, wird durch subtile Kanäle mit Prana versorgt.
Wir können Prana mit Elektrizität vergleichen. Der Negativstrom fließt zu einer Glühbirne, die freigesetzten Elektronen werden in Licht umgewandelt, und der Positivstrom fließt zurück zur Stromquelle. Auf ähnliche Weise breitet sich Prana bis in die Körperzellen aus, um sie zu versorgen, während das Apana zurück zur Energiequelle strömt.
Kreisförmiges Atmen bewirkt im Körper einen Zustand, der dem Wechselstrom vergleichbar ist. Beim Einatmen fließt Prana in alle Körperzellen, und beim vollkommen entspannten Ausatmen fließt Apana aus dem Körper und schließt damit den Kreislauf. (Das ist nicht der gewöhnliche Atemrhythmus von Menschen.) Aufeinanderfolgende Zyklen von vollständigen Energiekreisläufen bewirken, daß der Atmende die Energieströme *fühlen* kann, *einschließlich der Blockaden im Energiefluß, die durch vorausgegangene Unterdrückung verursacht wurden. Das führt zur Aktivierung von energetischen Mustern, die einmal unterdrückt und abgewertet wurden, und der Atmende hat die Möglichkeit, diese zu integrieren.*

Verschiedene Arten des kreisförmigen Atmens

Es gibt viele verschiedene Formen des kreisförmigen Atmens, die sich durch folgende Faktoren voneinander unterscheiden: das Volumen der eingeatmeten Luft, die Geschwindigkeit des Einatmens, ob durch Nase oder Mund ein- und ausgeatmet wird und ob in den unteren, mittleren oder oberen Bereich der Lungen geatmet wird. Jede dieser Formen kreisförmigen Atmens bewirkt, daß der Atmende auf unterdrückte energetische Muster aufmerksam wird, aber jede Form ruft ihre spezielle Wirkung hervor und ist je nach Rebirthing-Situation empfehlenswert.

Der Umfang des Einatmens

Das Volumen der eingeatmeten Luft kann mit dem Lautstärkeregler Ihrer Stereoanlage verglichen werden. Um die Musik über Ihre Anlage voll genießen zu können, darf sie weder so laut sein, daß Ihnen das Trommelfell platzt, noch so leise, daß Sie sie gar nicht hören können. Beim Rebirthing lauschen Sie der Musik, die Ihr Körper spielt, und genießen sie voll, wobei die gleichen Prinzipien gelten. Fühlen Sie die energetischen Muster in Ihrem Körper nicht stark genug, um sie bis ins Detail erforschen zu können, können Sie tiefer einatmen. Kommen die Muster dagegen so intensiv hoch, daß Sie sie nicht genießen können, atmen Sie weniger Luft ein.

Die Vorstellung, daß es beim Rebirthing darum geht, »sich mit Ihrer Unterdrückung zu konfrontieren«, ist ebenso unsinnig wie die Vorstellung, daß Sie sich mit der Musik konfrontieren müssen, wenn Sie Ihre Stereoanlage anstellen. Wenn Sie möchten, daß die Musik etwas leiser spielt, heißt das nicht, daß sie Ihnen nicht gefällt. Ebenso muß auch ein energetisches Muster in Ihrem Körper, das Sie genießen, nicht erschreckend intensiv werden. Ihr Rebirthing-Prozeß muß nicht auch noch zur Konfrontation werden – das Leben bietet schon genug davon.

Die Geschwindigkeit des Einatmens

Beim Rebirthing tauchen Sie ganz in den gegenwärtigen Moment ein und verteilen Ihre Aufmerksamkeit gleichmäßig auf zwei Dinge: Sie nehmen Ihre Erfahrung bis in alle Einzelheiten wahr und konzentrieren sich gleichzeitig auf das auffallendste energetische Muster. Anders gesagt, halten Sie eine Balance zwischen der Konzentration und der Ausweitung Ihrer Aufmerksamkeit. Das langsame Einatmen steigert die Fähigkeit, sich auf Einzelheiten zu konzentrieren, das schnelle Einatmen unterstützt Sie in Ihrer Wahrnehmung der gesamten Erfahrung.

Das ist deswegen wichtig, weil es darauf ankommt, aktiviertes aber noch nicht integriertes Material bis zur Integration im Auge zu behalten. Nachdem es integriert wurde, ist es nicht wichtiger als alles andere auch. Bevor Sie das Muster aber nicht aufmerksam genug wahrgenommen haben, um es integrieren zu können, werden Sie Ihre Konzentration auf dieses Muster steigern wollen, und das langsame Atmen unterstützt Sie dabei. Wenn Sie das Muster erst einmal voll wahrnehmen, kann durch eine Beschleunigung Ihres Atmens auch die Integration beschleunigt werden.

Es ist wichtig, an dieser Stelle zu beachten, daß sich jede Erörterung der Atemgeschwindigkeit beim Rebirthing immer auf die Geschwindigkeit des Einatmens und nicht auf die des Ausatmens bezieht. Das Ausatmen sollte niemals in irgendeiner Form forciert werden. Manchmal zieht schnelles Einatmen ein schnelles Ausatmen nach sich, manchmal aber auch ein langsames; und manchmal führt langsames Einatmen zu langsamem Ausatmen, manchmal aber auch zu schnellem Ausatmen. Überlassen Sie diese Entscheidung Ihrem Körper. Es kommt nicht darauf an, daß Einatmen und Ausatmen von gleicher Dauer sind.

Drei Formen des kreisförmigen Atmens

Es gibt drei Hauptkombinationen von Atemvolumen und Atemgeschwindigkeit, und jede eignet sich für spezielle Situationen.

Tief und langsam

Das tiefe und langsame kreisförmige Atmen eignet sich am besten zu Beginn Ihrer Rebirthing-Sitzung, oder wenn Sie gerade ein energetisches Muster integriert haben und anfangen, sich auf ein neues zuzubewegen. Das tiefe Einatmen steigert Ihre Wahrnehmungsfähigkeit für auftauchende Muster, und durch das langsame Atmen können Sie sich besser darauf konzentrieren.

Schnell und flach

Das schnelle und flache Atmen eignet sich am besten, wenn ein energetisches Muster sehr intensiv hochkommt. Das flache Atmen erleichtert es, dem Muster nicht auszuweichen, und die Geschwindigkeit beschleunigt die Integration. Bei dieser Form des Atmens ist es sehr wichtig, sich ganz auf die Details des energetischen Musters zu konzentrieren.

Schnell und tief

Das schnelle und tiefe Atmen eignet sich am besten, wenn Muster hochkommen, bei denen die Tendenz besteht, den Körper zu verlassen und »wegzudriften« (bei Müdigkeit zum Beispiel). Das tiefe Einatmen kann Ihnen helfen, im Körper zu bleiben, und die Geschwindigkeit des Atmens beschleunigt die Integration. Weitere Einzelheiten über die Integration dieser Art von energetischen Mustern werden im Abschnitt »Unbewußtheit« in Kapitel 10 vorgestellt.

Normale Atemrhythmen

Im allgemeinen wird Ihr Atemrhythmus während des Rebirthing, verglichen mit den drei Atemformen, die wir gerade beschrieben haben, eher gemäßigt sein. Wahrscheinlich wird es aber Zeiten geben, in denen die Anwendung eines verstärkten Atemrhythmus sehr nützlich ist. Wenn Sie erst einmal sehr geübt sind, wird Ihr Atem sich den verschiedenen Erfordernissen von selbst vollkommen anpassen, was ganz einfach das Ergebnis Ihres zunehmenden Vertrauens in den Rebirthing-Prozeß ist.

Nase oder Mund?

Was Nasen- oder Mundatmung betrifft, so lautet die allgemeine Regel, »besser ist, was sich besser anfühlt«. Die einzige Ausnahme ist, daß es manchmal wünschenswert sein kann, die einströmende Luft maximal zu steigern (bei der Aktivierung von unterdrückter Anästhesie zum Beispiel). In dieser Situation ist die Mundatmung vorzuziehen, weil der Mund eine größere Öffnung ist.

Oberer oder unterer Bereich der Lungen?

Ob Sie in den oberen oder den unteren Bereich der Lungen atmen sollen, richtet sich hauptsächlich danach, in welchem Körperbereich das energetische Muster auftaucht, auf das Sie sich gerade konzentrieren. Manifestiert es sich im Kopf oder im Oberkörper, erleichtert das Atmen in den oberen Lungenbereich den Prozeß. Konzentrieren Sie sich dagegen auf ein energetisches Muster, das sich in den Beinen oder im Unterkörper manifestiert, wird es leichter, wenn Sie in den unteren Bereich der Lungen atmen. Es gibt für diese Richtlinien aber auch Ausnahmen. Immer, wenn wir etwas unterdrücken, ist der Atemmechanismus gehemmt; sonst würde der Atem es der Unterdrückung sofort entziehen. Es ist möglich, daß Gefühlen im Bereich Ihres Unterkörpers eine Atemhemmung im oberen Lungenbereich entspricht und umgekehrt. Wir möchten Sie ermutigen, zu experimentieren und Ihrer Intuition zu folgen. Der Rebirther kann oft beobachten, daß jemand es vermeidet, in einen bestimmten Bereich der Lungen zu atmen, und er kann dann bei der Aktivierung weiterer energetischer Muster mitwirken, indem er den Rebirthee anweist, dort hin zu atmen.

Rebirthing nur mit Anwendung des Ersten Elements

Wenn Sie über Rebirthing gar nichts wüßten, außer wie man kreisförmig atmet, und diese Atemtechnik dann lange genug anwendeten, würden Sie schließlich Integration erreichen. Wahrscheinlich würden Sie aber eine sehr unerfreuliche Erfahrung machen. Durch die Atmung würden Sie Material aktivieren, das Sie früher einmal unterdrückt haben, weil es Ihnen unangenehm war. Ohne Anwendung der vier übrigen Elemente wären Ihnen die wieder auftauchenden Erinnerungen jetzt ebenso unangenehm wie damals. Wenn Sie mit dem kreisförmigen Atmen fortführen, würden diese Erinnerungen ständig stärker aktiviert werden. Schließlich würden Sie entweder mit dem kreisförmigen Atmen aufhören, und in diesem Fall würde das Erinnerte allmählich wieder in die Unterdrückung zurückfallen, oder Sie würden zu dem Schluß kommen, daß Sie es sowieso nie »wegbekommen«, und in diesem Fall würden Sie sich ihm hingeben und es integrieren. Die übrigen vier Elemente machen es Ihnen möglich, sich dem Prozeß von Anfang an hinzugeben, und dadurch wird Rebirthing zu einem äußerst angenehmen Erlebnis, bei dem Sie immer tiefere Zustände von Ekstase erfahren, während unterdrücktes Unbehagen Schicht für Schicht integriert wird.

Tetanie

»Tetanie« bedeutet die unwillkürliche Anspannung von Muskeln beim Rebirthing. Meistens spielt sie sich in den Händen ab, am zweithäufigsten in den Gesichtsmuskeln der Mundpartie und manchmal auch in anderen Körperbereichen. Tetanie ist nicht gefährlich und nicht einmal besonders unangenehm, wenn man nicht dagegen ankämpft. Etwa neunzig Prozent aller Menschen, die Rebirthing gemacht haben, haben sie zumindest in geringem Umfang erfahren.

Tetanie wird durch kontrolliertes Ausatmen bewirkt. Sowohl das forcierte Ausatmen als auch ein Anhalten des Atems kann zu Tetanie führen. Durch die Kontrolle des Ausatmens kann nicht alles Apana aus dem Körper strömen, und wenn der Atmende zuvor viel Prana eingeatmet hat, können sich beträchtliche Mengen von Apana aufbauen. Diese Ansammlung von Apana bewirkt die Muselkontraktionen.

Menschen gehen in Tetanie, wenn sie »Kontrollmuster« haben, das heißt, wenn sie so starke Selbsttäuschungen aufgebaut haben, daß sie glauben, alles unter Kontrolle halten zu müssen, damit ihr falsches Selbstbild nicht zusammenbricht. Diese Menschen werden auch dann versuchen, das Ausatmen zu kontrollieren, wenn sie angewiesen werden, es nicht zu tun. Die Kontrolle des Ausatmens schwächt die Wirkung des kreisförmigen Atmens, und jeder, der das kreisförmige Atmen praktiziert, wird das – zumindest unbewußt – spüren. Wenn ein Muster hochkommt, das der unbewußte Verstand als Bedrohung für die Selbsttäuschungen des bewußten Verstandes registriert, kann der Atmende versuchen, sich durch kontrolliertes Ausatmen zu verstecken. Das führt zu Tetanie, die selbst wiederum einen guten Vorwand liefern kann, hinter dem man sich vor dem versteckt, was man eigentlich fürchtet. Ein Kontrollmuster kann sich als körperliche Verspannung bestimmter Bereiche manifestieren, wodurch der Ausatem unwillkürlich gepreßt wird. Tetanie wird durch den Widerstand gegen Desillusionierungen hervorgerufen.

Tetanie kann wesentlich verringert oder ganz verhindert werden, wenn man in seinem tiefsten Wesen erkennt, daß die Wahrheit am Ende doch angenehmer ist als Selbsttäuschungen. Wenn Sie der Rebirther sind und Ihr Rebirthee geht in die Tetanie, dann erinnern Sie ihn sanft daran, daß er sich immer nur gegen Seligkeit sträuben kann. Dann weisen Sie ihn nachdrücklich an, das Ausatmen von selbst geschehen zu lassen und sich ganz zu entspannen. Wenn starke Tetanie auftritt, dann unterstützen Sie den Rebirthee darin, sich auf die damit einhergehenden Empfindungen zu konzentrieren, und schlagen Sie ihm vor, schnell und flach zu atmen. Achten Sie darauf, daß Sie die Tetanie nicht abwerten. Meistens wird sie sehr schnell integriert.

Hyperventilation

Hyperventilation ist für den Rebirthing-Prozeß nicht notwendig. Hyperventilation wird durch forciertes Ausatmen, ein »Ausstoßen« des Atems, verursacht. Wenn richtig geatmet wird, kommt es selbst beim Einsatz des tiefsten und schnellsten Atemrhythmus nicht zur Hyperventilation.

Die »Atembefreiung«

Vielleicht hören Sie gelegentlich, wie Rebirther den Begriff »Atembefreiung« gebrauchen. (In Fachkreisen hat sich der englische Ausdruck »Breathrelease« eingebürgert, Anm. d. Ü.) Das ist ein ziemlich altmodischer Terminus aus dem Rebirthing, der sich auf folgendes Geschehen bezieht: die intensive Aktivierung negativer Muster, meistens Angst, die mit dem ersten Atemzug als Kind assoziiert wird, begleitet von einem akuten Unbehagen beim Atmen wird integriert, und das führt zu einer einschneidenden Verbesserung des normalen Atemrhythmus des Rebirthees.

Obleich die meisten Rebirther, die bislang ausgebildet wurden, dieses Konzept in ihrer Ausbildung vermittelt bekamen, ist es eher irreführend, weil es von folgenden Voraussetzungen ausgeht: daß die Wirkung mit der intensiven Aktivierung zusammenhängt, daß etwas Schlechtes (ein Trauma) verschwindet, und daß jeder Rebirthee dieses »Urerlebnis« einmal hat.

Ein klareres Modell, das beschreibt, welche Wirkungen Rebirthing auf die normale, alltägliche Atmung eines Menschen tatsächlich hat, sieht so aus:

Wie wir bereits erwähnt haben, sind Abwertungen von unangenehmen Gefühlen begleitet, und wurde erst einmal etwas abgewertet, neigt der Verstand dazu, eher den unangenehmen Gefühlen die Schuld zu geben, die durch das Abgewertete hervorgerufen werden, statt den abwertenden Blickwinkel verantwortlich zu machen, den er selbst einnimmt. Diese Schuldzuweisung entsteht, weil der Verstand denkt, er müsse sich solange, wie das Abgewertete existiert, vor der Bewußtwerdung der unangenehmen Gefühle schützen, die durch das Abgewertete hervorgerufen werden. Dieser Schutz wird durch folgende Strategie erreicht: der Fluß des Prana durch die Körperbereiche, in denen die unangenehmen Gefühle sich manifestieren, wird reduziert, ganz ähnlich wie wenn Sie im Schlafzimmer das Licht abdunkeln, weil Sie schlafen gehen wollen. Der Atemmechanismus wird gehemmt, denn sonst würde das normale kreisförmige Atmen die Gefühle aktivieren, die der Verstand zu unterdrücken versucht. Somit baut der Körper bei jeder verstandesmäßigen Abwertung Hindernisse für den Atemmechanismus auf. Das alles läuft praktisch in jedem Menschen ab. Es kann im Diagramm wie folgt dargestellt werden:

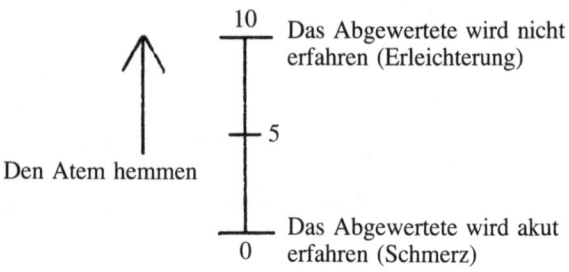

Abbildung 9: Die Entstehung der
Atemhemmung als Strategie für
Unterdrückung

Die unterschiedlichen Anlässe für Unterdrückung erzeugen verschiedene Formen von Atemhemmungen, deren wichtigste Formen wie folgt aussehen: Verstopfung der Stirnhöhlen; Verengung, Verspannung und Verschluß des Kehlkopfes, wodurch die Luftzufuhr eingeschränkt und der normale Atemrhythmus gestört wird; chronische Entzündung der Bronchien (Bronchitis); Verkrampfung der weichen Bronchialmuskulatur (Asthma); Einschränkung der Zwerchfellbewegungen und der Bewegungen der äußeren Rippenmuskulatur, wodurch der Umfang der eingeatmeten Luft begrenzt und somit der normale Rhythmus gestört wird; chronische Verspannung des Zwerchfells und der äußeren Rippenmuskulatur, wodurch beim Einatmen die Luft »angehalten« und der normale Rhythmus gestört wird; chronische Verspannung und Überanstrengung der inneren Rippenmuskulatur, wodurch das Ausatmen forciert und der normale Rhythmus gestört wird; das Zusammenziehen des jeweils betroffenen Bindegewebes und anderes mehr. Außerdem reizt gewohnheitsmäßiges Rauchen wie zum Beispiel das von Zigaretten oder Marihuana die Lungen und führt zu Atemstörungen. Gewohnheitsmäßige Körperhaltungen, die einer guten Atmung nicht förderlich sind, sowie mangelnde Bewegung zur Anregung der Herz-Lungen-Tätigkeit spielen bei Atemstörungen ebenfalls eine Rolle. Der gesamte Prozeß wird vom unbewußten Verstand kontrolliert.

Die bewußte Entscheidung, kreisförmig zu atmen, vereitelt diese Unterdrückungsstrategien und fördert die Integration des Abgewerteten in die Ekstase, die der Atmende erfährt.

Jedes Mal, wenn ein Mensch etwas integriert, wird sein Atem freier. Zur »klassischen Atembefreiung« kommt es, wenn ein Mensch die Abwertung seines ersten Atemzugs integriert, aber dazu ist die intensive Aktivierung nicht dringender nötig als für die Integration anderer Muster auch. Bei Anwendung sämtlicher Fünf Elemente geht die Integration jedes Musters schnell, angenehm und leicht vor sich, und jedes Mal, wenn wir etwas integrieren, erleben wir eine »Atembefreiung«.

9 Vollkommene Entspannung – Das Zweite Element des Rebirthing

Es kostet sehr viel Anstrengung, etwas unterdrückt zu halten! Um das unterdrückte Material davon abzuhalten, in den Bereich der bewußten Wahrnehmung eines Menschen zu gelangen, bedarf es ständiger Zerstreuungen wie kleiner Bewegungen, Muskelanspannungen, Veränderungen der Körperposition, nervöser Beschäftigungen und so weiter. Wenn der ganze Körper entspannt ist, werden die Bereiche, die sich nicht entspannen, viel deutlicher wahrgenommen.

Im allgemeinen empfehlen wir, daß der Rebirthee eine bequeme Position einnimmt und sich in diese Position während der ganzen Sitzung ständig weiter hineinentspannt, ohne sich zu bewegen, herumzuzappeln oder sich zu kratzen. Wir haben oft beobachtet, daß ein Juckreiz, dem man nicht mit Kratzen nachgibt, sich als erstaunliches und wichtiges energetisches Muster entpuppt. Beim Trocken-Rebirthing liegt man am besten mit langgestreckten Beinen auf dem Rücken, die Hände mit dem Handteller nach oben seitlich neben dem Körper, in einer Position absoluter Offenheit und Verletzlichkeit. Statt sich zu bewegen oder zu kratzen, hat man die Chance, einmal wirklich die Gefühle wahrzunehmen, die hochkommen, wenn man all diese Bewegungen gerne machen *will*. Das ist eine der besten Möglichkeiten, die wir kennen, das Material schnell zu aktivieren und leicht zu integrieren.

Manchmal erfahren Menschen bei einer Rebirthing-Sitzung eine tiefe

Entspannung; und plötzlich bekommen sie das Gefühl, daß sie aus der Haut fahren könnten, wenn sie sich noch weiter entspannen würden! Das ist ein Zeichen dafür, daß die Aktivierung eines neuen energetischen Musters beginnt. Es ist ratsam, sich an diesem Punkt weiter zu entspannen.

Subtilität

Einer der wichtigsten Gründe für die Anwendung der Fünf Elemente besteht darin, daß sie einen Menschen in die Lage versetzen, unterdrücktes Material auf einer sehr viel subtileren Ebene zu integrieren, als es sonst möglich wäre. Dafür ist die vollkommene Entspannung sehr wichtig, weil der Rebirthee die unterdrückte Energie meistens zuerst in Körperbereichen wahrnimmt, die sich nicht entspannen. Wenn Sie sich vollkommen entspannen, ist es sehr viel leichter, die subtilen Energieströme in Ihrem Körper zu spüren.

Auch im Moment der Integration ist Entspannung sehr wichtig, weil in diesem Moment die Energie, die abgewertet und von der natürlichen Körperenergie ferngehalten wurde, wieder aufgenommen wird, und der Körper bis in die Zellen seinen Kampf dagegen aufgibt. Eine gute Beschreibung für Rebirthing wäre: »eine Entspannungstechnik, die so effektiv ist, daß die Spannungen niemals zurückkehren«.

Positionen

Selbstverständlich muß Rebirthing nicht auf dem Rücken liegend gemacht werden. Wenn Menschen massive Angst oder Traurigkeit integrieren, ist es für sie meistens am besten, wenn sie sich zu einer kleinen embryonalen Kugel zusammenrollen. Wird Anästhesie erneut durchlebt, ist es oft hilfreich, zu sitzen oder sogar zu stehen. Manche Positionen eignen sich besonders gut dafür, ein bestimmtes energetisches Muster zu aktivieren. Fortgeschrittenere Rebirthees machen oft Rebirthing in heißem oder kaltem Wasser, wofür sich ebenfalls spezielle Positionen anbieten. Mit erfahrenen Rebirthees haben wir auch Sitzungen beim Autofahren oder beim Speisen in einem Restaurant gemacht. Dieses Vorgehen ist als »ambulantes Rebirthing« bekannt und wird in einem späteren Kapitel genauer beschrieben. In allen diesen Fällen ist die vollkommene Entspannung von ausschlaggebender Wichtigkeit, damit es zur Integration kommt.

Wie wichtig vollkommene Entspannung ist, wird auch deutlich, wenn man sich vor Augen hält, daß durch das Atmen der Energiefluß im

Körper ansteigt. Sie können sich entweder in diesen Vorgang hinein-entspannen und sich davon heilen lassen, oder Sie versuchen, sich dagegen zu wehren und verspannen sich durch die Anstrengung des Abwehrkampfes noch mehr.

10 Bewußte Wahrnehmung aller Einzelheiten – Das Dritte Element des Rebirthing

Beim Rebirthing wollen wir unsere Aufmerksamkeit möglichst ganz auf den gegenwärtigen Augenblick richten, um alles, was sich hier und jetzt abspielt, mit größter Genauigkeit zu erforschen. Die beste Mög-lichkeit hierfür ist, Rebirthing kinästhetisch zu machen, das heißt, sich auf die Gefühle zu konzentrieren, die Sie in Ihrem Körper wahrneh-men. Wenn wir den Begriff »energetisches Muster« benutzen, meinen wir damit hauptsächlich Gefühle, aber ein energetisches Muster kann alles mögliche sein. Es kann ein Kribbeln in Ihren Zehen sein, Katzen, die in der Gasse maunzen, oder die Erinnerung an den Geruch der Kekse, die Ihre Großmutter früher gebacken hat. Eine Kurzdefinition von »energetisches Muster« lautet: jede einzelne Erfahrung, die Teil der subjektiven Realität eines Menschen in einem gegebenen Moment innerhalb der Zeit ist.

Sämtliche »Gefühle« und »Emotionen« sind ihrem Wesen nach kinäs-thetisch (physisch) und so werden sie von den meisten Menschen auch erfahren. Manche Menschen erfahren ihre Gefühle auf Grund jahrelan-ger Unterdrückung nicht körperlich, aber Rebirthing erleichtert es jedem Menschen, seine Gefühle zu spüren und zu genießen.

Das Dritte Element bedeutet, daß Sie darauf achten, welche Gefühle sich wo in Ihrem Körper zeigen, sich dann auf diesen Körperteil konzentrieren und bis ins Detail erforschen, wie die Gefühle sich anfühlen.

Im Verlauf einer Rebirthing-Sitzung verändern sich die energetischen Muster. Unterdrückung geschieht in Schichten, die den Ringen einer Zwiebel gleichen. Jede Schicht überdeckt die darunterliegenden Schichten. Wird ein energetisches Muster integriert, dann verschwin-det es oder ist nicht länger wichtig. Die Integration einer Schicht aktiviert meistens die nächste, darunterliegende Schicht.

Energetische Muster verändern sich auch deswegen, weil manchmal umfassendere Muster Stück für Stück aktiviert werden. Wenn Sie beispielsweise die unterdrückte Erfahrung integrieren, wie Sie als Kind von einem Kindermädchen fallengelassen wurden, kann als erstes die Angst auftauchen, dann der Gedanke, daß Sie Frauen nicht trauen können, dann der Schmerz, und dann kann als integrative Erinnerung alles zusammen erneut durchlebt werden. Kommt eine Erinnerung in einzelnen Teilen hoch, wandert die Aufmerksamkeit oft eine Zeitlang zwischen ihnen hin und her. Es empfiehlt sich, beim Rebirthing für den ganzen Körper aufmerksam zu bleiben. Es liegt in der Natur des Prozesses, daß einige Dinge von Menschen stärker wahrgenommen werden als andere. Wie immer auch die jeweilige Erfahrung des Rebirthees aussehen mag – sie ist genau das, worauf er seine Aufmerksamkeit am stärksten richten sollte, um sie in diesem Moment bis in alle Einzelheiten zu erforschen. Oder anders gesagt: Was immer die größte Aufmerksamkeit verlangt, sollte sie auch bekommen.

Auch »äußeren« Dingen schenken wir am besten unsere Aufmerksamkeit, statt zu versuchen, sie auszublenden. Natürlich werden Menschen auch durch Ereignisse in ihrer unmittelbaren Umgebung aktiviert, und darum sind Flugzeuglärm, tobende Kinder oder die Geräusche von anderen Menschen, die in der Nähe Rebirthing machen, wichtige Bestandteile einer Rebirthing-Sitzung. Erst durch den Versuch, sie auszublenden, werden sie zu Ablenkungen.

Jedes Mal, wenn etwas anfängt, »einen Rebirthee abzulenken«, ist diese »Ablenkung« in Wirklichkeit das akute energetische Muster, das in diesem Augenblick ins Bewußtsein des Rebirthees tritt, worauf er sich konzentrieren und dessen er sich bis in alle Einzelheiten bewußt werden sollte.

Unbewußtheit

Es gibt viele energetische Muster, die tendenziell dazu beitragen, daß Sie den Kontakt zu Ihrem Körper unterbinden. Müdigkeit ist ein offensichtliches Beispiel. Die meisten Menschen schlafen prompt ein, wenn sie sich vollkommen entspannen und auf ihr Müdigkeitsgefühl konzentrieren sollen. Um integrieren zu können, muß man sich aber vollkommen entspannen, die eigenen Empfindungen spüren und mit dem Körper in Verbindung bleiben. »Unbewußtheit«, so wie wir den Begriff hier benutzen, bedeutet alles, was dazu beiträgt, daß Sie den energetischen Mustern in Ihrem Körper die Aufmerksamkeit entziehen.

Im allgemeinen läßt sich Unbewußtheit beim Rebirthing am besten durch tiefes und schnelles kreisförmiges Atmen integrieren, verbunden mit voller Konzentration auf die Empfindungen, die mit der Unbewußtheit einhergehen, bis hin zum bewußten Schwelgen in den sinnlichen Einzelheiten der Empfindung. Wenn man sehr tief und schnell kreisförmig atmet, ist es unmöglich, einzuschlafen.

[Eine persönliche Anmerkung von Jim Leonard:
Wir können jede Form von Unbewußtheit integrieren, die beim Rebirthing hochkommt. Ich habe einmal fünf Tage und fünf Nächte lang nicht geschlafen und Rebirthing nur dafür eingesetzt, die Ursachen für meine Müdigkeit zu integrieren. Immer wenn ich anfing, müde zu werden, habe ich mir mit Rebirthing meinen Weg durch die Müdigkeitsgefühle gebahnt. Ziemlich schnell verwandelten sich die Müdigkeitsgefühle in etwas anderes: Einsamkeit, Angst, Langeweile und anderes mehr. Ich habe festgestellt, daß ich mich durch die Integration dieser Emotionen ausgeruhter fühlte.]

Außer den Techniken, die wir bereits erwähnt haben, gibt es für bestimmte Formen von Unbewußtheit weitere Vorgehensweisen. Die grundlegenden Formen von Unbewußtheit, die im Zusammenhang mit Rebirthing auftauchen, sind: solche auf quasi-physischer Grundlage wie Schläfrigkeit, Müdigkeit, Rauschzustände und medizinische Befunde wie Hypoglykämie (Unterzuckerung); Strategien, mit denen vermieden werden soll, daß durch das kreisförmige Atmen etwas hochkommt, wie in Phantasien und Gedanken abschweifen, »Schnick-Schnack reden« (reden, statt Rebirthing zu machen), dramatisieren (Emotionen ausagieren, statt sich ihnen hinzugeben), in das persönliche Mantra oder in weißes Licht »abdriften« (einige Menschen, die bestimmte Meditationen machen, betreiben das extensiv); Epilepsie; unterdrückte Anästhesie; chronischer Kontaktmangel zu den eigenen Gefühlen (Menschen, die sehr stark unterdrücken); und Atemunterbrechung.

Müdigkeit und Schläfrigkeit

Wenn jemand unbewußt wird, weil er bis sechs Uhr morgens auf den Beinen war oder gerade von der Arbeit kommt, wo er 1500 Kisten Wassermelonen entladen hat, ist es wahrscheinlich das beste, ihn erst einmal etwa eine Viertelstunde schlafen zu lassen. Wir empfehlen dem Rebirther, das vorher mit dem Rebirthee zu besprechen. Manche Menschen fühlen sich nach einem kurzen Schläfchen sehr erfrischt, andere hingegen nicht. Außerdem wird es einigen Menschen nicht gefallen, wenn sie während einer Rebirthing-Sitzung schlafen dürfen, ganz gleich, unter welchen Bedingungen. Es ist in keinem Fall unbedingt notwendig, daß der Rebirthee schläft, aber manchmal wird dadurch vieles einfacher.

Rauschzustände

Man kann einen Menschen auch im betrunkenen Zustand oder in fast jedem Rauschzustand rebirthen, der durch die Einnahme von chemischen Substanzen oder Drogen hervorgerufen wurde. Der Rebirther sollte alles tun, um den Rebirthee dazu zu bringen, so tief und schnell wie möglich zu atmen.

Hypoglykämie

Menschen bei denen durch Fremd- oder Selbstdiagnose Hypoglykämie (Unterzuckerung) festgestellt wurde, entwickeln meistens Gewohnheiten, die das Auftauchen der damit verbundenen Gefühle verhindern oder diese Symptome abmildern sollen. Wenn diese Gefühle (Weggetretensein, Schwäche, Unbehagen und Hilflosigkeit) in einer Rebirthing-Sitzung hochkommen, empfehlen wir dem Hypoglykämiker, sich in alle Empfindungen hineinzuentspannen und mäßig tief und schnell zu atmen, bis die Gefühle integriert sind.

[Eine persönliche Anmerkung von Jim Leonard:
Ich war selbst Hypoglykämiker und habe einige sehr gute Integrationen dieses Zustands erlebt, die mich offensichtlich von dieser Krankheit befreit haben.]

Phantasien und Gedanken

Manche Menschen verlieren sich während einer Rebirthing-Sitzung in Gedanken und träumerische Phantasien, weil sie glauben, diese Phantasienwelten seien interessanter und wichtiger als das Rebirthing. Wir empfehlen dem Rebirther, den Rebirthee wissen zu lassen, daß es völlig in Ordnung ist, Gedanken und Phantasien zu haben, daß diese aber die Integration nicht fördern. Manchmal kommen uns die Ideen, die wir beim Rebirthing haben, im Augenblick ihres Auftauchens glänzend vor, aber oft sind sie das nicht. Wirklich wertvolle Ideen werden wahrscheinlich später hochkommen, wenn wir sie genauer überdenken können. Manchmal ist es hilfreich, wenn der Rebirther für den Rebirthee aufschreibt, was dieser gern behalten möchte. Das Rebirthing kann dann ohne weitere Verzögerung fortgesetzt werden. Eine gute Anweisung für jemanden, der in Gedanken und Phantasien abschweift, lautet: »Achten Sie darauf, wie jeder Gedanke sich *anfühlt*.« Manchmal schweifen Menschen unwillkürlich in Gedanken und Phantasien ab. Das kann in den meisten Fällen durch tiefes und schnelles Atmen verhindert werden. Für Menschen, die sehr oft wegträumen, kann Heiß- oder Kaltwasser-Rebirthing gut sein.

Schnick-Schnack reden

Manchmal ist es wichtig für Rebirther und Rebirthee, daß sie sich während einer Rebirthing-Sitzung verbal austauschen. Aber manche Rebirthees benutzen diese Unterhaltungen auch, um von ihren Gefühlen abzulenken. Der Fachausdruck dafür ist »Schnick-Schnack reden«. Sollte ein Rebirthee das tun, empfehlen wir dem Rebirther, in entschiedenem Ton zu sagen: »Bis zum Ende der Sitzung wird nicht mehr gesprochen«.

Drama

»Drama« bedeutet, die Gefühle auszuagieren, statt sich zu entspannen und sie zu spüren. Ein Drama kann sich in Weinen, Schreien, Herumkrabbeln und so weiter äußern und muß nicht unterbunden werden, wenn es spontan hochkommt, aber es bewirkt keine Integration. Tatsächlich lenkt es den Rebirthee sehr oft davon ab zu fühlen, was geschieht, und verzögert dadurch die Integration länger als nötig.
Eine Emotion auszudrücken ist nicht das Gegenteil von Unterdrückung. Wenn Sie Ärger unterdrückt haben, übernehmen Sie besser die Verantwortung dafür und wenden die Fünf Elemente darauf an, statt herumzulaufen und jedem Menschen, der Ihnen begegnet, Ihre Feindseligkeit aus alten Zeiten zu zeigen. Der Ausdruck einer Emotion kann zur notwendigen Ablenkung werden, mit der Sie sie unterdrückt halten.
Wir empfehlen dem Rebirther, den dramatisierenden Rebirthee sanft daran zu erinnern, daß er alles genießen kann und ihn aufzufordern, sich vollständig zu entspannen und weiter zu atmen. Wenn ein Rebirthee beim Brüllen, Schluchzen oder Keuchen seine Kehle verkrampft, ist es gut, ihm zu sagen, daß er seine Kehle entspannen soll. Wir drücken diese Erfahrungen gern durch kurze Sätze aus wie: »Ausdrücken ist nicht das Ende von unterdrücken«, »Durch ein Drama

werden wir kein Trauma los«, und »Das undramatischste Rebirthing führt zu den dramatischsten Wirkungen«.

Lachen ist meistens kein Drama, sondern eher ein Zeichen für die Integration. Darüber später mehr.

Unterdrückungsmeditationen

Es gibt viele verschiedene Arten von Meditationen, und einige sind fast das Gegenteil von Rebirthing. Das sind Meditationstechniken, mit deren Hilfe Emotionen »transzendiert« werden sollen. Auch wenn wir sicher sind, daß Menschen im großen und ganzen aus diesen Meditationen allen möglichen Nutzen ziehen – beim Rebirthing sind sie störend, denn sie erschweren es, ganz in den Körper zu kommen. Wir empfehlen dem Rebirther, dem exzessiven Meditierer mitzuteilen, daß Rebirthing als eine Spielart der Meditation gesehen werden kann, bei der man über die Gefühle *im* Körper meditiert. Tiefes und schnelles Atmen tut hier gute Wirkungen und ebenso Heiß- und Kaltwasser-Rebirthing.

Epilepsie

Wenn der Rebirthee eine epileptische Vorgeschichte hat, können die epileptischen Symptome während einer Rebirthing-Sitzung auftreten. Es ist wichtig, daß ein Rebirthee mit einer epileptischen Vorgeschichte das weiß und vor der ersten Sitzung versteht, daß Rebirthing ihm eine Möglichkeit bietet, die Symptome zu integrieren. Sonst könnte er denken, er habe einen epileptischen Anfall. Rebirthees mit epileptischer Vorgeschichte sollten ihren Rebirther davon unterrichten und sicherstellen, daß der Rebirther bereit und imstande ist, mit ihnen zu arbeiten. Epileptiker sollten auch ihren Hausarzt zu Rate ziehen, bevor sie mit dem Rebirthing anfangen, und der Rebirther kann darauf bestehen, daß sie das tun. Ein unerwarteter epileptischer Anfall kann für den Rebirthee und für den unerfahrenen Rebirther ein beängstigendes Erlebnis sein, wenn vorher nicht darüber gesprochen wurde. Hier empfiehlt sich für den Rebirthee tiefes und schnelles Atmen und für den Rebirther, außerordentlich viel Geduld aufzubringen. Den Autoren ist kein Fall bekannt, bei dem ein Rebirthee in Folge des Auftauchens epileptischer Symptome beim Rebirthing zu Schaden gekommen wäre.

Anästhesie

Die übliche Anästhesie kann der Körper beispielsweise bei der Geburt, bei Operationen, beim Gebären erfahren, oder sie wird durch den Mißbrauch aufputschender Drogen hervorgerufen. Die Erinnerung an Anästhesie wird vom unbewußten Verstand und von den Körperzellen gespeichert, bis sie durch den verstärkten Energiefluß beim Rebirthing wiedererlebt und freigesetzt wird. Wenn der Rebirthee atmet und sich entspannt, steigt der normale Energiefluß im Körper an. Diese vermehrte Energie vertreibt alles, was ihr nicht gleicht, einschließlich der Taubheitsgefühle, zu denen es in Folge der unterdrückten Anästhesie gekommen ist.

Wenn der Rebirthee sich der Erinnerung an die Anästhesie mehr und mehr bewußt wird, ruft diese Erinnerung dieselbe Wirkung wie damals hervor, daß er nämlich anfängt, unbewußt zu werden. Nach einigen Rebirthing-Sitzungen, in denen der Rebirthee begonnen hat, die Erinnerung an die unterdrückte Anästhesie zu erfahren, wird meistens eine Sitzung folgen, in der er die Erinnerung an die Anästhesie von neuem durchlebt und sie wirklich riecht und schmeckt. Manchmal füllt sich der ganze Raum mit dem Geruch der Anästhesie, die ausgeatmet wird.

Kommt unterdrückte Anästhesie massiv hoch, was sich ziemlich ähnlich anfühlt wie ein Rausch, wird am besten so schnell und tief wie irgend möglich geatmet, denn Anästhesie ist ein starkes energetisches Muster und behindert außerdem die bewußte Wahrnehmung körperlicher Vorgänge. Will man so schnell wie möglich optimale Wirkungen erzielen, dann sollte der Rebirthee in jedem Fall fortfahren, so schnell und tief wie möglich zu atmen, selbst wenn er aufstehen oder in kaltem Wasser baden muß, um bei Bewußtsein zu bleiben.

Wenn die Aktivierung von unterdrückter Anästhesie der Grund für Unbewußtheit beim Rebirthing ist, sollte man den Rebirthee (um gute Wirkungen zu erzielen) in so gut wie keinem Falle einschlafen lassen, selbst wenn von seiten des Rebirthers ein großes Maß an sanfter Disziplin nötig ist, um den Rebirthee wachzuhalten.

Mangelnder Kontakt zu den eigenen Gefühlen

Manche Menschen unterdrücken so stark, daß sie einfach nichts fühlen. Sie erleben sich selbst als Verstand, der im Raum schwebt und den Körper dirigiert. Das Paradoxe daran ist, daß diese Menschen wahrscheinlich von Rebirthing am meisten profitieren können, und trotzdem sind gerade sie es, die am schwierigsten zu rebirthen sind, weil diese

Technik von ihnen verlangt, daß sie sich zum größten Teil des unterdrückten Materials kinästhetisch, das heißt durch Fühlen Zugang verschaffen.

Ein einfacher Test, um herauszufinden, ob jemand damit Schwierigkeiten hat, ist die Frage, »Wenn Sie ärgerlich sind, woran erkennen Sie das dann?« Die meisten Menschen werden als Antwort Gefühle beschreiben, die sie in bestimmten Körperteilen wahrnehmen, einige andere aber werden einen fünfminütigen Vortrag über die *Gedanken* halten, die sie Ärger nennen.

Ein Mensch, der so stark unterdrückt, wird vom Trocken-Rebirthing meistens nicht so viel haben, aber gewöhnlich sehr gut auf Warmwasser-Rebirthing ansprechen. Üblicherweise lassen wir Rebirthees nicht mit Naß-Rebirthing anfangen, aber bei diesen Menschen tun wir es.

Atemunterbrechung

Atemunterbrechung ist keine Form von Unbewußtheit in dem Sinne wie wir Unbewußtheit bisher verstanden haben. Da Atemunterbrechung jedoch leicht mit Unbewußtheit verwechselt werden kann, erklären wir sie hier genauer.

Atemunterbrechung ist in Wirklichkeit eine integrative Technik, die in manchen Fällen vom unbewußten Verstand eingesetzt wird. Sie wird durch eine Art Verhandlung zwischen verschiedenen Seiten der Persönlichkeit bewirkt, bei der einige Seiten große Angst davor haben, etwas hochkommen zu lassen, während andere es integrieren wollen. Die Lösung? Man entferne die Person aus ihrem Körper, schaffe die richtigen Bedingungen für die Integration, lasse die Person in ihren Körper zurückkehren und dann integrieren, was ansteht.

Rein äußerlich sieht das so aus, daß der Rebirthee gut atmet, plötzlich zu atmen aufhört und sich sehr weit aus dem normalen Wachbewußtsein entfernt. Bei Atemunterbrechung reagieren Menschen noch nicht einmal auf laute Geräusche oder heftiges Schütteln. Wenn Sie dann in den Körper zurückkehren, haben sie meistens kurzfristig ein Panikgefühl, ehe sie sich soweit entspannen, daß sie integrieren können. Manchmal hat der Rebirthee keinerlei Erinnerung daran, was während des Atemstillstands geschehen ist, und manchmal berichten Rebirthees von Erinnerungen an Erfahrungen im Mutterleib, an vergangene Leben oder andere interessante Erlebnisse, die ihnen in diesem Zustand wieder zu Bewußtsein kommen.

Am besten wird bei Atemunterbrechung in keiner Form eingegriffen und dem Rebirthee nur dabei geholfen, sich in den ersten Augenblikken seines Wiedereintritts in den Körper sicher und behaglich zu fühlen.

Atemunterbrechung kann vom Rebirthee oder vom Rebirther nicht willentlich *hervorgerufen* werden.

Gelegentlich kann es vorkommen, daß ein Rebirthee zwecks Vermeidung versucht, eine Atemunterbrechung vorzutäuschen. Selbstverständlich kann der Rebirthee tun, was er will, aber die Vortäuschung einer Atemunterbrechung verzögert und erschwert den Rebirthing-Prozeß. Den erfahrenen Rebirther kann man nur sehr schwer an der Nase herumführen.

Fortgeschrittene Techniken für den Umgang mit Unbewußtheit

Manchmal braucht es einfach nur etwas Festigkeit von seiten des Rebirthers, wenn der Rebirthee häufig unbewußt ist. Am besten bleibt der Rebirther unbeirrt und geht gleichzeitig humorvoll und behutsam mit dieser Situation um.

Wenn ein Rebirthee Unbewußtheit durchlebt, ist es oft hilfreich, wenn der Rebirther ihn im Sitzen atmen läßt. Gut wirkt auch oft, wenn der Rebirther dem Rebirthee entschieden aber humorvoll mitteilt, was er tun wird, wenn der Rebirthee im Sitzen mit dem verbundenen Atem nicht fortfahren will, wie: »Wenn Sie im Sitzen nicht weiteratmen, dann lasse ich Sie aufstehen; wenn Sie im Stehen nicht weiteratmen, dann lasse ich Sie auf einem Bein stehen; wenn das auch nicht hilft, lasse ich kaltes Wasser in die Badewanne ein und setze Sie hinein. Ich wette, *dann* werden Sie weiteratmen!« Auch wenn es am besten ist, dem Rebirthee diese Prozeduren in einem scherzhaften Tonfall zu erklären, empfiehlt es sich doch, sie falls nötig auch in die Tat umzusetzen. Einerseits ermöglicht jeder dieser Schritte es dem Rebirthee tatsächlich, im Körper zu bleiben und weiterzuatmen. Und andererseits kurbelt die Drohung die Motivation des Rebirthee nachdrücklich an. Diese Maßnahmen sind in Wirklichkeit nicht unangenehm für den Rebirthee, aber sie können sich für jemanden unangenehm anhören, der gerade Unbewußtheit durchlebt.

Es ist wichtig zu beachten, daß man einen Menschen nicht *dazu bringen kann*, Rebirthing zu machen. Eine weitere gute Technik für den Umgang mit einem widerspenstigen Rebirthee, der Unbewußtheit durchlebt, ist, ihn aufstehen und dem Rebirther in die Augen schauen zu lassen (das Rebirthing kurzfristig unterbrechend), während der Rebirther ihn fragt: »Wollen Sie schlafen oder wollen Sie Rebirthing machen?« Der Rebirther unterstützt den Rebirthee dann darin, wirklich das zu tun, wofür er sich entscheidet.

Sie fühlen immer etwas

In jedem Moment läuft im Körper das eine oder andere energetische Muster oder ein anderes Geschehen ab. Man muß nicht darauf warten, daß das Atmen etwas hochbringt; wenden Sie das Dritte Element sofort an, wenn Sie mit dem Rebirthing beginnen. Immer wenn ein Rebirthee berichtet, daß während der Rebirthing-Sitzung »nichts passiert«, täuscht er sich selbst – es passiert *immer* etwas. Diese Selbsttäuschung bewirkt oft, daß man ein energetisches Muster solange ignoriert, wie es nicht sehr intensiv wird. Das kann verhindert werden, wenn der Rebirthee die energetischen Muster bereits in einem sehr subtilen Stadium bewußt und in allen Einzelheiten wahrnimmt. Manchmal sind die ältesten und wichtigsten unterdrückten energetischen Muster, an denen wir am stärksten festhalten, auch am schwersten zu erkennen und zwar aus dem gleichen Grund, aus dem es dem Fisch schwerfällt, zu erkennen, daß er im Ozean schwimmt; denn wer nur Wasser kennt, wird es kaum noch wahrnehmen. Trotzdem können wir diese Muster fühlen, und das kreisförmige Atmen ist dabei von großer Hilfe.

Eine Übung, die Ihnen hilft, das Dritte Element zu meistern

Diese Übung wird Ihnen helfen, den Kontakt mit Ihrem Körper zu vertiefen und Ihre Fähigkeit steigern, Ihre Wahrnehmung im Körper umherwandern zu lassen. Sie können sie jederzeit und überall machen, z. B. wenn Sie auf die U-Bahn oder auf eine Telefonverbindung warten, kurz vor dem Schlafengehen und morgens kurz nach dem Aufwachen. Machen Sie die Übung oft. Fangen Sie langsam an, und steigern Sie dann die Geschwindigkeit, bis Sie sie sehr schnell, aber trotzdem gründlich machen können.

Nehmen Sie in der angegebenen Reihenfolge den Punkt maximaler Empfindungen in jedem der folgenden Körperteile bewußt wahr. Wir haben diese Stellen mit Bedacht ausgewählt, aber Sie können den Ablauf natürlich verändern, damit er Ihnen besser entspricht. Es ist eine gute Idee, die Übung um weitere Körperbereiche zu ergänzen, wenn Sie mit den folgenden erst einmal umgehen können.

Linker großer Zeh
Linke Fußsohle

Linkes Fußgelenk
Linkes Knie
Linke Hüfte
Rechter großer Zeh
Rechte Fußsohle
Rechtes Fußgelenk
Rechtes Knie
Rechte Hüfte
After
Genitalien
Nabel
Solar Plexus
Herz
Linke Schulter
Linker Ellenbogen
Linker Handteller
Linke Zeigefingerspitze
Rechte Schulter
Rechter Ellenbogen
Rechtes Handgelenk
Rechter Handteller
Rechte Zeigefingerspitze
Kehlkopf
Hinterkopf
»Drittes Auge« (der Punkt zwischen den Augenbrauen)
»Kronenchakra« (auf dem höchsten Punkt des Scheitels)

Sie werden feststellen, daß diese Übung Ihnen hilft, sich zu entspannen, den Energiefluß in Ihrem Körper ansteigen zu lassen und sich selbst zu rebirthen.

11 Integration in Ekstase – Das Vierte Element des Rebirthing

Über das Vierte Element zu sprechen, macht am meisten Spaß. Es heißt, »Die Wahrheit macht uns frei«. Das stimmt. Nichts engt uns mehr ein als die Lüge – vor allem, wenn wir uns selbst belügen. Solange Sie noch lügen, und sei es nur ein ganz klein wenig, sind Sie nicht absolut frei. Um den alten Grundsatz ganz klar zu machen und ihm praktischen Wert zu verleihen, haben wir ihn wie folgt umformuliert: »Die ganze Wahrheit wird Sie augenblicklich und in jedem Fall befreien«. Eine wichtige Folgerung aus diesem Satz lautet, »Wenn Sie dachten, Sie hätten sich die Wahrheit gesagt, aber dadurch nicht frei wurden, dann wissen Sie, daß Sie noch nicht die ganze Wahrheit gesagt haben«.

Sie werden niemals frei sein, solange Sie noch etwas abwerten; über diesen Punkt haben wir schon im ersten Teil dieses Buches ausführlich gesprochen.

Es gibt zwei Hauptstrategien, mit deren Hilfe der Verstand sich selbst begrenzt und die Wahrheit ignoriert: 1) nicht bewußt zur Kenntnis nehmen, daß etwas existiert (Unterdrückung), und 2) verneinen, daß das, was existiert, angenehm und wohltuend ist (Abwertung). Die ersten drei Elemente beseitigen die Unterdrückung, und Element vier beseitigt die Abwertung. Durch die Beseitigung von Abwertung und Unterdrückung wird der Verstand frei, seiner eigentlichen Arbeit nachzukommen, nämlich effektiv Daseinsfreude und kreative Kraft hervorzubringen. Integration ist die Wahrheit, die Sie befreit.

Das Vierte Element wird Integration in Ekstase genannt, weil zwar für den inneren Zeugen sämtliche Erfahrungen ekstatisch sind, für den Verstand aber nicht immer. Dieses Element bewirkt, daß auch der Verstand den ekstatischen Zusammenhang herstellt, bzw. den ekstatischen Blickwinkel einnimmt. Der Verstand der meisten Menschen feiert nur wenige Dinge, wertet aber im allgemeinen alles ab, was ihren Vorlieben nicht entspricht. Das Prinzip der Ekstase besagt, daß Menschen in Wirklichkeit alles genießen, ob ihr Verstand das sieht oder nicht, weil es grundsätzlich ein Genuß ist, überhaupt zu existieren. Integration in Ekstase bedeutet, daß Sie bewußt erkennen, daß Sie ekstatisch sind, und in diese bewußte Erkenntnis Ihre sämtlichen Erfahrungen integrieren.

Rein äußerlich betrachtet verläuft das Vierte Element so, daß Sie alles, was Sie in einen negativen und damit abwertenden Zusammenhang gestellt haben, in einen positiven Zusammenhang verlagern, in dem Sie es feiern. Alles, was es Ihnen erleichtert, sich mit Erfahrungen, die Sie einstmals abgewertet haben, *gut zu fühlen,* bewirkt diesen Wechsel der Zusammenhänge. Wir haben die Theorie, die dem Vierten Element des Rebirthing zugrundeliegt, in Kapitel 4, 5 und 6 gründlich dargelegt. Aber die Integration in Ekstase ist keine Theorie, sondern ein Element des Rebirthing, bei dem es vor allem auf die praktische Anwendung ankommt. Im weiteren Verlauf dieses Kapitels wird beschrieben, wie wir uns mit allem, was existiert, gut fühlen können.

Es gibt für die praktische Anwendung des Vierten Elements nicht nur eine gültige Möglichkeit. Jeder Mensch wird es anders anwenden; ein und derselbe Mensch wird es zu verschiedenen Zeiten immer wieder anders anwenden. Deswegen stellen wir mehrere Methoden vor.

Genießen Sie alles was hochkommt sofort und unterschiedslos

Das Wichtigste, was man über diese Methode wissen muß, ist, daß es zwar ebensoviel Spaß macht, Fahrrad zu fahren wie eine Melone zu essen, wir aber beide Dinge auf unterschiedliche Art und Weise genießen. Wenn Sie versuchen würden, das Fahrradfahren auf die gleiche Weise zu genießen wie das Melonenessen, würden Sie nicht sehr viel Spaß haben. Ähnliches gilt auch für den Genuß eines Kribbelns in Ihren Zehen und eines Salats aus frischem Spinat – Sie können beides nicht auf gleiche Weise genießen.

Es gibt unendlich viele Möglichkeiten, absolut alles zu genießen, Sie müssen nur herausfinden, welches die jeweils geeignete ist.

Wir haben bereits darauf hingewiesen, daß zumindest zwei Seiten von Ihnen sämtliche Erfahrungen genießen, die Sie machen. Sie müssen sich diesen Genuß also lediglich bewußt machen, um das energetische Muster zu integrieren.

Wahrscheinlich wird während des Rebirthing einiges hochkommen, das Sie nicht sofort genießen können. Aus diesem Grunde stellen wir Ihnen mehrere Methoden für die Anwendung des Vierten Elements vor.

Seien Sie dankbar

Dankbarkeit ist eine Anwendungsmöglichkeit für das Vierte Element, die bei den meisten Menschen am besten wirkt. Jeder hat die Erfahrung gemacht, dankbar dafür zu sein, daß er existiert, daß er hier ist, um alles erfahren zu dürfen. Aber die Dankbarkeit der meisten Menschen ist begrenzt und schließt vieles aus. Das Vierte Element sagt: Dieser gegenwärtige Moment ist alles, was Sie haben – seien Sie noch für die kleinste Einzelheit dankbar, die er Ihnen schenkt!

Wenn Sie sich auf etwas konzentrieren, sich dadurch in den gegenwärtigen Augenblick bringen und Dankbarkeit für Ihr Leben verspüren, dann wird sich diese Dankbarkeit spontan ausweiten und alles einschließen, was Sie gerade wahrnehmen.

Aber nicht alle Menschen sind bereit zu *erkennen,* daß sie dankbar für ihre Existenz sind; die Anwendung dieser Methode eignet sich also nicht immer und für jeden Menschen.

Der negativste Blickwinkel, der Integration bewirkt

Der negativste Blickwinkel, den Sie einnehmen können, um Integration zu bewirken, ist »Das hier ist wirklich furchtbar, aber es ist nun mal da, ob es mir gefällt oder nicht«.

Das ist der Blickwinkel der »erzwungenen Hingabe«, den wir schon einmal erwähnt haben. Wenn Sie jemals in schlechter, zynischer Stimmung Rebirthing machen sollten, wird er Ihnen gute Dienste erweisen.

Schnell noch genießen, bevor es integriert wird

Wenn Sie sich jemals wünschen sollten, daß etwas »ganz schnell integriert werden soll«, dann denken Sie daran, daß sämtliche Erfahrungen schnell genug vorübergehen und daß Sie besser daran täten, sie zu genießen, während sie noch gegenwärtig sind.

Wenigstens kommt es zur richtigen Zeit hoch

Nehmen wir an, Sie spüren während eines Rebirthing massive Ängste. Können Sie sich nicht glücklich schätzen, daß diese Ängste jetzt hochkommen, statt wenn Sie mit Ihrem Steuerprüfer verhandeln?

Ein Hauptvorteil des regelmäßigen Rebirthing ist, daß Sie sich damit einen sicheren und geeigneten Raum schaffen, in dem Sie zu einer sicheren und geeigneten Zeit Ihre Emotionen erfahren und integrieren können. Sollten Sie ein vielbeschäftigter Mensch sein, dann können wir Ihnen versichern, daß das ein absoluter Luxus ist! Dieses Gefühl von Luxus kann Ihnen helfen zu integrieren.

Öffnen Sie sich der Glückseligkeit über das Wunder aller Existenz

Daß etwas existiert, ist ein ebensolches Wunder, wie daß alles andere existiert. Das ist sowohl im Zusammenhang der momentanen Zeit als auch im Zusammenhang der linearen Zeit wahr.

In der momentanen Zeit gibt es weder Ursache noch Wirkung, also ist es ein Wunder, daß überhaupt etwas existiert.

In der linearen Zeit ist alles, was jetzt geschieht, Resultat einer ununterbrochenen Kette von Ursache und Wirkung, die bis zum Urknall zurückreicht, zumindest nach Meinung der fortschrittlichsten Wissenschaftler. Wenn Sie Billard spielen, hängen alle Bewegungen der Kugeln auf dem Tisch davon ab, wie Sie mit dem Queue die Leitkugel anstoßen; daß alles im Universum jetzt ist, wie es ist, wurde bewirkt durch den Urknall und die Bahn, auf der der ursprüngliche Feuerball bei dieser Explosion durch den Raum flog. Daß dieser Prozeß zu Ihrer Existenz und zur Existenz all dessen führte, was Sie vorfinden, ist ein unendliches Wunder!

Das heißt, Sie können über die gesamte Existenz glückselig sein – und genau das schlagen wir Ihnen vor.

Übung für das Wunderbare

Diese Übung wird Ihnen helfen, zu sehen, daß diese Welt ein Wunder ist. Machen Sie sie so oft, wie es Ihnen bequem möglich ist.

Wählen Sie irgendetwas aus Ihrem Erfahrungsumfeld. Anfangs eignet sich ein materieller Gegenstand am besten, aber wenn Sie mit der Übung erst einmal vertraut sind, können Sie sie auch auf Geräusche, Körperempfindungen, Gedanken und anderes mehr ausweiten.

Betrachten Sie den Gegenstand. Jetzt denken Sie darüber nach, was alles geschehen mußte, damit dieser Gegenstand sich so, wie er ist, in diesem Moment an diesem Ort befinden kann. Verfolgen Sie diese Ereignisse bis zum Urknall oder einem anderen Schöpfungsmoment zurück.

Jetzt betrachten Sie die Ereignisse, die zur Entstehung Ihres eigenen physischen Körpers geführt haben und verfolgen Sie diese Ereignisse ebenfalls bis zum Urknall (oder was immer) zurück. Wenn Sie dieses Mal beim Urknall ankommen, wandern Sie von dort aus vorwärts in die Zukunft und verfolgen die Wege der Schöpfung, die sowohl zur Entstehung des Gegenstands als auch zur Entstehung Ihres physischen Körpers geführt haben, bis in den gegenwärtigen Moment. Bedenken Sie, was alles geschehen mußte, damit Sie und dieser Gegenstand Form annehmen und für diesen Augenblick, wo Sie ihn betrachten, zusammenkommen konnten. Machen Sie sich die Flüchtigkeit dieser Begegnung und die Besonderheit dieses Augenblicks bewußt.

Achten Sie auf Ihre Gefühle während dieses Prozesses. Wenn Sie ein Gefühl für das Wunderbare Ihrer Erfahrungen verspüren können, dann wählen Sie einen weiteren Gegenstand und gehen mit ihm ebenso vor. Fahren Sie damit fort. Wenn Sie in der Lage sind, sämtliche Dinge, die in Ihr Blickfeld rücken, so zu sehen, und spüren können, wie alles, was vom Universum kommt, ein wunderbares Geschenk ist, das Sie bedingungslos lieben, dann sind Sie auf bestem Wege, das Vierte Element und Rebirthing vollkommen zu meistern.

Vergleichen Sie es nur mit sich selbst

Diese Aufforderung ist unlogisch, aber sie wirkt. Wenn Sie einen Pappbecher mit einem feingeschliffenen Champagnerglas vergleichen, wird Ihnen der Pappbecher wie Abfall vorkommen; vergleichen Sie dagegen den Pappbecher mit sich selbst, ist er einfach ein Behälter, der sich gut dafür eignet, Wasser daraus zu trinken. Ähnliches gilt für Tetanie: wenn Sie die Tetanie in Ihren Händen damit vergleichen, wie Ihre Hände sich sonst anfühlen, werden Sie die Tetanie schmerzhaft finden; vergleichen Sie Tetanie nur mit sich selbst, wird sie sein, was sie ist – ein Gefühl von Energie in Ihren Händen, das Sie uneingeschränkt genießen können.

Schmerz ist ein Blickwinkel. Inhaltlich ist diese Erfahrung einfach intensive Energie. Wenn Sie intensive Energie »Schmerz« nennen, heißt das lediglich, daß Sie sie abwerten. Ganz gleich, was in Ihrem physischen Körper abläuft, wenn Sie sich dem Geschehen hingeben und es nur mit sich selbst vergleichen, werden Sie es intensiv genießen, statt darunter zu leiden.

Welche Wohltat für Sie, daß es hochkommt!

Wenn Sie wahrnehmen, was in Ihrem Verstand und in Ihrem Körper abläuft, haben Sie mehr davon, als wenn Sie es nicht wahrnehmen. Erkennen Sie, wie gut es für Sie ist, daß Sie all das erleben und seien Sie dankbar dafür.

Zumindest interessant ist dieses energetische Muster

Erlauben Sie sich, sehr neugierig auf das energetische Muster zu sein und sich davon faszinieren zu lassen. Staunen als Blickwinkel ist oft positiv genug, um Integration zu bewirken.

Lieben Sie sich mit all Ihren Seiten bedingungslos

Ein Kind bedingungslos zu lieben, heißt, es unabhängig davon zu lieben, ob es tut, was Sie wollen oder nicht. Lieben Sie sich selbst so bedingungslos, einschließlich der Seiten, die an der Abwertung beteiligt waren oder sich merkwürdig oder schmerzhaft angefühlt haben.

Schließen Sie Ihre gesamte Erfahrung in die bedingungslose Liebe ein

Öffnen Sie sich dafür, jeden Moment Ihres Lebens hundertprozentig zu lieben, ganz gleich was geschieht. Wenn Sie alles, was existiert, lieben, ganz einfach weil es existiert, werden Sie alles integrieren.

Begeistern Sie sich für alles

Wenn Sie Angst haben, dann erlauben Sie sich, die Angst zu erforschen und sich hineinzuentspannen; wenn Sie traurig sind, dann seien Sie mit Begeisterung traurig, und so weiter.

Nehmen Sie die allen Erfahrungen innewohnende Komik wahr

Humor entsteht, wenn wir ein Paradoxon integrieren. Ist ein Witz wirklich zum Lachen, dann darum, weil er zwei Gedankengänge vorstellt, die sich widersprechen und von denen jeder für sich wahr ist. Weil alles, was existiert, paradox ist, ist – wenn Sie es so betrachten – auch alles, was existiert, witzig.

Lachen ist ein Ausdruck des energetischen Musters, das in Ihrem Körper entsteht, wenn Sie ein Paradoxon integrieren. Lachen während des Rebirthing ist das sicherste Anzeichen für Integration.

Wenn Sie irgendeine Möglichkeit finden, Ihre Erfahrung in einen witzigen Zusammenhang zu stellen, werden Sie sie integrieren.

Ein Spiel mit dem Vierten Element

Hier ein Spiel, das Ihnen hilft, das Vierte Element zu verstehen. Es heißt: *Schaffen Sie sich Ihre eigene Wirklichkeit*

Regeln:
1. Erschaffen Sie Dinge, die es bereits gibt.
2. Bringen Sie Dinge dorthin, wo sie sich bereits befinden.
3. Seien Sie dabei übertrieben, mystisch und anmaßend.

Etwa so:
»Ich befehle dem Universum, mir *jetzt sofort* ein Buch über Rebirthing in die Hände zu legen!«
»Und *Licht* soll scheinen auf dieses Buch!«
»Ich befehle der Erde, *Bäume* hervorzubringen! Und Si⸍

Wäldern gruppiert werden und auch vereinzelt und in kleineren Gruppen und in den *Gärten* der Menschen stehen.«

Spielen Sie dieses Spiel *beim Rebirthing* folgendermaßen: »Meine Hände sollen kribbeln!«
»Ich befehle, daß mein *Mund,* meine *Kehle* und mein *Magen* Heißhunger auf *Hamburger* haben sollen.«
»Laß *Zweifel* hochkommen!«
Und so weiter.

In anderen Worten: Sie geben vor, absichtlich Ihre Erfahrung in der Weise zu schaffen, wie sie ist, und zwar weil sie Ihnen so gefällt. Schenken Sie sich selbst Anerkennung dafür – Sie haben ein perfektes Universum geschaffen!

Eine zusätzliche Anmerkung zur Integration beim Rebirthing

Die Integration eines energetischen Musters muß nicht zwangsläufig dazu führen, daß es verschwindet. Einige energetische Muster verschwinden bei der Integration, andere nicht. Hier ein Beispiel für ein Muster, das nicht verschwindet: Ein Mensch, der bereits ziemlich viel Erfahrung mit Rebirthing gemacht hat, wird die Luftkanäle, die im Kopf verlaufen, oft zum ersten Mal genau spüren. Diese Kanäle bilden ein ziemlich komplexes System, das die meisten Menschen nicht sehr deutlich spüren. Wenn jemand zum ersten Mal die Empfindungen wahrnimmt, die mit dem Luftdurchzug in Stirnhöhlen und anderen Luftkanälen verbunden sind, berichtet er oft, sie seien »kalt, trocken, merkwürdig und unangenehm«. Wird dieses energetische Muster integriert, verschwindet es nicht. Es wird jetzt zu einer Quelle angenehmer Gefühle. Beispielhaft für ein energetisches Muster, das verschwindet, ist Anspannung. Wenn Anspannung integriert wird, kommt es zur Entspannung, oder sie verschwindet so ähnlich wie unser Schoß verschwindet, wenn wir aufstehen. Aber auch bei Anspannung führt der Weg zur Integration darüber, alles, was mit ihr verbunden ist, bedingungslos zu lieben. Der Versuch, etwas zum Verschwinden zu bringen, ist genau die Methode, um Integration zu verhindern.

12 Tun Sie, was Sie gerade tun – Bereitschaft ist genug – Das Fünfte Element des Rebirthing

[*Eine persönliche Anmerkung von Jim Leonard:*
Beim Fünften Element könnte man denken, daß es gar nichts aussagt, aber tatsächlich ist es das wichtigste der Fünf Elemente.
Anfangs versuchte ich es nur mit Einsatz der ersten Vier Elemente des Rebirthing – nichts ging. Die Leute lagen da und *versuchten* zu integrieren, statt tatsächlich zu integrieren. Wie ich mir schon gedacht hatte, begannen die Rebirthees sofort zu integrieren, als ich das Fünfte Element einführte. Mit Hilfe des Fünften Elements integrieren wir den Versuch zu integrieren. Es nimmt den anderen vier Elementen das »Du sollst«. Das Fünfte Element ist wörtlich gemeint.]

Für die meisten Tätigkeiten in Ihrem Leben gilt, daß Ihre wachsende Fähigkeit, sie richtig zu machen, beabsichtigte Wirkungen verstärkt. Beim Rebirthing funktioniert das nicht. Es ist unmöglich, beim Rebirthing etwas falsch zu machen. Selbst wenn Sie sich alle Mühe geben, beim Rebirthing etwas falsch zu machen, heißt das lediglich, daß »der Versuch, etwas falsch zu machen« in Ihrer Rebirthing-Sitzung aktiviert wird. Wenn Sie mit genug Begeisterung versuchen, etwas falsch zu machen, werden Sie es integrieren und zum nächsten Thema übergehen.
Am schwersten fällt die Integration, wenn wir versuchen, etwas zu integrieren, damit es verschwindet. Geben Sie sich stattdessen lieber der faktischen Situation hin, daß es nämlich nicht integriert ist.
Im allgemeinen sind Verben für uns »Tuwörter«, und das kann bei der Frage, was es heißt, etwas zu integrieren, Verwirrung stiften. Das Verb »integrieren« hört sich an, als täten Sie etwas, aber tatsächlich hören Sie auf, etwas zu tun – Sie hören auf, etwas abzuwerten. So klingt auch das Verb »sich entspannen«, als täten wir etwas, aber Sie *tun* nichts, um sich zu entspannen, sondern Sie hören auf, Ihre Muskeln anzuspannen.
Wenn Sie etwas integrieren, werten Sie es nicht länger ab und verstecken sich nicht mehr davor. Sie entspannen sich mit der Erkenntnis, daß es immer vollkommen war, selbst als Sie noch darauf bestanden, daß das nicht der Fall ist.
Müßte man Rebirthing vollkommen richtig machen, damit es etwas

bewirkt, dann hätte es niemals erfunden werden können. Es gibt kein Schema, Bild oder Diagramm für die perfekte Rebirthing-Sitzung. Der Punkt ist, daß niemand die ersten Vier Elemente perfekt anwenden kann. Wir sind dankbar dafür, daß man Rebirthing nicht vollkommen richtig machen muß, um die überreichen Wirkungen zu erzielen. Und die Wirkungen sind vollkommen, ganz gleich, wie sie erreicht wurden.

Integration ist viel leichter als Unterdrückung. Für Verstand und Körper bedeutet es eine große Anstrengung, etwas unterdrückt zu halten, und wenn Sie auch nur annähernd die richtigen Bedingungen für die Integration schaffen, werden Sie integrieren.

Die ersten Vier Elemente sind sowieso Modelle, und die Realität entspricht diesen Modellen nicht vollkommen. Selbst wenn Sie imstande *wären,* die ersten Vier Elemente genau richtig anzuwenden, würde auf diesem Wege nicht alles integriert werden. Einiges wird integriert, wenn Sie den Atem anhalten, anderes, während Sie sich im Raum bewegen und wieder anderes, wenn Sie Ihren Körper verlassen haben oder wenn Sie etwas abwerten. Obwohl wahrscheinlich nur ein Prozent aller energetischen Muster außerhalb der regulären Richtlinien der ersten Vier Elemente integriert wird, würden Sie festsitzen, wenn Sie auf dieses eine Prozent stießen und zu dogmatisch wären.

Weiter folgt aus dem Fünften Element, daß Sie die Freiheit haben zu experimentieren, denn Sie müssen nichts richtig machen. Wenn Sie sich zum Beispiel in einer Situation befinden, in der Sie laut Anweisung dieses Buches langsam und tief atmen sollten, Ihre Intuition Ihnen aber sagt, schnell und tief zu atmen, dann folgen Sie ihr!

Wie sollen Sie etwas falsch machen können, da Sie doch ständig im Zustand der Ekstase sind, also auch während und nach der Anwendung des Fünften Elements?

Und selbst der Versuch, es richtig zu machen, funktioniert! Die Fünf Elemente meistern zu lernen ist leichter als fast alles sonstige im Leben. Rebirthing ist für Menschen so natürlich, daß es tatsächlich leichter ist, es zu *tun* als zu *unterlassen.* Rebirthing ist leicht und zugleich eine der lohnenswertesten Aktivitäten, mit der sich ein Mensch überhaupt beschäftigen kann – wenn das nicht ein guter Handel ist!

Der jüngste Rebirthee

[Eine persönliche Anmerkung von Phil Laut:
Wir haben in diesem Buch wiederholt festgestellt, daß Rebirthing ein natürlicher, organischer Prozeß ist, und daß jeder es machen kann. Rebirthing ist so natürlich, daß man es nicht vollkommen richtig machen muß, um Wirkungen zu erzielen.

Im Jahre 1980 machte ich Rebirthing mit einem Säugling, der zu der Zeit eine halbe Stunde alt war. Ich hatte der Geburt des Enkelsohns eines Freundes in San Francisco beigewohnt. Es war das erste Mal, daß ich der Geburt eines anderen Menschen beiwohnte. Eine Geburt ist ein wunderbares Ereignis und dabei zu sein eine so erfreuliche, intensive Erfahrung, daß ich sie jedem nur empfehlen kann.

Nachdem das Neugeborene aus dem Geburtskanal hervorgekommen war und immer noch mit der Nabelschnur verbunden, auf dem Bauch der Mutter liegend, eigenständig atmen gelernt hatte, ließ ich warmes Wasser in die Wanne und lud den Vater ein, mit dem Neugeborenen zusammen zu baden. Die Mutter war damit einverstanden, und nachdem die Nabelschnur durchgetrennt worden war, setzte ich den Säugling ins warme Wasser, auf den Schoß des Vaters. Wie Sie sich sicher vorstellen können, konnte ich dem Neugeborenen keinerlei Anweisungen geben, wie sie in diesem Buch enthalten sind. Sobald ich seine Aufmerksamkeit gewonnen hatte, begann ich mit dem verbundenen Atmen und sah dem Kind weiterhin in die Augen. Das Neugeborene ahmte meinen Atemrhythmus fast eine halbe Stunde lang nach, ohne daß ich auch nur ein Wort sagte. Wir schauten uns einfach an und atmeten zusammen. Man konnte sehen, wie seine Hände und Arme sich leicht anspannten, aber es fuhr fort zu atmen, bis sein Körper vollkommen entspannt war und es über das ganze Gesicht lächelte.]

13 Affirmationen zu den Fünf Elementen des Rebirthing

In diesem Kapitel stellen wir Ihnen das erste Mal Affirmationen vor, mit denen Sie arbeiten können. Wir wissen, daß einige unserer Leser in irgendeiner Form mit Affirmationen vertraut sind, andere aber nicht. Eine Affirmation ist prinzipiell gesehen ein guter Gedanke, den Ihr Verstand bewußt vertritt. In Kapitel 28 dieses Buches geben wir detaillierte Anweisungen für die effektive Anwendung von Affirmationen. Wenn Sie möchten, können Sie dieses Kapitel erst lesen und dann zu dieser Seite zurückkehren.

Erstes Element:
Mein kreisförmiges Atmen ist leicht, angenehm, reguliert sich selbständig und setzt sich jetzt und für immer fort.

Zweites Element:
Alle Seiten in mir wissen, daß es immer sicher ist, sich zu entspannen, und ich entspanne mich jetzt vollkommen.

Drittes Element:
Alles, was existiert, ist ein Segen, und ich erlebe jetzt unendlich viele segensreiche Erfahrungen bis in alle Einzelheiten.

Viertes Element:
Es ist für mich leicht und normal, jetzt alles auf seine Art zu genießen.

Fünftes Element:
Was immer ich tue, führt unvermeidlich zur Integration.

14 Abschluß

Wir werden zwei verschiedene Formen von Abschlüssen erläutern: den Abschluß einer Rebirthing-Sitzung und den Abschluß des gesamten Prozesses.

Abschluß der Sitzung

Wir definieren den Abschluß einer Sitzung als den Augenblick während der Sitzung, in dem alle drei folgenden Kriterien erfüllt sind:
1) Eine zufriedenstellende Menge an unterdrücktem Material ist hochgekommen und hat den Prozeß durchlaufen.
2) Alles, was während der Sitzung aktiviert wurde, wurde auch integriert, das heißt, der Rebirthee fühlt sich vollkommen wohl.
3) Rebirther und Rebirthee stimmen darin überein, daß die ersten beiden Kriterien erfüllt sind.

Es gibt einige professionelle Rebirther, die das Ende der Sitzung lediglich aufgrund der verstrichenen Zeit festsetzen. Wir sind sicher, daß diese Leute gute Absichten haben (wie den Wunsch, Rebirthing jeden Tag so vielen Menschen wie möglich zugänglich zu machen), und wir möchten sie nicht schlecht machen, aber wir unterstützen diese Vorgehensweise nicht. Die Beendigung der Rebirthing-Sitzung nach der Uhrzeit wird »Eieruhr-Einstellung« genannt. Obwohl Rebirthing eine ziemlich exakte Wissenschaft ist, läßt sich der Abschluß einer Sitzung nicht auf diese Weise vorherbestimmen.

Es kann sein, daß Sie nach Abschluß einer Sitzung hier und da noch ein Kribbeln empfinden oder sich etwas desorientiert fühlen (beides geht schnell vorüber), aber Sie sollten nicht mit irgendwelchen heftigen, unverarbeiteten Emotionen und mit auffallend untypischen Körperempfindungen allein gelassen werden.

Manchmal kommt es vor, daß jemand nach Abschluß einer tiefgehenden Rebirthing-Sitzung außergewöhnlich empfindsam ist. Das kann eine köstliche Erfahrung sein – der Gesang der Vögel, Farbe und Duft der Blumen, das ganze Entzücken darüber, lebendig zu sein, kann lebhafter als jemals zuvor empfunden werden. Aus diesem Grund ist es schön (aber nicht notwendig), wenn man sich unmittelbar nach der Sitzung und vor allem nach der ersten Sitzung in einer einigermaßen klaren und angenehmen Umgebung entspannen kann.

Abschluß des Prozesses

Die meisten Menschen haben *sehr viel* unterdrückte Negativität in sich, und man kann selbst von den wirkungsvollsten Techniken nicht erwarten, daß sie diese über Nacht bereinigen. Selbst für die Besten unter uns erstreckt sich dieser Prozeß über viele Jahre hinweg. Soweit die »schlechten Neuigkeiten«. Gute Neuigkeiten gibt es gleich zwei: erstens, Sie werden sich jedes Mal, wenn Sie etwas integrieren, besser fühlen und zwar oft *sehr viel* besser; zweitens erleichtert jede Integration die nachfolgenden Integrationen. Sie werden an einen Punkt gelangen, wo Integration zur spontanen Gewohnheit wird. Nach und nach werden Sie jeden Hinweis darauf begrüßen, daß Sie noch weiteren »Stoff zu verarbeiten« haben, weil das heißt, Ihr Leben kann – so schön es bereits sein mag – immer noch schöner werden.

Wir wissen nicht, wie das letztendliche Resultat von Rebirthing aussieht. Soviel aber ist sicher: Der endgültige Abschluß des Prozesses, wenn es so etwas geben sollte, übertrifft die wunderbarsten Träume jedes normalen Menschen.

15 Warm- und Kaltwasser-Rebirthing

Wenn jemand Rebirthing erst einmal oft genug gemacht hat und alles, was hochkommt, leicht, angenehm und wirkungsvoll integrieren kann, empfehlen wir mehrere Sitzungen mit Warmwasser-Rebirthing. Wenn Warmwasser-Rebirthing als gleichbleibend angenehm empfunden wird, empfehlen wir anschließend eine oder mehrere Sitzungen mit Kaltwasser-Rebirthing.

Warmwasser-Rebirthing

In seinen Anfangszeiten wurde Rebirthing immer in warmem Wasser gemacht. Zuerst dachte man sogar, es sei das warme Wasser, das die Wirkungen hervorrief.

Heutzutage kennen wir keinen Rebirther, der seine Klienten – bis auf Ausnahmefälle – mit Warmwasser-Rebirthing anfangen läßt. Beim Rebirthing kommt es hauptsächlich darauf an, daß es sanft verläuft, vor allem während der ersten Sitzungen. Und ein Anfang mit Warmwasser-Rebirthing ist meistens nicht behutsam genug; wenn jemand aber erst einmal mit ungewöhnlichen energetischen Mustern vertraut geworden ist, kann Warmwasser-Rebirthing ein sehr sanftes Hilfsmittel sein. Menschen, die nur wenig in Kontakt mit ihrem Körper und ihren Gefühlen sind, lassen wir aber mit Warmwasser-Rebirthing anfangen.

Wir arbeiten mit warmem Wasser, weil es die Aktivierung von unterdrücktem Material beschleunigt. Während eines Atemzyklus manifestiert sich das Material anfangs immer auf einer sehr subtilen Ebene und wird dann, wenn es nicht sofort integriert wird, allmählich immer intensiver. Warmes Wasser regt diesen Prozeß an. Wenn jemand gut integrieren kann, ist das von Vorteil, weil in ein und derselben Zeit mehr Material verarbeitet werden kann. Kann jemand nicht so gut integrieren, wird er Warmwasser-Rebirthing wahrscheinlich als unangenehm erleben, und das wird seinen Prozeß nicht fördern.

Warmwasser-Rebirthing hat noch weitere Vorteile. Weil es warm und naß ist und der Rebirthee, vom Rebirther gehalten, im Wasser schwebt, ist die Situation ähnlich wie im Mutterleib. Deswegen werden Erinnerungen an die Zeit im Mutterleib und an die Geburt besonders gut aktiviert.

Warmwasser-Rebirthing wird in einem »Hot Tub« (ein großer Holzzuber, in dem mehrere Menschen bequem sitzen oder liegen können,

Anm. d. Ü.), einer großen Badewanne oder in natürlichen heißen Quellen durchgeführt, wo die Wassertemperatur konstant 36–39 Grad Celsius beträgt und genug Platz ist, damit der Rebirthee sich ausstrecken und der Rebirther bequem im Wasser sitzen oder stehen kann.

Es gibt für Warmwasser-Rebirthing drei gut geeignete Grundpositionen. Welche angewendet wird, hängt davon ab, wie stark aktiviert werden soll. Von der am meisten aktivierenden bis zur am wenigsten aktivierenden Position sind das: 1.) mit dem Gesicht nach unten treiben und durch einen Schnorchel atmen; 2.) auf dem Rücken treiben, wobei das Gesicht aus dem Wasser ragt; 3.) auf einer Bank im warmen Wasser sitzen.

Der Rebirther ist anwesend, um den Rebirthee körperlich und moralisch dabei zu unterstützen, sich in unterdrückte Gefühle, Erinnerungen und Körperempfindungen hineinzuentspannen, die in den Bereich der bewußten Wahrnehmung treten.

Obwohl es bei fast jedem Menschen durch das Rebirthing in warmem Wasser zu stärkerer Aktivierung kommt, gibt es auch Ausnahmen. Wir haben mit Menschen Rebirthing gemacht, die tatsächlich durch Warmwasser-Rebirthing weniger aktiviert wurden als durch Trocken-Rebirthing. Gelegentlich kann es auch vorkommen, daß die Rückenlage stärker aktivierend wirkt als die Bauchlage mit dem Gesicht unter Wasser, weil die Position mit nach oben gewandtem Gesicht ganz bestimmte energetische Muster besonders gut aktiviert.

Viele Menschen, die sehr viel Erfahrung damit haben, sich selbst zu rebirthen, haben eine ausgesprochene Vorliebe für Warmwasser-Rebirthing.

Kaltwasser-Rebirthing

Für die meisten Menschen wirkt Kaltwasser-Rebirthing noch stärker aktivierend als Warmwasser-Rebirthing.

Eine Erklärung dafür ist, daß Warmwasser-Rebirthing die Tendenz nach Geburtserinnerungen aktiviert, Kaltwasser-Rebirthing dagegen Gedanken und Gefühle (Erinnerungen?), die mit dem Tod zusammenhängen.

Kaltwasser-Rebirthing eignet sich als nächster Schritt, nachdem der Rebirthee sich mit Warmwasser-Rebirthing vertraut gemacht hat. Der Schlüssel für ein erfolgreiches Kaltwasser-Rebirthing ist Behutsamkeit. Ein sanftes Vergnügen ist es, das Wasser nur so kalt in die Wanne zu lassen, daß es für Sie noch angenehm ist. Anfangs müssen Sie vielleicht viel heißes Wasser zugeben, damit die Temperatur angenehm ist. Ist die Wanne vollgelaufen, beginnen Sie schon vor dem Einsteigen in einem angenehmen, entspannten Rhythmus mit dem verbundenen Atmen. Tauchen Sie Ihren Körper ganz allmählich in das Wasser. Vielleicht stellen Sie fest, daß Sie nur wenige Zentimeter auf einmal eintauchen können, um die Angst integrieren zu können, die durch kaltes Wasser hervorgerufen wird. Wenn Sie zu schnell vorgehen, wird Ihr Körper sich verkühlen oder Sie fangen an zu zittern. Gehen Sie langsam genug vor, fühlen sich nur die Körperteile kalt an, die durch das Wasser naß geworden sind, aber noch nicht eingetaucht wurden. Wenn irgendein Körperteil, der unter Wasser getaucht wurde oder trocken geblieben ist, sich unangenehm anfühlt, dann wissen Sie, daß Sie zu schnell gemacht haben. In diesem Fall steigen Sie am besten aus dem Wasser, trocknen sich ab und fangen noch einmal von vorne an.

Wenn Sie mit Kaltwasser-Rebirthing erst einmal umgehen können, ist es eine unglaublich belebende Erfahrung. Der Körper steigert automatisch seine Abwehrkräfte, damit Sie sich im kalten Wasser weiterhin wohlfühlen können, und die vermehrte Energie hält noch eine ganze Weile an, nachdem Sie aus dem Wasser gestiegen sind.

16 Selbst-Rebirthing

Rebirthing ist eine Selbsthilfe-Technik, und auch wenn ein Rebirther Ihnen Hilfestellung leistet, rebirthen Sie sich in Wirklichkeit selbst. Wir benutzen die Bezeichnung »sich selbst rebirthen« für die Situation, in der Sie sich allein, ohne die Hilfe eines Rebirthers, rebirthen.

Ein gutes Ziel für jeden, der mit dem Rebirthing-Prozeß beginnt, ist, die eigenen Fähigkeiten soweit zu entwickeln, daß die Wirkungen mühelos allein hervorgerufen werden können. Dazu wird praktisch jeder an irgendeinem Punkt seines Rebirthing-Prozesses in der Lage sein. Geburtserinnerungen und anderes Material werden während der Rebirthing-Sitzungen wahrscheinlich noch jahrelang hochkommen, ob Rebirthing nun mit oder ohne die Hilfe eines ausgebildeten Rebirthers gemacht wird. Wenn der Rebirthee sich seiner oder ihrer Fähigkeiten gewiß ist, die Fünf Elemente anzuwenden, erleichtert und fördert das die Integration von jeglichem verbliebenen unterdrückten Material.

Während unserer langjährigen Erfahrungen als Rebirther hat keiner von uns jemals von einem Menschen gehört, der sich selbst gut rebirthen konnte, ohne zunächst mit einem erfahrenen Rebirther angefangen zu haben. Manchmal machen Menschen sogar ohne es zu wissen spontane Rebirthing-Erfahrungen, aber auch sie können diese Erfahrung im allgemeinen nicht auf einer beständigen Basis wiederholen. Es stimmt, daß Leonard Orr, der Erfinder des Rebirthing, sich anfangs selbst als Versuchskaninchen benutzte und im Verlauf monatelanger Experimente auch einige Erfolge sah. Aber auch er berichtet, daß er ein »anständiges« Rebirthing erst dann bekam, nachdem er andere Menschen zu Rebirthern ausgebildet hatte.

Wir empfehlen auch jedem Rebirther, sich als Ziel zu setzen, seine Klienten soweit auszubilden, daß diese in der Lage sind, sich kontinuierlich und mit Erfolg selbst zu rebirthen.

Warum Menschen Schwierigkeiten haben, sich selbst zu rebirthen – und wie ihnen begegnet werden kann

Uns sind fünf Hauptgründe für die Schwierigkeiten aufgefallen, die Menschen mit Selbst-Rebirthing haben, und zwar: 1.) mangelndes technisches Wissen; 2.) sich nicht die Zeit für Rebirthing nehmen; 3.) die Unfähigkeit, Blickwinkel zu wechseln; 4.) Selbsttäuschungen über den Abschluß des Prozesses; 5.) nicht mit Einsamkeit umgehen können. Wir werden diese Probleme und deren Lösung genauer erörtern. Aber vorher möchten wir Sie noch darauf hinweisen, daß diese Schwierigkeiten infolge von Abwertungen auftreten. Alle können behoben werden, wenn man sich lange und gründlich genug von einem kompetenten Rebirther rebirthen läßt.

Mangelndes technisches Wissen

Es gibt über Rebirthing bei weitem mehr zu wissen, als der rationale Verstand vermitteln oder aufnehmen kann. Jeder Rebirther, der, sagen wir, seit etwa einem Jahr eine gut gehende Praxis führt, hat bei seinen Klienten während des Rebirthing Dinge hochkommen sehen, die über Ihre und auch unsere Vorstellungen gehen. Das erste, was einem Rebirther auffällt, ist, daß jeder Mensch seinen eigenen individuellen Rebirthing-Stil hat. Rebirther lernen, intuitiv auf Situationen einzugehen, und wir nehmen an, daß jeder Rebirther immer wieder über die eigenen unglaublichen Fähigkeiten staunt, das Richtige zur richtigen Zeit zu tun, ohne sich bewußt Gedanken darüber zu machen. Dieses Talent entwickeln Rebirther in jahrelanger Ausbildung durch das Rebirthing mit anderen Menschen und durch ihre enge Verbindung mit dem eigenen Unbewußten, die sich infolge ihres regelmäßigen Selbst-

Rebirthing entwickelt. Wenn Sie sich mehrmals in Gegenwart eines professionellen Rebirthers rebirthen, lernen Sie sich gut genug kennen, um mit den meisten Situationen, in denen Sie sich selbst rebirthen, effektiv umgehen zu können. Das Beste, was Sie tun können, um sich für ein kontinuierliches Selbst-Rebirthing genügend technisches Wissen anzueignen, ist wahrscheinlich, selbst eine Ausbildung zum Rebirther zu machen.

Sich keine Zeit für Rebirthing nehmen

Uns sind viele Menschen begegnet, die vollkommen imstande wären, sich selbst effektiv zu rebirthen, würden sie nicht immer nur dann Rebirthing machen, wenn sie emotionale Schwierigkeiten haben. Das ist ganz menschlich. Problematisch wird dieses Vorgehen, weil Rebirthing am besten ist, wenn die Integration bereits auf einer sehr subtilen Ebene der Manifestation von Emotionen geschehen kann. Vor allem wenn Sie anfangen, sich selbst zu rebirthen, nachdem Sie mehrere Sitzungen mit einem Rebirther hatten, empfehlen wir Ihnen, es regelmäßig zu tun. In den meisten Fällen hilft es weiter, wenn Sie täglich oder fast täglich ein einstündiges Selbst-Rebirthing einplanen und einmal die Woche ein längeres Rebirthing allein oder mit Ihrem Rebirther. Berücksichtigen Sie das bei Ihrer üblichen Terminplanung. Wenn es Ihnen wirklich ernst damit ist, Ihre unterdrückten Abwertungen zu integrieren, dann empfehlen wir Ihnen, niemals mehr als drei Wochen ohne eine längere Sitzung verstreichen zu lassen. Wir haben festgestellt, daß fast jeder »aus der Übung« kommt, wenn er länger als drei Wochen kein Rebirthing macht.
Wenn Sie täglich eine einstündige Sitzung machen, sollten Sie sich einen Wecker stellen, um sicher zu gehen, daß Sie sich mindestens eine Stunde lang rebirthen.
Selbst wenn Sie sich nach und nach sehr gut selbst rebirthen können, sollten Sie in regelmäßigen Abständen, zumindest vierteljährlich, mit Hilfe eines Rebirthers Rebirthing machen. Wenn Sie sich selbst sehr gut rebirthen können, können Sie wahrscheinlich auch andere Menschen gut rebirthen. Wenn Sie dann einen Rebirthing-Buddy (einen »Kumpel«, jemand, der sich mit Rebirthing etwa auf dem gleichen Stand befindet wie man selbst und der einem sympathisch ist, so daß man mit ihm Rebirthing-Sitzungen austauschen kann, vgl. auch Worterklärungen und Kapitel 21, Anm. d. Ü.) finden, können Sie Rebirthing oft zusammen machen und beide sehr davon profitieren.

Die Unfähigkeit, Blickwinkel zu wechseln

Mit Ihrem Rebirther zu arbeiten, bietet den Vorteil, daß bei ihm wahrscheinlich nicht gleichzeitig ähnliche Abwertungen aktiviert werden wie bei Ihnen. Das heißt, Ihr Rebirther kann positive Zusammenhänge für Dinge bereithalten, die Sie während Ihres Rebirthing abwerten.

Sie werden lernen, alles in einen positiven Zusammenhang zu stellen. Das ist ein kontinuierlicher Prozeß, der mit jeder Rebirthing-Sitzung leichter wird.

Wenn Sie sich selbst rebirthen und etwas hochkommt, das Sie einfach nur übel finden, machen Sie am besten eine kurze Pause und lesen sich die Integrationstechniken in Kapitel 4 noch einmal durch. Dann tun Sie, was Sie gerade tun, denn Bereitschaft ist genug.

Folgende Affirmationen können Sie dabei unterstützen:

1. Ich feiere alles.
2. Ich weiß praktisch, wie ich alles in meine Erfahrung integrieren kann, daß Lebendigkeit eine Wonne ist.
3. Meine Dankbarkeit für meine Lebendigkeit schließt alles ein.
4. Ich weiß praktisch, wie ich mein Denken zu meinem eigenen Vorteil verändern kann.

Selbsttäuschung über den Abschluß des Prozesses

Da Rebirthing die Neigung zu unterdrücken allmählich beseitigt, beseitigt es auch die Neigung zu Selbsttäuschungen; Selbsttäuschungen sind für Abwertung und Unterdrückung grundlegend. Bei der Aktivierung eines energetischen Musters kann man während des Selbst-Rebirthing einfach beschließen, aufzuhören und etwas anderes zu tun. »Oh, ich bin jetzt fertig, jetzt wird's Zeit, daß ich mir das Stück Schokoladentorte aus dem Kühlschrank genehmige.« Es bedarf keiner weiteren Worte, daß das nicht viel weiterhilft.

Zu jedem unterdrückten Muster abgewerteter Energie gehört ein rituelles Unterdrückungsmittel. Die Aktivierung des energetischen Musters ruft oft den Wunsch nach der Unterdrückung mit Hilfe dieses Mittels hervor. Für die Integration dieser energetischen Muster müssen Sie genug Disziplin aufbringen, um mit dem Rebirthing fortzufahren, statt diesem Wunsch nachzugeben.

Ein Paradoxon des Rebirthing ist, daß Sie damit fertig sind, wenn Sie das Gefühl haben, Sie könnten mit Vergnügen ewig weitermachen. Wären Sie aber gern fertig, sind Sie es meistens nicht.

Affirmationen:

1. Ich fahre mit dem Rebirthing immer solange fort, bis sich alles vollkommen gut anfühlt.
2. Ich möchte lieber integrieren als unterdrücken.

Mit Einsamkeit nicht fertigwerden

Es ist menschlich, sich einsam zu fühlen. Im Mutterleib fühlen wir uns niemals allein. Bei der Geburt sind wir das erste Mal allein. Fast jeder Mensch wertet dieses Alleinsein bei der Geburt ab. Einsamkeit ist abgewertetes Alleinsein.

Wenn sich während des Rebirthing jemand um Sie kümmert, ist es sehr viel leichter, diese ursprünglichen Einsamkeitsgefühle auf sichere und integrative Weise noch einmal zu durchleben; wenn Sie sich selbst rebirthen, werden Sie diese unerträgliche Einsamkeit mindestens einmal, wenn nicht öfter erleben, weil sie Schicht für Schicht hochkommt. Sie werden mit Einsamkeit umgehen und sie integrieren können müssen.

Wie fast alles im Leben hat das zwei Seiten. Zum einen werden Sie Ihre Einsamkeit allein durchleben. Andrerseits werden Sie aber bislang ungeahnte Kräfte entwickeln, wenn Sie diese Einsamkeit integrieren. Sie werden zu einer Führungspersönlichkeit.

Einige Affirmationen, die Ihnen bei diesem Entwicklungsprozeß helfen:

1. Ich liebe meine Einsamkeit und alles, was damit zusammenhängt.
2. Ich liebe meine Menschlichkeit und alles, was damit zusammenhängt.
3. Ich bin mir selbst genug.
4. Mich selbst zu rebirthen, ist immer eines meiner Hauptvergnügen.

17 Rebirthing und Gesundheit

Obwohl Rebirthing bei jeder (einigermaßen stabilen) körperlichen und geistigen Verfassung wirkt, ist es leichter und wirkungsvoller, wenn Sie insgesamt bei guter körperlicher Gesundheit sind. Und zwar aus folgendem einfachen Grund: Wenn Sie krank sind, wird Ihre Krankheit die energetischen Hauptmuster liefern und Sie werden sich beim Rebirthing vor allem darauf konzentrieren. Das ist eine ausgezeichnete Möglichkeit, die Beschwerden zu lindern und den Genesungsprozeß zu beschleunigen, aber es schmälert Ihre Möglichkeiten, sich auf subtilere energetische Muster einzulassen. Wir legen Ihnen ausdrücklich nahe, alles dafür zu tun, daß Sie in ausgezeichneter körperlicher Verfassung bleiben, vor allem wenn Sie mit Selbst-Rebirthing gute Wirkungen erzielen möchten. Außerdem kann Rebirthing die Wohltaten und das Vergnügen steigern, die andere ganzheitliche Gesundheitspraktiken wie Yoga, T'ai Chi, Rolfing, Fasten, gesunde Ernährung und so weiter Ihnen bereiten. Eine gute Massage wird durch Rebirthing noch viel besser. Sollten Sie eine Akupunkturbehandlung machen, dann versuchen Sie einmal, die Fünf Elemente anzuwenden, während die Nadeln in Ihrem Körper stecken! Wir haben beobachtet, daß die wohltuende Wirkung, die Rebirthing auf den Atemmechanismus hat, auch die körperliche Ausdauer beim Laufen, Wandern, Radfahren und so weiter verbessert.

18 Ambulantes Rebirthing

Ambulantes Rebirthing heißt Rebirthing, während Sie gleichzeitig mit anderen Aktivitäten beschäftigt sind: Autofahren, mit Ihren Eltern telefonieren, etwas verkaufen und so weiter.

Es gibt einige Dinge, die eher bei Alltagsbeschäftigungen aktiviert werden als beim regulären Rebirthing mit Ihrem Rebirther, wo Sie meistens auf dem Rücken liegen. Wenn Sie mit der Technik gut genug vertraut sind, können Sie bei jeder Beschäftigung Rebirthing machen.

Wenn Sie im Umgang mit Rebirthing so erfahren geworden sind, daß Sie sicher sind, absolut alles integrieren zu können, was hochkommt, werden Sie alle Ihre Emotionen willkommen heißen. Jede Emotion verschafft Ihnen Zugang zu etwas, das Sie bislang abgewertet und unterdrückt haben. Das heißt, ganz gleich, wie schön Ihr Leben bereits ist, jetzt, wo Sie diese Emotion wahrnehmen, können Sie es noch schöner gestalten.

Wir erklären hier, wie sämtliche Fünf Elemente beim ambulanten Rebirthing angewendet werden können:

Erstes Element: langsames und tiefes kreisförmiges Atmen ist meistens am besten. Sie können in Gegenwart von fast allen Menschen so atmen, ohne daß diese bewußt wahrnehmen, was Sie da tun. Außerdem ist das der Atemrhythmus, der Sie am besten darin unterstützt, an Ihre energetischen Muster heranzukommen. Wenn Sie allein sind und spüren, daß Sie sehr stark aktiviert werden, können Sie schnell und flach kreisförmig atmen. Wenn Sie allein sind und die Tendenz verspüren, unbewußt zu werden, können Sie tiefes und schnelles kreisförmiges Atmen anwenden – das ist sehr nützlich, wenn Sie mehr Energie brauchen, als Sie haben.

Zweites Element: Entspannen Sie jeden Muskel, den Sie für Ihre augenblickliche Tätigkeit nicht benötigen.

Drittes Element: Dieses Element ist für ein effektives ambulantes Rebirthing am wichtigsten: Bringen Sie sich ganz und gar in die Gegenwart, als ob dieser Moment der einzige ist, der existiert. In Zeiten erhöhter Aktivierung werden Sie oft den starken Wunsch verspüren, das zu tun, womit Sie gewöhnlich die Emotion unterdrückt haben, die gerade hochkommt. Genießen Sie diesen Wunsch als solchen!

Viertes Element: Spüren Sie einfach, daß Sie glücklich sind, weil Sie existieren, und wie alles, was Sie erleben, voller Wunder ist. Seien Sie gewiß, daß alles so ist, wie es sein soll.

Fünftes Element: Bleiben Sie bei Ihrem Vorhaben. Wenn Sie sehr bewußt vorgehen, können Sie ein energetisches Muster auch dann integrieren, wenn Sie den Beschäftigungen nachgehen, mit denen Sie es gewöhnlich unterdrückt haben. Das ist aber nicht einfach, weil Sie dabei sehr leicht »unbewußt« werden und das hochkommende Muster vollkommen unterdrücken können.

Ambulantes Rebirthing ist eines der größten Vergnügen im Leben und sollte für jeden Menschen ein Hauptziel sein.

19 Ihre Beziehung zu Ihrem professionellen Rebirther

Ihr Rebirther hat zwei Hauptaufgaben: Sie zu unterstützen und Sie zu lehren. Mit »unterstützen« meinen wir, Ihnen zu helfen, Ihr unterdrücktes Material in jeder Rebirthing-Sitzung so angenehm und wirksam wie möglich zu integrieren. Und »lehren« heißt, daß er Ihnen beibringt, wie Sie sich selbst rebirthen und andere, verwandte Selbstentfaltungstechniken wirksam anwenden können.

Denken Sie daran, daß Rebirthing eine Selbsthilfetechnik ist und daß nicht der Rebirther die Wirkungen hervorbringt, sondern *Sie*.

Was ist ein Rebirther?

Ein Rebirther ist grundsätzlich jemand, der die fachliche Qualifikation hat, Menschen beim Rebirthing zu helfen. Das wichtigste, was alle Rebirther gemeinsam haben, ist, daß sie selbst Rebirthing gemacht haben. Jeder, der die Technik wirksam unterstützen kann, ist ein Rebirther.

Rebirther haben keine staatliche Lizenz und auch nicht unbedingt einen Hochschulabschluß. Das ist auch nicht nötig. Es ist ausgeschlossen und bislang niemals vorgekommen, daß Menschen durch Rebirthing Schaden erlitten haben. Es ist sehr unwahrscheinlich, daß Menschen, die sich ihrer Fähigkeiten, die Technik gekonnt zu unterstützen, nicht sicher sind, versuchen, andere professionell zu rebirthen, und zwar aus folgendem Grund: Auch beim Rebirther wird während der Sitzung mit einem Klienten unterdrücktes Material aktiviert. Wenn der Rebirther das eigene Material während einer Sitzung angenehm und wirksam integrieren kann, dann ist er ausreichend qualifiziert, um jemandem beim Rebirthing zu helfen. Wenn er dazu nicht imstande ist, dann wird dieser sogenannte Rebirther eine sehr qualvolle Erfahrung machen, das heißt ein Phänomen erleben, das unter dem Namen »Kurzschluß« bekannt ist. Die Intensität des Prozesses selbst hält unqualifizierte Menschen ab und bringt sie rasch dazu auszusteigen, falls sie den Versuch doch wagen sollten.

Fast alle professionellen Rebirther sind gründlich dafür ausgebildet worden, den Prozeß zu unterstützen, und haben beträchtliche eigene Rebirthing-Erfahrungen.

Weil die persönliche Beziehung zwischen Rebirther und Rebirthee von einzigartiger Intimität und die Unverletzlichkeit und Integrität dieser Beziehung für erfolgreiches Rebirthing ganz wesentlich ist, gehen professionelle Rebirther mit ihren Klienten keine sexuellen Beziehungen ein.

Aus ähnlichen Gründen bewahren Rebirther Schweigepflicht in Bezug auf alles, was ihre Klienten ihnen erzählen oder in ihrer Rebirthing-Sitzung erleben. Rebirther können interessante Fälle hin und wieder untereinander diskutieren, aber in diesem Fall achten sie darauf, die Identität ihrer Klienten nicht preiszugeben.

Fast alle professionellen Rebirther arbeiten selbständig. Es gibt einige Geistliche, Ärzte und niedergelassene Therapeuten, die Rebirthing anbieten, und einige ganzheitliche Gesundheitszentren beschäftigen in ihren Teams Rebirther.

Hinweise für die Wahl Ihres Rebirthers

Zuerst müssen Sie herausfinden, ob jemand in Ihrer Umgebung Rebirthing macht. Im Anhang dieses Buches finden Sie eine Liste mit Rebirthern, die unseres Wissens ausgezeichnet sind. Darüber hinaus können Sie Rebirther über Anzeigen oder auf anderem Wege finden. Meistens finden Sie Rebirther in der Nähe von oder in großen Städten.

Ganz unabhängig von seiner Qualifikation ist nicht jeder Rebirther für jeden Menschen gleich gut. Das ist vor allem eine Frage der Sympathie. Ihr Hauptkriterium bei der Suche nach einem Rebirther sollte sein, daß Sie sich in der Gegenwart dieses Menschen wohl fühlen und seinen Fähigkeiten vertrauen, Sie beim Rebirthing-Prozeß zu unterstützen. Um das herauszufinden, müssen Sie mit diesem Menschen telefonisch oder persönlich sprechen.

Wir raten Ihnen nachdrücklich, Ihren Rebirther nicht nach dem Preis zu wählen, den er für eine Sitzung verlangt. Manche Rebirther nehmen für eine Sitzung doppelt soviel wie andere und können für Sie auch zweimal soviel wert sein. Selbst bei den teuersten Rebirthern der Welt ist Rebirthing aber eigentlich keine kostspielige Angelegenheit, wenn Sie bedenken, welchen Wert es für Sie haben kann. Aber gehen Sie umgekehrt auch nicht davon aus, daß Sie durch höhere Bezahlung einen besseren Rebirther bekommen. Lassen Sie sich von dem Rebirther rebirthen, mit dem Sie am liebsten arbeiten möchten, und bezahlen Sie dann den Preis, den er verlangt. Wenn Sie glauben, Sie könnten sich den üblichen Preis Ihres Lieblings-Rebirthers einfach nicht leisten, dann versuchen Sie ein Tauschgeschäft, einen reduzierten Preis oder andere Bedingungen mit ihm auszuhandeln. Die meisten Rebirther sind vor allem durch den Dienst motiviert, den sie anderen Menschen erweisen können, und haben sich im Verlauf ihrer praktischen Erfahrungen die Fähigkeit angeeignet, dafür zu sorgen, daß sowohl sie selbst als auch der Rebirthee mit den Bedingungen einverstanden sind, die ausgehandelt werden. Es kann auch vorkommen, daß Sie Ihrem Rebirther mehr zahlen möchten, als er oder sie verlangt; das dürfte niemals ein Fehler sein.

In manchen Gegenden gibt es Rebirthing-Organisationen, die für die Mitgliedschaft verschiedene Bedingungen stellen. Gleichzeitig gibt es in diesen Gegenden aber auch ausgezeichnete Rebirther, die beschlossen haben, unabhängig von diesen Organisationen zu arbeiten. Denken Sie daran, daß Sie nach einem Rebirther suchen, der für *Sie* am besten ist; der Status, den ein Rebirther in diesen Organisationen innehat, kann für Ihre Entscheidung ausschlaggebend sein, muß es aber nicht.

Fragen, die Sie einem Rebirther stellen können

Im folgenden einige Fragen, die Sie Ihrem zukünftigen Rebirther bei einem ersten Gespräch stellen können:
1) Wie sind Sie zum Rebirthing gekommen?
2) Wie lange machen Sie schon Rebirthing?
3) Wie sah Ihre Ausbildung aus?
4) Wie denken Sie über bzw. lehren Sie die Fünf Elemente?
5) Was halten Sie von der Unsterblichkeitsphilosophie? (Was die Autoren darüber denken, finden Sie im fünften Teil dieses Buches.)
6) Wonach entscheiden Sie, ob eine Sitzung beendet ist?
Sie werden durch die Beantwortung dieser Fragen viel über einen Rebirther erfahren und durch dieses Gespräch auch anfangen, die erforderliche Beziehung mit dem Menschen aufzubauen, der Sie dann letztendlich rebirthen wird.
Es soll hier nicht unerwähnt bleiben, daß »Rebirthing« kein eingetragenes Warenzeichen ist, und daß es Menschen gibt, deren Vorgehen mit der Technik, die wir in diesem Buch beschreiben, absolut nichts zu tun hat, und die das, was sie tun, trotzdem »Rebirthing« nennen. Einige von ihnen machen vielleicht eine verdienstvolle Arbeit; andere vielleicht weniger. Es wird Ihnen nicht schwerfallen, diese Menschen von einem »richtigen« Rebirther zu unterscheiden, wenn Sie ihnen die oben erwähnten Fragen stellen.
Zusätzlich zu den oben erwähnten Fragen können Sie auch um Referenzen bitten, das heißt, um die Namen und Telefonnummern von zwei, drei Klienten, die bereit sind, über ihre Erfahrungen kurz zu sprechen. Wenn Sie in Ihren Sitzungen ein spezielles Problem bearbeiten möchten, können Sie fragen, »Wie sind Ihre Erfahrungen mit dem Rebirthen von Leuten, die _____?« Sie können sich vornehmen, nach dem Preis erst zu fragen, *nachdem* Sie sich entschlossen haben, mit wem Sie gern Rebirthing machen möchten. So gehen Sie sicher, daß sich die Geldfrage auf Ihre Entscheidung nicht nachteilig auswirkt.
Am besten können Sie Ihren »Vergleichseinkauf« wahrscheinlich telefonisch erledigen. Einige Rebirther bieten unentgeltliche bzw. nicht

sehr teure »Einführungen in Rebirthing« an, bei denen sie vor einem oder mehreren Klienten über Rebirthing sprechen. Wenn Sie einen Rebirther persönlich sprechen möchten, können Sie ihn vielleicht zum Essen einladen.

Wie Rebirthing-Sitzungen für Sie verlaufen können

Im allgemeinen empfehlen wir Ihnen, mindestens zehn Sitzungen bei ein und demselben Rebirther zu machen. Das muß nicht unbedingt derselbe sein, mit dem Sie angefangen haben, falls Sie Ihren Rebirther aus guten Gründen wechseln möchten. Aber machen Sie zehn Sitzungen bei ein und demselben Menschen.

In zehn Sitzungen können Sie einen guten Überblick über den Verlauf des Prozesses und seine Anwendung auf die unterschiedlichsten unterdrückten energetischen Muster gewinnen. Und wenn Sie diese Sitzungen bei ein und demselben Menschen machen, kann er Sie gut kennenlernen und wird aus diesem Grund viel besser in der Lage sein, Sie zu unterstützen und zu lehren.

Ihr Ziel sollte sein, die Wirkungen am Ende allein hervorrufen zu können. Wenn Sie nach zehn Sitzungen dazu noch nicht imstande sind, dann nehmen Sie weitere Sitzungen. Manche Menschen lernen es schneller, manche langsamer.

Ihre Erfahrung mit Rebirthing wird einzigartig sein. Es gibt keine zwei Menschen, bei denen Rebirthing gleich verläuft. Außerdem werden auch keine zwei Sitzungen gleich verlaufen, weil etwas, das integriert wurde, nicht wieder auftaucht und jedes energetische Muster sich beim rebirthen anders anfühlt.

Fast jeder integriert in der ersten Sitzung sehr viel unterdrücktes Material, und im Verlaufe von weiteren Sitzungen nehmen Umfang des integrierten Materials und Geschwindigkeit der Integration ständig zu.

In Ihrer ersten Sitzung werden Sie Ihren Rebirther, die Technik und Seiten von sich kennenlernen, die Sie bislang vermieden haben. Sie werden überrascht sein, wie mächtig das Atmen ist. Bei (etwa) den ersten fünf Sitzungen kann es zur Wiederbelebung unterdrückter Anästhesie kommen, zu Tetanie, einigen dramatischen Reaktivierungen alter Emotionen und/oder Erinnerungen und allen möglichen anderen im guten Sinne merkwürdigen und wunderbaren Erfahrungen. Die meisten Rebirther geben ihren Klienten bei jeder Sitzung Affirmationen, damit sie anfangen, damit zu arbeiten. Während das unterdrückte Material Schicht für Schicht verschwindet, werden Sie ein Gefühl für

Ihre eigene innere Weite bekommen und ihr Achtung und Demut entgegenbringen.

Die nächsten fünf Sitzungen werden wahrscheinlich in dem Maße, wie Sie sich mit dem Prozeß vertraut machen, subtiler und wirkungsvoller sein. Vielleicht empfiehlt Ihnen Ihr Rebirther einige Warmwasser-Sitzungen, und Sie fangen an, mit Selbst-Rebirthing zu experimentieren. Es kann sein, daß Ihnen Erinnerungen an die Geburt oder an die Zeit im Mutterleib kommen. Sie werden diese Sitzungen mehr genießen und nachhaltigere Wirkungen auf Ihr Leben feststellen.

20 Gruppen-Rebirthing

Rebirthing wird oft in Gruppen gemacht, wobei sich mehrere Menschen gleichzeitig rebirthen. Einige Rebirther nehmen in diese Gruppen nur Menschen auf, die bereits Rebirthing gemacht haben. Andere lassen ihre Klienten in Gruppen anfangen. Beide Vorgehensweisen haben ihre eigenen Vorteile.

Wenn Sie mit Einzelsitzungen anfangen, haben Sie die ungeteilte Aufmerksamkeit des Rebirthers in einer ganz privaten Sphäre. Sehr wahrscheinlich wird Ihr Rebirthing unter diesen Bedingungen gründlicher sein.

In einer Gruppe können Sie von Anfang an erleben, wie enorm vielfältig das auftauchende Material ist, das während des Rebirthing-Prozesses hochkommt und integriert wird. Es ist ganz natürlich, daß jeder nach seiner ersten Rebirthing-Erfahrung zu wissen glaubt, was Rebirthing ist. Da sich aber die zweite Sitzung von der ersten beträchtlich unterscheiden kann, wird die Erwartung, daß sie ähnlich verläuft wie die erste, oft zum Hindernis. Wenn aber ein ganzer Raum voller Menschen beim Rebirthing durch die unterschiedlichsten Prozesse geht, ist man weniger geneigt, voreilige Schlüsse über Verlauf und Wirkung von Rebirthing zu ziehen. Außerdem wird beim Gruppen-Rebirthing ein wundervolles gemeinsames Energiefeld aufgebaut, das jedem Beteiligten sowohl bei der Aktivierung als auch bei der Integration seines Materials hilft. Gruppen-Rebirthing ist meistens auch billiger.

Folgen Sie dem Rat Ihres Rebirthers, was Gruppen-Rebirthing betrifft. Wir empfehlen Ihnen nachdrücklich, auch dann zehn Einzelsitzungen zu nehmen, wenn Sie Gruppen-Rebirthing machen wollen.

Gruppen-Rebirthing kann auf zweierlei Weise gemacht werden: entweder rebirthen alle Beteiligten sich zur gleichen Zeit selbst, oder jeder sucht sich einen Partner und beide rebirthen sich wechselseitig. Wir haben mit beiden Formen gute Erfahrungen gemacht. Rebirthing in Paaren hat den Vorteil, daß jeder der beiden bei seinem Prozeß mehr Hilfestellung bekommt. Außerdem gewinnen Sie praktische Erfahrung als Rebirther, wenn Sie Ihrem Partner beim Rebirthing assistieren. Aber das Gruppen-Rebirthing in Paaren kostet doppelt soviel Zeit. Wenn Sie überlegen, Rebirthing in einer Gruppe zu machen, dann erkundigen Sie sich auf jeden Fall vorher, in welcher Form es gemacht wird und wieviel Zeit für den eigenen Prozeß zur Verfügung steht. Vergewissern Sie sich, daß es sich für Sie richtig *anfühlt,* bevor Sie Ihre Entscheidung treffen.

21 Buddy-Rebirthing

Auf keinen Fall sollten Sie von einem professionellen Rebirther abhängig werden, denn letzten Endes geht es beim Rebirthing um Ihre Autonomie. Trotzdem sind begleitete Rebirthing-Sitzungen für Sie auch noch lange, nachdem Sie bereits in der Lage sind, sich wirksam selbst zu rebirthen, sehr nützlich und zwar aus dem gleichen Grunde, aus dem die Unterstützung unserer Mitmenschen für uns in jedem Lebensbereich so wichtig ist. Für den relativ fortgeschrittenen Rebirthing-Schüler ist es der praktischste Weg, regelmäßig begleitete Sitzungen zu bekommen, wenn er Austauschsitzungen mit einem anderen Rebirthing-Schüler macht. Die Vorteile liegen auf der Hand: Man spart Geld, und das Selbstvertrauen beim Rebirthing wächst. Beim Selbst-Rebirthing ist man beides, Rebirther und Rebirthee, also werden die Fähigkeiten, sich selbst zu rebirthen, durch jede Rebirthing-Erfahrung mit einem Partner wachsen. Der Austausch von Rebirthing-Sitzungen mit einem Freund/einer Freundin oder einem (Ehe-)Partner wird »Buddy-Rebirthing« genannt. Wie Sie sich vielleicht vorstellen können, birgt das »Buddy-Rebirthing« neben seinen wohltuenden Wirkungen auch seine eigenen potentiellen Schwierigkeiten.

Fast alle professionellen Rebirther haben mit dem häufigen Austausch von Sitzungen angefangen, bevor sie dann »Berufs-Rebirther« wurden, und sie setzen diesen Austausch während ihrer beruflichen Laufbahn mit Kollegen, (Ehe-)Partnern und manchmal auch mit Schülern fort.

Die Autoren dieses Buches bilden da selbstverständlich keine Ausnahme.

Professionelle Rebirther berichten häufig, daß es ihnen bei den eigenen Freunden und Freundinnen, Ehemännern oder Ehefrauen am schwersten fällt, sie wirkungsvoll zu rebirthen. Uns hat dieses Phänomen fasziniert, und wir haben viel daran gearbeitet, um die Ursachen dafür herauszufinden.

Wir haben festgestellt, daß der Hauptgrund für Schwierigkeiten bei Austauschsitzungen mit dem eigenen Partner (oder jedem anderen Menschen) die Kontrollmuster sind, die sich in Beziehungen herausbilden, d. h. subtile und weniger subtile Verhaltensweisen, mit denen Menschen sich gegenseitig kontrollieren. Freiheitsliebende Menschen finden das vielleicht auf den ersten Blick ziemlich übel, und viele Menschen bestreiten anfangs, daß sie so etwas tun. Aber es ist *keine* üble Sache. Menschen möchten einfach bekommen, was sie sich vom Leben wünschen, und das gilt auch für ihre Beziehungen. Wie jeder andere Mensch auch, möchten Sie von Ihren Freunden und Partnern freundlich behandelt und nicht von ihnen umgebracht werden. Selbst bei flüchtigen Bekanntschaften entwickeln Sie subtile und weniger subtile Verhaltensweisen, um zu erreichen, was Sie am liebsten möchten. Die meisten dieser Verhaltensweisen laufen wahrscheinlich unbewußt ab. Ob bewußt oder unbewußt, Beziehungen zu anderen Menschen sind nichts Zufälliges – Sie kreieren sie vorsätzlich mit Hilfe Ihres Verstandes.

Um sich vorstellen zu können, wie diese Kontrollmuster beim Partner-Rebirthing zu Schwierigkeiten führen können, stellen Sie sich einen Mann vor, der mit seiner Frau Austauschsitzungen macht, und der natürlich eine Vorliebe dafür hat, daß seine Frau mit ihm in einer monogamen Beziehung lebt. Wenn er bewußt oder unbewußt denkt, daß seine Frau auf Grund einer zwanghaften Anpassung oder eines unterdrückten Negativmusters monogam ist, und dieses Muster dann im Verlaufe einer Rebirthing-Sitzung bei ihr hochkommt (und das bekommt er – ob bewußt oder unbewußt – in jedem Falle mit), dann kann er sehr wohl seine Hand im Spiel haben, wenn sie dieses Muster nicht integriert. Er kann sie dann so unter Kontrolle halten (ebenfalls bewußt oder unbewußt), daß sie es nicht integriert! Das ist ein sehr eingängiges Beispiel, aber es gibt noch viele ähnliche Situationen. Diese Schwierigkeiten gelten natürlich nicht nur für Rebirthing. (Ehe-) Partner sowie Freunde und Freundinnen versuchen im allgemeinen, sich im Verlauf ihres Alltagslebens bei den verschiedensten Schwierigkeiten und emotionalen Krisen zu helfen und fühlen sich durch den eigenen unbewußten Wunsch oft bedroht, ihr Partner möge diese Schwierigkeiten *nicht* ganz lösen.

Diese Kontrollmuster werden nur dann zum Hindernis, wenn sie unerkannt und unbesprochen bleiben. Wenn beide Partner ehrlich darüber sprechen, können sie versuchen, durch offene Neuverhandlungen (sie würden das vielleicht anders nennen) zu bekommen, was sie möchten. Die richtige Form der Kommunikation beseitigt diese Schwierigkeiten in jedem Fall, zumindest ist das die Erfahrung der Autoren.

Wir haben eine Serie von kurzen Kommunikationsprozessen entwikkelt, die sich sehr gut dafür eignen, diese Art Probleme direkt anzugehen und aus dem Weg zu räumen. Diese Kommunikationsprozesse können viel dazu beitragen, daß Ihr Austausch ergiebig und befriedigend verläuft, vorausgesetzt, Sie und Ihr Rebirthing-Buddy haben mit Rebirthing genügend Erfahrung gesammelt.

Es kann sein, daß Sie sich durch diese Prozesse anfangs ziemlich stark aktiviert fühlen, obwohl sie das Aktivierte tendenziell auch integrieren und mit zunehmender Übung leichter werden. Einige Menschen finden sie auch ziemlich zeitaufwendig (in größeren Gruppen dauert es oft zwischen 60 und 90 Minuten, bis alle fertig sind), aber mit zunehmender Übung brauchen Sie viel weniger Zeit (15 bis 20 Minuten). Wohltuend ist dieses Verfahren auch darum, weil es Ihnen hilft, intensive Nähe zu Ihrem Partner herzustellen. Wir empfehlen es sehr.

Kommunikationsprozesse zur Klärung von Beziehungen

Bei jedem einzelnen Prozeß stellt ein Partner die Frage, und der andere antwortet. Wo angegeben, erwidert die Person, die die Frage stellt, jede Antwort. Die Rollenwechsel sind angegeben.

Frage	*Antwort*
1. Sage mir, was Du an mir magst.	Eine Aussage.
2. Sage mir etwas, worin wir übereinstimmen.	Eine Aussage.
3. Sage mir etwas, was ich Deiner Meinung nach wissen sollte.	5 Minuten lang in der Form antworten, »Ich möchte, daß Du weißt _____ .« Während dieser Zeit spricht nur der/die Antwortende.

Jetzt tauschen Sie die Rollen und wiederholen alle drei Fragen. Dann fährt der erste Fragesteller fort:

4. Sage mir etwas, das Du mir verschwiegen hast.
Erwidern Sie jede Antwort mit einem »Danke«.

Fünf Aussagen.
(Es gibt immer unendlich viele Dinge, die wir einander ganz einfach aus Zeitdruck nicht mitgeteilt haben, ohne daß es weitere versteckte Gründe dafür geben muß.)

Wiederholen Sie den Prozeß mit vertauschten Rollen. Dann fährt der erste Fragesteller fort:

5. Sage mir etwas, wofür Du gern Verzeihung möchtest.
Erwidern Sie auf jede Antwort »Ich verzeihe es Dir«.

Fünf Aussagen.
(Wenn Ihnen bei irgendeinem dieser Prozesse keine Antwort einfällt, dann sagen Sie, was die Antwort *wäre*, wenn Ihnen eine einfallen *würde*.)

Der erste Fragesteller fährt fort:

6. Sage mir etwas, das Du mir gern verzeihen würdest.
Erwidern Sie jede Antwort mit einem »Danke«.

Fünf Aussagen.

Tauschen Sie die Rollen und wiederholen Sie beide Fragen. Dann fährt der erste Fragesteller fort:

7. Sage mir, wie Du mich kontrollierst.
Erwidern Sie jede Antwort mit einem »Danke«.

Fünf Aussagen.

Der erste Fragesteller fährt fort:

8. Sage mir, was Du befürchtest, was ich tun würde, wenn Du mich nicht kontrollieren würdest.
Erwidern Sie jede Antwort mit einem »Danke«.

Fünf Aussagen.

Tauschen Sie die Rollen und wiederholen Sie beide Fragen. Dann fährt der erste Fragesteller fort:

9. Sage mir einige Bedenken,   Fünf Aussagen.
die Du hast, mit mir heute
Rebirthing zu machen.
Erwidern Sie jede Antwort mit
einem »Danke«.

Tauschen Sie die Rollen und wiederholen Sie die Frage. Dann fährt der erste Fragesteller fort:

10. Sage mir etwas, was Du an   Fünf Aussagen.
mir als Rebirther magst.
Erwidern Sie jede Antwort mit
einem »Danke«.

Tauschen Sie die Rollen und wiederholen Sie die Frage.

Einige zusätzliche Anmerkungen zum Buddy-Rebirthing

Außer den Schwierigkeiten mit Kontrollmustern, die durch Anwendung des oben beschriebenen Prozesses vor jedem Rebirthing-Austausch behoben werden können, gibt es noch zwei weitere Probleme, die beim Buddy-Rebirthing auftauchen können:
1) Keine Zeit für den Austausch ausmachen. Die Lösung hierfür liegt auf der Hand.
2) Mangelndes technisches Wissen. Beide Partner sollten zehn Einzelsitzungen bei einem kompetenten Rebirther nehmen. Wählen Sie Ihren Rebirthing-Buddy sorgfältig aus, um sicherzugehen, daß er kompetent genug ist, Sie zu rebirthen. Wenn beide Partner sich selbst gut rebirthen können, wird es wahrscheinlich keine weiteren Probleme geben.
Wir wünschen Ihnen ein schönes Rebirthing!

Rebirthing mit Augenkontakt

Rebirthing mit Augenkontakt ist eine wunderschöne Technik für alle, die mit den Fünf Elementen bereits gut umgehen können. Dabei sitzen sich zwei Menschen, die Co-Rebirther, so bequem wie möglich gegenüber. Dann schauen Sie sich in die Augen und rebirthen sich selbst, wobei sie ganz in Kontakt mit dem eigenen Körper bleiben und sich gleichzeitig dem Partner so weit wie möglich öffnen. Oft kommt es zu einer wunderbaren »Verschmelzung« beider Partner, und sie haben eine schöne Zeit miteinander.

22 Ausbildungstrainings für professionelle Rebirther

Rebirther, die viel Erfahrung und Wissen haben, leiten von Zeit zu Zeit Ausbildungstrainings. Diese werden in unterschiedlicher Form angeboten, und die Preise halten sich meistens in vernünftigen Grenzen, gemessen an dem reichen Wissen, das hier vermittelt wird. Wenn Sie beruflich an Rebirthing interessiert sind, müssen Sie natürlich an solchen Trainings teilnehmen. Aber selbst wenn Sie kein Interesse haben, andere Menschen zu rebirthen, empfehlen wir Ihnen diese Trainings nachdrücklich, und zwar weil Sie erstens sehr viel Wissen erhalten werden, das Ihnen hilft, sich selbst besser rebirthen zu können; Sie zweitens mit Sicherheit während des Trainings einige sehr gute Rebirthing-Erfahrungen machen werden; Sie drittens bei diesen Trainings Ihren Rebirthing-Buddy treffen können, das heißt jemanden, mit dem Sie gern regelmäßig Austausch-Sitzungen machen würden; und viertens sicher eine schöne Zeit haben, von der Sie Ihr Leben lang profitieren können.

Der Prozeß des Integrativen Rebirthing, wie wir ihn in diesem Buch beschreiben, ist einfach und direkt. Sie können leicht lernen, sich selbst und andere zu rebirthen. Wir bieten in regelmäßigen Abständen 17tägige professionelle Trainings an, bei denen Sie das Wissen und die Erfahrung vermittelt bekommen, die Sie brauchen. (Kontaktadresse in Deutschland, s. Anhang S. 265).

23 Rebirthing und Therapie, Religion und andere Selbstentfaltungstechniken

Rebirthing und Integration sind natürliche, organische Prozesse von Körper und Geist. Rebirther können weder auf diese Prozesse noch auf deren Wirkungen ein Monopol beanspruchen.

Wahrscheinlich ist Ihnen schon aufgefallen, daß wir begeisterte Ausrufer für unser eigenes Metier sind, und wir sind dankbar für die Möglichkeit, unser Wissen mit Ihnen teilen zu dürfen. Wir legen Ihnen von Herzen nahe, sich selbst zu rebirthen. Wir behaupten nicht, daß Rebirthing der einzige Weg ist, und sind mißtrauisch, wenn Menschen behaupten, sie hätten den einzig richtigen Weg gefunden.

Rebirthing behindert in keiner Weise die wohltuenden Wirkungen irgendwelcher therapeutischer, religiöser oder anderer Selbstentfaltungs-Erfahrungen, die Sie sich zukommen lassen. Rebirthing verstärkt die wohltuenden Wirkungen dieser Praktiken.

Das Wesen von Entfaltung ist Veränderung, und Rebirthing erleichtert Veränderungen.

DRITTER TEIL

Wie Sie sich Ihre Wirklichkeit erschaffen können

24 Der Film mit dem Titel »Ihr Leben«

Wir alle haben schon oft gehört, daß jemand zu uns sagt: »Das spielt sich alles in deinem Verstand ab«. Das bleibt solange eine oberflächliche und sinnlose Aussage über bestimmte Bedingungen oder Zustände, wie Sie nicht Einsichten gewonnen und Techniken entwickelt haben, mit deren Hilfe Sie diese Aussage praktisch und wirkungsvoll umsetzen können. Im dritten Teil dieses Buches geht es um den einfachen, praktischen und wirkungsvollen Einsatz Ihres Verstandes. Wir hätten diesen Teil auch »Wie können wir durch unser Denken beabsichtigte Wirkungen hervorrufen« nennen können, oder, »Wie wir Probleme lösen«.

Die persönliche Realität jedes Menschen ist sowohl eine Projektion als auch eine Interpretation seines eigenen Verstandes. Deutlich wird das, wenn Sie Ihr Leben mit einem Film vergleichen, für den Sie Produzent, Drehbuchautor, Regisseur, Ausstatter, Star und Filmkritiker sind. Sie finanzieren die Produktion Ihres Lebens und streichen den Gewinn ein, Sie schreiben das Drehbuch und nehmen im Laufe seiner Umsetzung Veränderungen vor, unter Ihrer Anleitung spielen die Hauptdarsteller, Sie entscheiden, welche Rollen sie spielen, Sie bestimmen das Szenenbild, Sie treffen selbstverständlich die wichtigsten Entscheidungen für die Gesamtproduktion, und dann sind Sie auch noch der Filmkritiker, der Inhalt und Ausführung des Films ständig bewertet, vergleicht und beurteilt.

Wenn Menschen die Handlung schlecht finden, kommt es oft vor, daß sie sich entweder über die Ereignisse aufregen, die sich auf der Leinwand abspielen, oder die Gefühle unterdrücken, die diese Ereignisse in ihnen auslösen. Sie zeigen manchmal dramatische Reaktionen, wenn sie sich über einen der Mitspieler aufregen, indem sie sich zum Beispiel selbst herunterputzen, den Schauplatz verlassen und das Bühnenbild wechseln oder so tun, als ob ihnen das, was vor sich geht, gar nichts ausmacht. Alle diese Reaktionen sind auf jeden Fall wirkungslos. Allgemein bekannte Beispiele für diese Art Problemlösungen sind: den Beruf wechseln, sich scheiden lassen, auswandern, sich betrinken und anderes mehr.

Wenn Sie an dem Film mit dem Titel »Ihr Leben« – um bei diesem Vergleich zu bleiben – positive und beständige Veränderungen vornehmen wollen, kann das nicht durch Ihren direkten Eingriff in die Ereignisse auf der Leinwand geschehen, sondern indem Sie den Film im Projektionsraum auswechseln. Der Projektionsraum ist in diesem Vergleich Ihr Verstand, der Ihr Leben auf die Leinwand Ihrer Erfahrungen projiziert und Wirkungen durch individuelle Gedanken schafft, die den individuellen Aufnahmen eines Films entsprechen. Das Licht, das durch den Film schimmert, ist als Universale Energie, Gott, Lebenskraft, Manifestation des Universellen und unter vielen anderen Namen bekannt. Diese Energie kommt der Reproduktion der Filmaufnahmen auf der Leinwand pflichtbewußt nach, ganz gleich, wie die einzelnen Bilder auch immer aussehen mögen.

Das einzige, was Sie absolut und unmittelbar unter Kontrolle haben, sind Ihre Gedanken. Im dritten Teil dieses Buches beschreiben wir, wie Sie durch die Anwendung erprobter Techniken Ihre Gedanken bewußt einsetzen und dadurch die von Ihnen beabsichtigten Ergebnisse hervorrufen können.

Wir haben bereits erwähnt, daß Ihre persönliche Realität sowohl eine Projektion als auch eine Interpretation Ihres Verstandes ist. Die Fähigkeit Ihres Verstandes zu projizieren ist ein Ausdruck menschlicher Kreativität. Die Fähigkeit zu interpretieren (oder analytisch vorzugehen) ist in Wirklichkeit das gleiche, was daran deutlich wird, daß Menschen häufig für ein und dasselbe Ereignis die unterschiedlichsten Interpretationen entwickeln. Trotzdem ist es von Nutzen, wenn wir den Verstand anhand von drei seiner Funktionen erläutern, nämlich seiner interpretativen Kraft, seiner kreativen Kraft und seiner Anziehungskraft.

25 Die interpretative Kraft des Verstandes

Bei den meisten von uns sind die interpretativen oder analytischen Fähigkeiten gut ausgebildet. Wir haben gelernt, Verkehrszeichen zu interpretieren, die Symbole auf einer gedruckten Seite oder einem Notenblatt, die unterschiedlichen Klänge der menschlichen Stimme, verschiedenste Berührungen und Körperempfindungen sowie zahlreiche Gerüche und Geschmäcker. Einige Interpretationen und Reaktionen haben wir so gut eingeübt, daß wir sie für selbstverständlich halten und vergessen, daß wir diese Interpretationen geschaffen und darum auch das Recht und die Fähigkeit haben, sie je nach Wunsch zu verändern.

Wenn Sie wissen, daß in Ihrem Leben Gesundheit, emotionale Verfassung, Gehalt, Beziehungen und Finanzen durch die Projektionen Ihres Verstandes bewirkt werden und damit letztendlich in Ihrer Verantwortung liegen, regen Sie sich über die Auswirkungen, die Ihnen nicht gefallen, zunächst vielleicht ziemlich auf. Diese unangenehmen Auswirkungen nennen wir »Probleme«, die »gelöst« werden müssen. Wenn Sie ein hartnäckiges Problem haben, werden Sie sich dafür zwangsläufig Selbstvorwürfe machen. Würden Sie sich selbst einschließlich dieses Problems lieben, dann hätte Ihre Liebe oder Ihr Akzeptieren dieses sogenannten Problems, gekoppelt mit Ihrer angeborenen Kreativität, es inzwischen schon auf natürlichem Wege »geheilt«. Oder anders gesagt: Liebe ist eine natürliche Heilkraft, und wenn wir uns selbst unsere Liebe wegen eines sogenannten Problems entziehen, bewirken wir damit, daß es anhält.

Um das zu verdeutlichen, stellen wir uns einen Menschen vor, der seit vierzig Jahren vierzig Pfund Übergewicht und auf der bewußten Ebene den Wunsch hat, das zu ändern. Höchstwahrscheinlich hat dieser Mensch sein Übergewicht fast die ganzen vierzig Jahre lang mißbilligt. Man könnte auch sagen, daß er ein Experiment durchführt, um herauszufinden, ob Übergewicht durch Mißbilligung beseitigt wird.

Da der übergewichtige Mensch derjenige ist, der das Experiment durchführt, liegt es auch an ihm zu entscheiden, ob für die Beantwortung dieser Frage genügend Anhaltspunkte vorliegen. Die meisten Menschen würden zustimmen, daß unser Experimentator nach vierzigjähriger Beweisführung mit Sicherheit den Schluß ziehen kann, daß Mißbilligung Übergewicht *nicht* beseitigt. Aber er hat auf jeden Fall das Recht, auf ewig weitere Beweise zu sammeln, wenn das sein Wunsch ist.

Problemlösung mit Hilfe von Affirmationen

An diesem Punkt werden wir Sie damit vertraut machen, wie man zum Zwecke positiver Veränderungen im Leben schriftlich Affirmationen bildet. Allgemein gesehen sind Affirmationen die Rückseite der Münze Rebirthing – geht es beim Rebirthing darum, sich dem, was ist, wie es ist, hinzugeben, so sagen wir mit Affirmationen, dem was ist, wie es sein soll. Affirmationen sind kontrollierte Gedanken. Durch die Anwendung von Affirmationen können Sie die Arbeit Ihres Verstandes bewußt kontrollieren.

Fertigen Sie für diese Übung eine Liste mit sämtlichen Lebensumständen an, die Sie verändern wollen. Es geht dabei *nicht* um Ziele oder um das, was Sie erreichen wollen; sondern um Dinge, die in Ihrem Leben bereits existieren, die Sie aber (so) nicht haben wollen. Einige Beispiele wären: meine Armut, meine Unzufriedenheit mit meiner Arbeit, mein Übergewicht, daß Kellner mich immer übersehen und anderes mehr.

Jetzt schauen Sie die Liste durch, die Sie gerade angefertigt haben und kreisen ein, was Sie am liebsten ändern wollen. Das Eingekreiste könnte man auch als Ihr hartnäckigstes Problem bezeichnen. Im weiteren Verlauf der Übung werden Sie nur damit arbeiten.

Bei der Lösung eines hartnäckigen Problems kann die manchmal qualvolle Erkenntnis, daß *jeder* Ihrer Lösungsversuche bislang daneben ging, Ihre Bereitschaft fördern, etwas Neues auszuprobieren.

Der nächste Schritt ist, daß Sie nach folgender Vorlage eine Affirmation für sich bilden:

Es ist okay für ————————————————————————
zu ————————————————————————————.

Füllen Sie die Leerstellen mit dem Thema aus, das Sie auf Ihrer Liste eingekreist haben. Das könnte beispielsweise so aussehen:

 Es ist okay für *mich, übergewichtig zu sein.*
 Es ist okay für *mich, arm zu sein.*
 Es ist okay für *mich, daß Kellner mich immer übersehen.*

Diese Affirmation eignet sich oft ausgezeichnet als Einstieg in eine Problemlösung. Probleme lassen sich viel leichter lösen, wenn Sie sie akzeptieren. Wenn Sie ein Problem abwerten, wollen Sie sich auch nicht damit auseinandersetzen. Diese Affirmation reduziert die Abwertung.

Natürlich werden Sie anfangs mit der Aussage in dieser Affirmation nicht übereinstimmen. Aus diesem Grund führen wir die »Einwandspalte« auf, in die Sie Reaktionen, Antworten und Bedenken schreiben, die Ihnen zu dieser Affirmation einfallen. Dieser Prozeß klärt die Einwände, Reaktionen und Bedenken, die Ihr Verstand hat, so daß die Wahrheit der Affirmation sich in Ihrem Leben manifestieren kann. Wir empfehlen Ihnen, die Affirmation in drei Formen zu schreiben: in der ersten Person (ich), in der zweiten Person (du) und in der dritten Person (Ihr Name).

Das kann wie folgt aussehen:

Affirmation	*Einwandspalte*
Es ist okay für mich, übergewichtig zu sein.	Ich hasse es!
Es ist okay für mich, übergewichtig zu sein.	NEIN!
Es ist okay für mich, übergewichtig zu sein.	Ich wünschte, das wäre wahr.
Es ist okay für mich, übergewichtig zu sein.	Ich werde ärgerlich.
Es ist okay für mich, übergewichtig zu sein.	Ich habe keine Lust hierzu.

Wenn Sie etwa ein Drittel der Seite vollgeschrieben haben, fahren Sie in der zweiten Person fort.

Nancy, es ist für dich okay, übergewichtig zu sein.	Das hat mir noch nie jemand gesagt.
Nancy, es ist für dich okay, übergewichtig zu sein.	Keiner wird mich lieben.
Nancy, es ist für dich okay, übergewichtig zu sein.	Wie sollen Menschen mich lieben, wenn ich mich selbst nicht liebe.
Nancy, es ist für dich okay, übergewichtig zu sein.	Das ist ganz schön viel verlangt.

Wenn Sie zwei Drittel der Seite vollgeschrieben haben, fahren Sie in der dritten Person fort.

Es ist für Nancy okay, übergewichtig zu sein.	Meine Mutter hat sich immer Sorgen über mein Übergewicht gemacht, und trotzdem wollte sie, daß ich gut esse.
Es ist für Nancy okay, übergewichtig zu sein.	Ich fühle mich jetzt schon etwas besser damit.
Es ist für Nancy okay, übergewichtig zu sein.	Ich habe immer noch ein bißchen Angst, daß alles nur noch schlimmer wird, wenn ich mich so darauf konzentriere. Vielleicht täte es mir besser, mich gar nicht darum zu kümmern.

Wenn Sie diese Affirmation jetzt eine Zeitlang aufschreiben, werden Sie bemerken, daß Ihre ersten Reaktionen in der Einwandspalte für Sie sehr real und wichtig sind. Denn diese Affirmation enthält eine neue Idee, die Sie einsetzen, um das, was Sie Ihr Leben lang gedacht haben, ins Gegenteil zu verkehren. Wenn Sie fortfahren, die Affirmation aufzuschreiben, werden Ihnen weiterhin Einwände einfallen, die aber zunehmend an Realitätsgehalt und Wichtigkeit verlieren, weil Ihr Verstand sich an die neue Realität gewöhnt, wie sie von der Affirmation beschrieben wird.

Affirmationen für die Veränderung Ihrer Wahrnehmungen oder Interpretationen

1. Es ist okay für ——————————————————————
   zu ————————————————————————.
2. Ich bin es, der/die bestimmt, was mein Verstand denkt.
3. Ich bin jetzt bereit zu sehen, daß meine Lebensgeschichte vollkommen war und ist.
4. Es fällt mir leicht zu sehen, daß alle Menschen, die mich umgeben, liebevolle Absichten haben.
5. Ich habe in jedem Augenblick die absolute Macht, meine Realität und mein Verhalten selbst zu wählen.
6. Ich liebe es, mich getrennt zu fühlen.
7. Je mehr ich es liebe zu sein, was ich bin, desto mehr bin ich, was ich gern sein möchte.
8. Ich bin jetzt mein ideales Selbst.
9. Alles, was ich tue, ist immer gut genug und wird anerkannt und akzeptiert.
10. Ich liebe alles an ————————————————————.
11. ——————————————————————————————
    ist unendlich gut.
12. ———————————————————— ist ————————
    ———————————————————— genug.
13. Alles ist besser als alles andere.
14. Mir geht es gut, ganz gleich ob ————————————————
    ————————————————————.
15. Ich bin glücklich, daß ich die/der bin, die/der ich bin.
16. Ich bin glücklich, daß ich so bin, wie ich bin.

26 Die kreative Kraft des Verstandes

In diesem Kapitel erläutern wir die kreative Kraft des Verstandes und den Prozeß, in dessen Verlauf Gedanken in die Realität projiziert werden und Wirkungen schaffen.

Wenn Sie der festen Meinung sind, daß Menschen grundsätzlich bösartig und falsch sind, und dann jemanden treffen, der Sie freundlich behandelt, werden Sie natürlich annehmen, daß er Sie täuscht und irgendwelche krummen Absichten hat. Aufgrund Ihrer Interpretation seines Verhaltens werden Sie sich wiederum so verhalten, daß der entsprechende Mensch Ihnen gegenüber tatsächlich bösartig *wird*. Wenn Sie denken, ein schlechter Autofahrer zu sein, werden Sie auf diesen Gedanken natürlich damit reagieren, daß Sie tatsächlich schlecht Auto fahren. Wenn Sie glauben, einen Hang zur Armut zu haben, dann werden Sie auch das »Richtige« tun, um ständig arm zu bleiben. Es gibt verschiedene ausgezeichnete Erklärungen für das Phänomen, daß Gedanken die Realität erzeugen, einschließlich mystischer Erklärungen; wenn wir aber sagen, daß das Denken unser Verhalten hervorbringt und unser Verhalten Wirkungen hervorruft, ist das direkt, genau und leicht verständlich. Mit anderen Worten: Bevor Sie handeln, müssen Sie denken. Wenn Sie ins Kaufhaus gehen, müssen Sie zuerst daran denken, es zu tun. Wenn Sie ein Buch lesen, haben Sie vorher daran gedacht, es zu tun. Das Hervorrufen von Wirkungen durch den Verstand kann auch mit dem Begriff des Wachstums ausgedrückt werden, denn worauf Ihr Verstand sich am stärksten konzentriert, das wird in Ihrem Leben am stärksten wachsen.

Natürlich muß man mit dieser Sichtweise nicht übereinstimmen. Sie mögen glauben, daß Ihre persönliche Realität mit dem, was Sie denken, nichts zu tun hat, oder daß sie durch Karma, Glück, Astrologie, Zufall, einen kosmischen Plan, andere Menschen oder die ein oder andere Kombination dieser Dinge bestimmt wird, die alle nichts mit der kreativen Kraft Ihres Denkens zu tun haben. Dadurch bleiben Sie dem Leben gegenüber in einer Position der Hilflosigkeit gefangen, die wiederum unerfreuliche Wirkungen hervorruft, wodurch Sie noch unwilliger werden, die Verantwortung für Auswirkungen zu übernehmen, die durch Ihre Gedanken hervorgerufen wurden. Oder anders gesagt: Ihre Ergebnisse werden der Beweis für die kreative Kraft Ihres Gedankens sein, daß Sie Ihre Realität nicht erschaffen haben. Ihre unbewußten Gedanken und Überzeugungen beeinflussen Ihr Verhalten und die Ergebnisse in Ihrem Leben zumindest ebenso stark wie Ihre bewußten Gedanken und Überzeugungen. Um Ihren Verstand wirkungsvoll dafür einsetzen zu können, bewußt beabsichtigte Wirkungen zu schaffen, müssen Sie sich Ihrer unbewußten Gedanken immer wieder bewußt werden, um diejenigen ändern zu können, die etwas anderes bewirken, als Sie wollen. Affirmationen bringen sämtliche Gedanken zum Vorschein, die im Widerspruch zur affirmativen Aussage stehen. Diese widersprechenden Gedanken können dann mit Hilfe von Affirmationen verändert werden.

Wenn Sie die Auffassung erst einmal akzeptieren, daß Ihre Realität eine Projektion Ihres Verstandes ist, werden Sie sich immer weniger als Opfer fühlen und immer weniger den Wunsch verspüren, mit Ihren negativen Überzeugungen Recht zu haben. Wenn Sie akzeptieren, daß Ihre Realität eine Projektion Ihres Verstandes ist, schenken Sie sich selbst die Möglichkeit, Ihr Leben nach Ihren Wünschen zu gestalten.

27 Die Anziehungskraft des Verstandes

Alle Ihre bewußten und unbewußten Bedürfnisse werden Sie – mal subtiler, mal weniger subtil – motivieren, dafür zu sorgen, daß Sie sie befriedigen.

Eines der grundlegendsten Bedürfnisse Ihres Verstandes ist das Bedürfnis, Recht zu haben. Immer wenn Ihr Verstand denkt, ein Gedanke sei wahr, wird er Beweise in Ihrem Leben schaffen, die ihn bestätigen. Ohne diesen Mechanismus würde Ihr Verstand nicht normal funktionieren, weil er seinen eigenen Daten nicht trauen könnte. Deswegen wird Ihr Verstand Sie beharrlich zu Erfahrungen hinführen, die die Richtigkeit Ihrer Gedanken beweisen.

Wenn Sie zum Beispiel denken, daß Geschäftsleute Sie betrügen wollen, wird dieser Gedanke Sie zu Geschäftsleuten führen, die Sie tatsächlich betrügen wollen. Da die aufrichtigen Geschäftsleute wahrscheinlich in der Mehrzahl sind, müssen Sie schon einige Schwierigkeiten auf sich nehmen, um permanent auf unehrliche Geschäftsleute zu stoßen. Aber das Bedürfnis Ihres Verstandes, Recht zu haben, ist so stark, daß die Scharlatane unter den Geschäftsleuten sich bis zu Ihrer Tür durchschlagen werden, solange Sie Ihre Gedanken nicht ändern.

Dieses Phänomen ist als »Anziehungskraft des Verstandes« bekannt, und Sie können es zu Ihrem Vorteil einsetzen, indem Sie Ihre Gedanken und Schlußfolgerungen mit Bedacht wählen.

28 Der wirkungsvolle Umgang mit Affirmationen

Es gibt viele wirkungsvolle Umgangsweisen mit Affirmationen, die auch Spaß machen. Hier eine Aufzählung der von uns bevorzugten:

Beweise (werden in diesem Kapitel genauer beschrieben)

Geschriebene oder getippte Wiederholungen ohne Einwände

Geschriebene oder getippte Wiederholungen mit Einwänden (werden in diesem Kapitel genauer beschrieben)

Schreiben Sie die Affirmation auf eine Karte und tragen Sie sie in Ihrer Brieftasche bei sich

Lassen Sie sich die Affirmation auf Ihren Handrücken tätowieren

Malen Sie ein Schild und hängen Sie es so auf, daß Sie ständig daran vorbeikommen

Nehmen Sie eine Affirmationskassette auf (wird in diesem Kapitel genauer beschrieben)

Visualisieren Sie

Arbeiten Sie die Affirmation in Gespräche ein

Erzählen Sie sie jemandem, der zustimmen wird

Erzählen Sie sie jemandem, der anderer Meinung sein wird

Erzählen Sie sie Ihrem Spiegelbild

Erzählen Sie sie Gott oder einem Bildnis von Jesus, Krishna, Buddha, Ihrem Guru und so weiter

Sagen Sie sie, wenn Sie Sport machen

Lesen Sie sie

Sagen Sie sie in Gedanken

Sagen Sie sie Ihrem Partner/Ihrer Partnerin solange, bis er/sie davon überzeugt ist, daß sie für Sie stimmt

Brüllen Sie sie aus vollem Herzen

Rezitieren Sie sie

Singen Sie sie

Zeichnen Sie eine entsprechende Karikatur und schreiben Sie die Affirmation in die Sprechblase.

Affirmationsbeweise

Die Wirkungen einer Affirmation setzen in dem Moment ein, in dem Ihr Verstand sie als Wahrheit akzeptiert. Wenn man mit den entsprechenden Techniken umgehen kann, sind Beweise die wirkungsvollste Möglichkeit, mit Affirmationen zu arbeiten. Eine Affirmation sollte immer eine einfache Aussage über Sachverhalte sein, mit der Ihr Verstand üblicherweise übereinstimmen kann oder auch nicht. Wenn Sie sechs oder sieben Aussagen entwickeln, die Ihrem Verstand beweisen, daß die Affirmation wahr ist und immer wahr gewesen ist, wird dadurch die erwünschte Veränderung hervorgerufen, vorausgesetzt, Sie benutzen die richtige Affirmation. Sind mehrere Seiten Ihres unbewußten Verstandes mit der Affirmation nicht einverstanden, dann müssen Sie jede dieser Seiten davon überzeugen.

Wiederholt geschriebene oder getippte Affirmationen mit Einwänden

Dies ist unseres Wissens generell die effektivste Methode, mit Affirmationen zu arbeiten. Sie hat zahlreiche Vorteile. Wenn Sie die Affirmation aufschreiben, können Sie besser darüber nachdenken. Die Einwände helfen Ihnen nicht nur, herauszufinden, was Ihr Verstand gedacht hat (und das ist von wesentlicher Bedeutung, denn eine Affirmation wirkt nur, wenn Sie den richtigen Gedanken verändern), sondern machen beim Erfinden von Affirmationen mit am meisten Spaß (bei den Einwänden können Sie »Detektiv« oder »Goldsucher« spielen). Beim Schreiben oder Tippen müssen Sie außerdem weite Teile Ihres Gehirns und mindestens zwei Sinne einsetzen, wodurch sich die Affirmation Ihrem Verstand nachdrücklicher einprägen kann. Ihr Verstand ist einzigartig, und auch Ihr Affirmationsprozeß wird sich im Laufe der Zeit zu Ihrem ganz persönlichen Prozeß entwickeln. Wir zeigen Ihnen hier eine ausgezeichnete Anwendungsmethode für Affirmationswiederholungen mit Einwänden. Sie können sie ohne weiteres abändern, wenn Sie denken, daß sie dadurch einfacher und wirkungsvoller wird und Ihnen mehr Spaß macht. Wir möchten Sie zu Experimenten ermutigen.

Die folgenden Anweisungen sind genau, ausführlich, gründlich und prägnant. Wenn Sie sich beim Lesen verwirrt oder überfordert fühlen, dann genießen Sie diese Gefühle und schauen Sie sich das Beispiel im Anschluß an die Anweisungen an. Durch das Beispiel wird Ihnen der Ablauf ganz klar werden.

1) Legen Sie genau fest, was Sie verändern möchten.

2) Fangen Sie mit der besten Affirmation an, die Ihnen bis jetzt eingefallen ist, um diese Situation positiv zu beschreiben. Bleiben Sie offen für bessere Affirmationen, die Ihnen noch einfallen können.

3) Machen Sie am oberen linken Seitenrand ein Sternchen, und schreiben Sie die Affirmation daneben.

4) Unter die Affirmation schreiben Sie in Klammern den Einwand, der Ihnen dazu einfällt. Wenn Ihnen kein Einwand kommt, dann schreiben Sie den Einwand auf, der Ihnen gekommen wäre, wenn Sie einen gehabt *hätten*. Schreiben Sie zu jeder Wiederholung der Affirmation einen Einwand auf (außer zu der letzten eines Durchgangs), und schreiben Sie niemals innerhalb von 24 Stunden zu einer Affirmation denselben Einwand zweimal auf.

5) Machen Sie unter dem Einwand am linken Seitenrand ein weiteres Sternchen. Entwickeln Sie eine Affirmation, die den Einwand, den Sie gerade aufgeschrieben haben, in eine positive Aussage umwandelt. Schreiben Sie sie neben das Sternchen. Wenn die Antwort, die Ihnen als erstes kam, bereits vollkommen positiv war, dann halten Sie sich entweder selbst zum Narren oder arbeiten mit der falschen Affirmation. Wenn Ihr Verstand die Affirmation, mit der Sie gerade arbeiten, bereits *vollständig* akzeptiert, ergibt es natürlich keinen Sinn, sie wiederholt aufzuschreiben! Entwickeln Sie für jeden Ihrer Einwände eine neue Affirmation oder – falls nötig – auch mehrere Affirmationen. Wir werden in diesem Kapitel noch genauere Anweisungen für die Entwicklung geeigneter Affirmationen geben.

Das Sternchen am Rande soll Ihnen helfen, Ihre neue Affirmation leicht aufzufinden; machen Sie also nur dann ein Sternchen, wenn Sie eine Affirmation das erste Mal aufschreiben. Wenn Sie Ihre Affirmationen in ein Notizbuch schreiben, können Sie anhand der Sternchen auf jeder Seite immer auf einen Blick eine Fülle sehr guter Affirmationen ausfindig machen.

6) Jetzt schreiben Sie erneut Ihre *erste* Affirmation auf. Natürlich machen Sie dieses Mal kein Sternchen am Rande, weil Sie das bereits beim ersten Mal getan haben. Auch wenn Ihnen weitere sehr gute Affirmationen einfallen, die Sie unbedingt gleich ausprobieren möchten, sollten Sie zunächst einen ganzen Durchgang nur mit Ihrer ersten Affirmation machen, statt von einer Affirmation zur anderen zu springen. Wenn Sie aber *sehr gern* zu der neuen Affirmation übergehen möchten, können Sie das natürlich tun. Vertrauen Sie Ihrer Intuition.

7) Schreiben Sie wiederum den Einwand auf, der Ihnen zu dieser Wiederholung Ihrer ersten Affirmation einfällt, und dann entwickeln

Sie eine weitere Affirmation, um den neuen Einwand in eine positive Aussage umzuwandeln. Dann schreiben Sie Ihre erste Affirmation erneut auf und so weiter.

8) Wenn Sie die Affirmation dreimal in der ersten Person aufgeschrieben haben, wechseln Sie zur zweiten Person über und fahren fort wie zuvor. Nach drei Wiederholungen in der zweiten Person wechseln Sie zur dritten Person über. Nach der dritten Wiederholung in der dritten Person schreiben Sie Ihre erste Affirmation noch einmal *ohne Einwand* in der Ich-Form auf. Jetzt haben Sie Ihre erste Affirmation zehnmal wiederholt und neun neue Affirmationen entwickelt. Wenn Sie den brennenden Wunsch verspüren, auch auf die letzte Wiederholung Ihrer Affirmation zu antworten, dann empfehlen wir Ihnen, gleich im Anschluß einen weiteren Durchgang von zehn Wiederholungen zu machen. Vielleicht möchten Sie auch einen Zehner-Durchgang mit einer der neuen Affirmationen machen, die Ihnen gerade eingefallen sind, oder vielleicht haben Sie auf etwas ganz anderes Lust. Wenn Sie etwas anderes machen möchten, und es sich dabei um eine Tätigkeit handelt, mit der Sie gewohnheitsmäßig unterdrücken, dann empfehlen wir Ihnen, sich stattdessen lieber zu rebirthen oder weitere Affirmationen zu schreiben. Wenn Sie Ihre Gefühle aber unbedingt unterdrücken möchten, dann empfehlen wir Ihnen, die unterdrückende Tätigkeit hundertprozentig zu genießen! Affirmationen aktivieren oft Emotionen, und wenn Sie Ihre Affirmationen sorgfältig und klug einsetzen, werden sie Ihnen auch helfen, diese Emotionen zu integrieren.

Beispiel für Affirmationen mit Wiederholungen und Einwänden

Nehmen wir an, Carl beschließt das Rauchen aufzugeben. Eine gute Affirmation für diesen Zweck wäre: »Mein Bedürfnis zu rauchen ist bereits restlos befriedigt. Von jetzt an und für immer beschließe ich, nur noch saubere, frische Luft zu atmen.« Sein Affirmations-Durchgang sieht wie folgt aus:

● Mein Bedürfnis zu rauchen ist bereits restlos befriedigt. Von jetzt an und für immer beschließe ich, nur noch saubere, frische Luft zu atmen.
(Quatsch! Das funktioniert doch nie!)
● Ich weiß, wie ich es praktisch anfangen kann, jede ungewollte Gewohnheit mit Hilfe von Affirmationen zu beseitigen.
Mein Bedürfnis zu rauchen ist bereits restlos befriedigt. Von jetzt an und für immer beschließe ich, nur noch saubere, frische Luft zu atmen.
(Hach! Wirklich? Dabei möchte ich auf der Stelle eine Zigarette rauchen!)

● Ich unterstütze erfolgreich mein Bedürfnis, von jetzt an und für immer nur noch saubere, frische Luft zu atmen.

Mein Bedürfnis zu rauchen ist bereits restlos befriedigt. Von jetzt an und für immer beschließe ich, nur noch saubere, frische Luft zu atmen.

(Grrr! Ich kann mir noch nicht einmal vorstellen, nicht mehr zu rauchen!)

● Ich betrachte mich immer als Nichtraucher.

Carl, dein Bedürfnis zu rauchen ist bereits restlos befriedigt. Von jetzt an und für immer beschließt du, nur noch saubere, frische Luft zu atmen.

(Niemand hat mir zu sagen, was ich tun und lassen soll.)

● Gute Vorschläge nehme ich mit jeder Faser meines Wesens von allen Menschen dankbar an.

Carl, dein Bedürfnis zu rauchen ist bereits restlos befriedigt. Von jetzt an und für immer beschließt du, nur noch saubere, frische Luft zu atmen.

(Aha! Nach all der Raucherei habe ich sowieso nichts besseres verdient, als zu sterben.)

● Ich beschließe, für immer bei vollkommener Gesundheit zu sein, ich verdiene es, für immer bei vollkommener Gesundheit zu sein, ich lebe für immer in vollkommener Gesundheit.

● Ich verzeihe mir, daß ich früher geraucht habe.

● Ich bin dankbar, für die saubere, frische Luft, die ich hier und jetzt atme.

Carls Bedürfnis zu rauchen ist bereits restlos befriedigt. Von jetzt an und für immer beschließt er, nur noch saubere, frische Luft zu atmen.

(Platsch-Knatsch, Jupp Heidiii . . . und er lebte glücklich bis in alle Ewigkeit. Amen. Grrr!)

● Ich habe mein Bedürfnis, zynisch zu sein, bereits restlos befriedigt. Von jetzt ab beschließe ich, dankbar zu sein für all den Segen, der mir geschenkt wird.

Carls Bedürfnis zu rauchen ist bereits restlos befriedigt. Von jetzt an und für immer beschließt er, nur noch saubere, frische Luft zu atmen.

(Carl ist ein Sprücheklopfer, und selbst wenn er wollte, könnte er das Rauchen nicht aufgeben.)

● Ich habe bereits erfolgreich mit dem Rauchen aufgehört!

● Ich habe unendlich viel Hochachtung für meine Menschlichkeit.

Carls Bedürfnis zu rauchen ist bereits restlos befriedigt. Von jetzt an und für immer beschließt er, nur noch saubere, frische Luft zu atmen.

(Ja, Carl ist ein netter Kerl, er hat die Freuden des Rauchens verdient.)

● Ich bin ein unendlich netter Kerl und verdiene es, saubere, frische Luft zu atmen.

Mein Bedürfnis zu rauchen ist bereits restlos befriedigt. Von jetzt an und für immer beschließe ich, nur noch saubere, frische Luft zu atmen.

Tips für Kassetten

Affirmationskassetten eignen sich für die Arbeit mit Affirmationen ausgezeichnet. Sie können sich die Kassetten bei vielen anderen Aktivitäten und sogar im Schlaf anhören und dadurch viel Zeit sparen. Der unbewußte Verstand empfängt die Affirmationen direkt, ganz gleich, ob der bewußte Verstand mithört oder nicht. Hier einige Vorschläge, wie Sie mit Ihren Affirmationskassetten viel Spaß haben und sie am effektivsten gestalten können:

1) Nehmen Sie entweder ein hochwertiges Endlosband (die billigeren können mit der Zeit Ihren Recorder beschädigen) oder eine Dreißig-Minuten-Kassette, das heißt je Seite fünfzehn Minuten Spielzeit. Eine Kassette mit längerer Spielzeit bedeutet mehr Aufwand bei der Aufnahme und beim Überspielen, falls Sie die aufgenommenen Affirmationen verbessern möchten, was sicher der Fall sein wird.

2) Nehmen Sie die Affirmationen auf, nachdem Sie die wichtigsten Ihrer negativen Einwände im schriftlichen Wiederholungsprozeß ausgearbeitet haben.

3) Vergewissern Sie sich, daß jeder Satzteil einer Affirmation, die Sie aufnehmen, positiv ist, das heißt, eine Affirmation sollte nur dann aufgenommen werden, wenn Sie die Kassette an jeder beliebigen Stelle laufen lassen können und immer noch eine vollkommen positive Botschaft hören.

4) Achten Sie auch darauf, daß auf Kassette gesprochene Affirmationen keine Wortspiele oder Doppeldeutigkeiten enthalten, die Ihr unbewußter Verstand negativ interpretieren könnte. Wenn Sie aber das Talent haben, Affirmationen mit Wortspielen und Doppeldeutigkeiten zu entwickeln, die ausschließlich positive Botschaften enthalten, dann eignen diese sich besonders gut für die Aufnahme.

5) Sprechen Sie in einem Tonfall, als ob Sie die Affirmation in der Unterhaltung mit Freunden als eine simple Aussage über Tatbestände mitteilen würden.

6) Eine sanfte, angenehme Musik kann Ihre Affirmationen im Hintergrund begleiten, was nützlich sein kann, aber nicht unbedingt notwendig ist. Musik mit sechzig Taktschlägen in der Minute wäre ideal.

7) Nach Aussage einiger einschlägig bewanderter Psychologen soll Ihre Kassette am wirkungsvollsten sein, wenn Sie vier Sekunden lange Sätze mit vier Sekunden langen Pausen dazwischen aufnehmen. Auch das kann nützlich sein, ist aber nicht unbedingt notwendig.

8) Es ist sinnvoll, wenn sämtliche Affirmationen auf einer Kassette sich auf ein Thema beziehen.

Im Verlaufe dieses Buches versorgen wir Sie mit einer Fülle von Affirmationen zu den verschiedensten Themen. Wir schlagen Ihnen vor, mit denen zu arbeiten, die Ihnen am besten gefallen, sowie mit denen, über die Sie sich am meisten aufregen. Meistens stellen wir die Affirmationen in der ersten Person vor und überlassen es Ihnen, sie in die zweite und dritte Person umzuformulieren. In diesem Abschnitt vermitteln wir Ihnen außerdem alles, was Sie wissen müssen, um für sich selbst hervorragende Affirmationen entwickeln zu können.

1) Seien Sie prägnant, ehrlich und direkt, wenn Sie sich selbst das Problem oder den Einwand mitteilen, für das oder den Sie eine Affirmation entwickeln. Wenn Sie das erste Mal mit Affirmationen arbeiten, kann es für Sie von Nutzen sein, wenn Sie Ihr Problem in den kürzesten Satz fassen, der es wirklich ausdrückt.
2) Gehen Sie klug vor und seien Sie kreativ. Diese Eigenschaften entwickeln sich mit zunehmender Übung von selbst, und Sie können sie auch mit Hilfe von Affirmationen entwickeln.
3) Mit der einfachen Umkehrung läßt sich meistens gut arbeiten. »Einfache Umkehrung« bedeutet, das Gegenteil des Problems oder der negativen Überzeugung kurz und bündig zu formulieren. Wenn Sie zum Beispiel denken, »Ich bin nicht gut genug«, würde die Affirmation lauten: »Ich bin gut genug«.
4) Schließen Sie gute Freundschaft mit Ihrem Verstand. Fassen Sie die Affirmation in Worte, die Ihr Verstand beim Denken bereits benutzt. Die Affirmationen in diesem Buch sind in deutsch geschrieben. Wenn Sie in einem Ihrer früheren Lebensabschnitte eine andere Sprache gesprochen haben, legen wir Ihnen ausdrücklich nahe zu versuchen, Ihre Affirmationen in diese Sprache zu übersetzen und sie in dieser Sprache aufzuschreiben oder aufzunehmen. Diese Technik ist auch dann von Nutzen, wenn Sie sich an diese Sprache gar nicht mehr erinnern und für die Übersetzung ein Wörterbuch benutzen müssen. Wir haben mit vielen Menschen gearbeitet, in deren Kindheitsumgebung eine Fremdsprache gesprochen wurde, die als Erwachsene aber nur noch die Sprache dieses Buches verstehen und sprechen. Diese Menschen waren erstaunt und erfreut über den gewaltigen Umwandlungsprozeß, der durch den Gebrauch von Affirmationen in ihrer Kindheitssprache in Gang gesetzt wurde.
5) Außer bei wenigen Ausnahmen werden Sie die besten Wirkungen erzielen, wenn Sie jeden Teil der Affirmation positiv formulieren.

6) Flechten Sie Ihren eigenen Namen in die Affirmation ein, außer wenn es sehr umständlich ist. Der beste Name (wenn Sie im Laufe Ihres Lebens mehrere Namen gehabt haben) ist meistens der, mit dem Sie als Kind von Ihrer Familie gerufen wurden.

7) Benutzen Sie für Ihre Affirmationen möglichst Umgangssprache.

8) Formulieren Sie die Affirmation so, daß sowohl Ihre »edelsten« als auch Ihre »niedrigsten« Gedanken, sowie Ihre »besten« und »schlimmsten« Gefühle zum Vorschein kommen. Haben Sie keine Hemmungen, übertrieben positiv zu sein.

9) Halten Sie die Affirmation so kurz und einfach wie möglich. Wenn Sie Affirmationen mit der Hand schreiben, ist es sowieso sinnvoll, sie möglichst knapp zu formulieren. Getippt können sie etwas länger und auf Kassette gesprochen am längsten sein. Meistens gilt, daß alles, was Sie in einer langen Affirmation sagen, mit einer kurzen Affirmation besser ausgedrückt werden kann.

10) Benutzen Sie keine sprachlichen Wendungen, die in irgendeiner Form besagen, daß Sie von einer negativen Ausgangssituation zu einer positiven überwechseln. Benutzen Sie nur die folgende oder eine ähnliche Vorlage:

»_____ ist bereits vollkommen, und _____ wird von Tag zu Tag besser«.

Wir stellen Ihnen hier mehrere Affirmationsbeispiele vor, die wir *nicht* für empfehlenswert halten, sowie alternative Formulierungen desselben Tatbestandes, die ihn einfacher und positiver ausdrücken:

Nicht empfehlenswert:
1. Ich erhole mich ganz schnell von meiner Krankheit.
2. Meine geschäftlichen Konkurrenten leiden am meisten unter der augenblicklichen Wirtschaftskrise.
3. Wenn ich mich über etwas aufrege, zwinge ich mich, an etwas anderes zu denken.
4. Ich bin mit meiner Negativität nur so lange festgefahren, wie ich mich weigere zu vergeben.

Einfache, positivere Form:
1. Mein Körper ist gesund und wird ganz schnell noch gesünder.
2. Der Erfolg meines Geschäfts wird von allen Seiten unterstützt.
3. Mein Verstand und meine Emotionen sind für mich eine Quelle des Vergnügens.
4. Mein natürlicher Wunsch zu vergeben läßt alles immer besser werden.

Einige zusätzliche Vorschläge für die Anwendung von
Affirmationen

1) Je häufiger Sie Affirmationen anwenden und sich rebirthen, desto schneller werden Sie den Umfang Ihrer allgemeinen »negativen Mentalität« verringern und desto schneller werden Ihre Affirmationen wirken.

2) Begeben Sie sich ohne Umschweife in die Gebiete, die Sie am negativsten besetzt haben, selbst wenn dadurch die Gefühle hochgebracht werden, die Sie unbedingt vermeiden wollen.

3) Wählen Sie die Menschen sorgfältig aus, denen Sie von Ihren verschiedenen Affirmationsprojekten erzählen. Einige werden Sie dabei unterstützen, andere aber nicht. Pflegen Sie die Freundschaft mit den Menschen, die Sie unterstützen.

4) Je stärker Sie im Umgang mit Affirmationen eine spielerische Haltung einnehmen und sie als Hobby betrachten, das viel Spaß macht, statt zu denken, daß Sie sie unbedingt brauchen, desto besser werden Ihre Affirmationen wirken.

5) Gehen Sie mit sich und Ihrer eigenen Entwicklung sehr liebevoll und geduldig um.

6) Wenn Ihnen zu einer Affirmation sehr viele Einwände kommen, können Sie gleich eine »Einwands-Inventur« machen, statt für jede wiederholte Affirmation eine Antwort aufzuschreiben. Schreiben Sie einfach die Affirmation einmal oben auf die Seite, darunter alle Einwände, die Ihnen dazu kommen, und dann entwickeln Sie positive Umkehrungen der Einwände. Dann machen Sie die Wiederholungen.

7) Wenn Sie mit einem Affirmationsprojekt beginnen, um Gedanken zu verändern, die sich auf ein wichtiges Lebensgebiet beziehen, ist eine »Affirmations-Inventur« als erster Schritt gut geeignet, das heißt Sie schreiben alle Affirmationen auf, die Ihnen in Bezug auf Ihr Thema einfallen. Dann machen Sie Wiederholungen mit den Affirmationen, die Ihnen am besten gefallen, sowie mit denen, über die Sie sich am meisten aufregen.

8) Wenn Sie mit einer Affirmation ganz besonders gründlich verfahren möchten, schlagen wir Ihnen eine »Affirmations-Diät« vor, das heißt Sie schreiben oder tippen eine Woche lang täglich sieben Durchgänge von zehn Wiederholungen.

9) Manchmal manifestieren sich die Wirkungen einer Affirmation sofort, *nachdem* man *aufgehört* hat, diese Affirmation anzuwenden. Aus diesem Grund schlagen wir Ihnen vor, daß Sie spätestens nach

sieben Tagen kontinuierlicher Anwendung aufhören, mit einer Affirmation zu arbeiten.

10) Wie die meisten Menschen, die mit Affirmationen arbeiten, werden
sicherlich auch Sie immer wieder erstaunt sein, wenn Ihre Affirmation
wirkt, ganz gleich wie oft Sie das schon erlebt haben. Jedes Mal, wenn
eine Affirmation nicht innerhalb von (höchstens!) zehn Tagen offensichtliche Wirkungen zeigt, heißt das, daß Sie die falsche Affirmation
benutzt haben. Sie müssen herausfinden, welcher Ihrer Gedanken für
die Situation, wie sie ist, verantwortlich ist, und dann *diesen* Gedanken
ändern, um die Wirkungen unverzüglich hervorzurufen.

29 Lösungen für verbreitete Schwierigkeiten
beim Umgang mit Affirmationen

Wir haben langjährige Erfahrungen damit, Menschen bei der Anwendung von Affirmationen zu helfen. Uns ist aufgefallen, daß es gewisse
Schwierigkeiten gibt, die dabei immer wieder auftauchen und verhindern, daß Menschen in den Genuß der unmittelbaren Wirkungen
kommen, die durch Affirmationen hervorgerufen werden können. In
diesem Kapitel stellen wir Lösungen für diese Schwierigkeiten vor.
Bevor wir auf Einzelheiten eingehen, möchten wir Ihnen zwei allgemeine Hilfestellungen anbieten:

Die wichtigste Affirmation – alle Aussagen sind gleich wahr

Denken Sie daran, daß Affirmationen kein Hokus-Pokus-Zauber sind:
sie sind eine Möglichkeit, Zusammenhänge und Blickwinkel zu verändern. Die Aussage »Alle Aussagen sind gleich wahr«, soll es Ihrem
Verstand erleichtern, Zusammenhänge zu verändern. Oder anders
gesagt: Sie befreit Ihren Verstand von seinem Kampf, beweisen zu
müssen, daß er immer Recht hat. Es gibt unzählige Zusammenhänge
oder Blickwinkel, in deren Rahmen Sie Ihr Leben betrachten können;
durch Anwendung dieser Affirmation werden Abwertungen reduziert.

Sie sollten das, was Sie verändern, genau kennen

Es wird Ihnen bedeutend leichter fallen, die Ideen und Techniken dieses Buches anzuwenden und Spaß damit zu haben, wenn Sie Ihr Leben als eine angenehme Reise statt als einen Kampf um Selbstentfaltung betrachten. Jede Reise beginnt an Ihrem Ausgangsort, und genau zu wissen, wo Sie gerade stehen, ist wichtig, damit Sie dorthin kommen können, wo Sie hin möchten. Wenn Sie zum Beispiel in Los Angeles sind und nach Chicago möchten, sich aber weismachen, daß Sie sich in Dallas befinden, werden Sie am Ende in Seattle landen. Es ist gut, jedes Mal, wenn Sie das Gefühl haben, daß eine Affirmation Ihr gewünschtes Ergebnis nicht bewirkt, zu überprüfen, ob Ihre Affirmation sich wirklich auf den Gedanken bezieht, der das Problem verursacht, das Sie lösen möchten.

Spezielle Lösungen für spezielle Probleme

Oft ist es gut, wenn wir Affirmationen zum Affirmationsprozeß entwickeln. Wir stellen hier für jedes Problem eine Affirmation vor, die nach unserer Erfahrung hilft, es zu lösen.

Problem: »Affirmationen bewirken nichts«.
Lösungs-Affirmation: »Meine Affirmationen wirken immer und schaffen genau die wunderbaren Ergebnisse, die ich beabsichtige«.

Problem: »Zu affirmieren ist schwere Arbeit«.
Lösungs-Affirmation: »Mit Affirmationen zu spielen ist eins meiner Hauptvergnügen«.
»Ich verzeihe meinem Lehrer, daß er mich zur Strafe seitenweise Sätze schreiben ließ.«

Problem: »Mir fehlt die Zeit für Affirmationen«.
Lösung: Sollten Sie ein sehr beschäftigter Mensch sein, empfehlen wir Ihnen, ein kleines Notizbuch bei sich zu tragen, in das Sie Affirmationen schreiben, während Sie auf Gesprächspartner oder auf die U-Bahn warten oder zu anderen Ausfallzeiten während des Tages. Sie können es sich auch zur Gewohnheit machen, jeden Morgen vor der Arbeit eine Viertelstunde lang Affirmationen zu schreiben. Benutzen Sie die Affirmation: »Ich habe immer Zeit für Affirmationen«.

Problem: »Ich habe Angst vor den negativen Gedanken und Gefühlen, die bei mir hochkommen, wenn ich Affirmationen entwickele«.
Lösung: Machen Sie Rebirthing. Benutzen Sie die Affirmation: »Es ist sicher und macht mir Spaß, mir anzuschauen, was ich gedacht habe«.

Problem: »Meine Affirmationen stimmen nicht«, oder »Ich führe mich mit Affirmationen an der Nase herum«.

Lösung: Lesen Sie sich den ersten Teil dieses Buches noch einmal durch. Denken Sie daran, daß Lügen sich immer auf *Inhalte* beziehen und es bei Affirmationen darum geht, den *Zusammenhang oder Blickwinkel* zu verändern. Ein Wechsel des Zusammenhangs ist keine Lüge. Denken Sie sich vier oder mehr Beweise für die Richtigkeit Ihrer Affirmation aus. Fahren Sie fort, mit der Affirmation »Alle Aussagen sind gleich wahr« zu arbeiten.

Problem: »Mir fallen keine guten Affirmationen ein, mit denen ich meine Einwände ins Positive umkehren kann«.

Lösungs-Affirmation: »Mein kreativer Verstand hat das praktische Wissen, um für jede Gelegenheit eine Fülle hervorragender Affirmationen zu entwickeln«.

Problem: »Die guten Dinge im Leben entstammen nicht meinem Verstand, sondern kommen von Gott, von anderen Menschen, durch harte Arbeit und so weiter«.

Lösungs-Affirmation: »Mein Verstand ist vereint mit dem Prozeß, der meine Realität erschafft«.

Problem: »Das ist doch nicht so wichtig«.

Lösung: Lesen Sie den sechsten Teil dieses Buches und benutzen Sie die Affirmation, »Meine Ziele sind wichtig und sie sind es wert, daß alles getan wird, um sie zu erreichen«.

30 Einige nützliche Affirmationsmodelle

Die wichtigste Affirmation:
Alle Aussagen sind gleich wahr.

Einfache Umkehrung:
Wenn der negative Gedanke lautet, »Ich bin zu alt, um mich zu verändern«, könnte die Affirmation heißen, »Ich bin jung genug, um mich zu verändern«.

Affirmationsmodus (füllen Sie die Leerstellen mit positiven Aussagen aus):
Alle meine Anteile _____.
_____, ganz gleich ob ____
_____
ob mein Verstand das denkt oder nicht.
(Im nächsten Kapitel führen wir zahlreiche Affirmationsmodi sowie einen Prozeß für deren Anwendung auf.)

Affirmationsvorlage (füllen Sie die Leerstellen mit beliebigen Aussagen aus):
Ich liebe alles an _____.
_____ ist unendlich gut.
(Im übernächsten Kapitel geht es um Affirmationsvorlagen.)

Integrations-Affirmationen (Auflösung von Dualitäten):
Ich liebe alle, und alle lieben mich.
Ich bin unter allen Umständen vollkommen liebenswert.
Ich habe eine hohe Selbstachtung, die alles einbezieht, was mich ausmacht.

Universalschraubenschlüssel-Affirmationen (Sie werfen einen Universalschraubenschlüssel in die Mühlen Ihres Verstandes):
Alles ist besser als alles andere.
Jeder Mensch ist erleuchteter als jeder andere.
Jedes Gefühl fühlt sich besser an als jedes andere.

Verzeihen und danken (führen schnell zur Heilung. Beide bewirken das gleiche, aber Dankbarkeit geht tiefer):
Ich vergebe jedem, der jemals etwas falsch gemacht hat.
Ich bin dankbar für alles, was jeder jemals getan hat.

Abkürzungs-Affirmationen:
Mein Verstand hat die Aufgabe, mich mit Komödien zu unterhalten.
Alles, was ich jemals erfahre, ist eine Manifestation von Gottes unendlicher Liebe zu mir.
Alles entwickelt sich so, wie es soll.

31 Einhundertundeins Affirmationsmodi

Sie finden im ganzen Buch verstreut Affirmationen zu jedem Thema, das erläutert wird. In diesem Kapitel stellen wir Ihnen 101 Affirmationsmodi vor, die Sie anwenden können, um die Entwicklung jeder beabsichtigten Wirkung zu beschleunigen. Wir empfehlen Ihnen, sich die Liste von Affirmationsmodi schrittweise vorzunehmen, und zwar wie folgt: Bestimmen Sie zunächst *ein* für Sie wichtiges, positives Ergebnis, lesen Sie die Liste laut durch, wobei Sie Ihr angestrebtes Ergebnis in die Leerstellen jeder Affirmation einsetzen. Sie müssen die Formulierung Ihres angestrebten Ergebnisses leicht abändern, damit sie sich grammatikalisch in die verschiedenen Modi einfügt. Zum Beispiel paßt manchmal das Wort »Erfolg«, während Sie bei anderen Modi »Erfolg haben« oder »erfolgreich« einsetzen müssen. Es kommt der Wirkung sehr zugute, wenn Sie sich die Affirmationen laut vorsagen und noch besser, wenn Sie sie einem Freund oder einer Freundin laut vorsagen. Der ganze Prozeß dauert etwa zehn Minuten. Denken Sie daran, zu atmen und sich zu entspannen.

1. _____ existiert, damit das Leben für mich angenehm und wohltuend ist.
2. _____ ist für mich eine Quelle des Vergnügens.
3. Es fällt mir leicht _____.
4. Mein _____ ist für jeden von Nutzen.
5. Jeder unterstützt mich dabei, _____.
6. Es ist sicher für mich, _____.
7. Ich bin bereits _____, und ich _____ mit jedem Tage mehr _____.
8. Ich habe das praktische Wissen, um _____ _____.
9. Ich tue von ganzem Wesen alles, was sich für mich am besten eignet, um _____.
10. Ich habe das richtige Alter, um _____.
11. Ich habe die richtige Größe, um _____.
12. Ich habe die richtige genetische Veranlagung, um _____ _____.
13. Ich habe das richtige Geschlecht, um _____ _____.

14. Ich habe das richtige Aussehen und die richtigen Eigenschaften, um
_____.

15. Ich habe mehr als genug Kraft, um _____
_____.

16. Ich habe großes Talent, um _____.

17. Ich wirke im hohen Maße anziehend auf _____
_____, und _____
_____ ist im hohen Maße
anziehend für mich.

18. Ich verdiene es, _____.

19. Es fühlt sich für mich ganz natürlich an, daß _____
_____.

20. Ich weiß, wie ich _____.

21. Ich habe in Bezug auf _____ ein
Erfolgsbewußtsein.

22. Jetzt, wo ich weiß, daß ich alles genießen kann, weiß ich auch, daß
ich alles genieße, was zu tun ist, damit ich _____
_____.

23. Ich bin dankbar, daß es meine Aufgabe ist, _____
_____ zu sein.

24. Ich habe einen natürlichen Hang zu _____
_____.

25. Es ist sicher, daß _____
meine Beziehungen zu allen Menschen verbessert.

26. Ich habe mehr als genug Kraft und Begeisterung, um _____
_____.

27. Ich weiß, wie ich mir von den richtigen Leuten Unterstützung holen
kann, um _____.

28. Ich habe mehr als genug Ausdauer, um _____
_____.

29. Ich habe mehr als genug Zeit, um _____
_____.

30. Ich habe alles, was nötig ist, um _____.

31. Ich habe sehr viel _____.

32. _____ ist gut für mich.

33. Es ist gut für mich, _____
zu haben.

34. Es ist gut für mich, _____
zu sein.

35. Ich verzeihe mir, daß ich nicht bereits mehr _____
_____.

36. Ich verzeihe mir, daß ich in der Vergangenheit nicht bereits mehr ___ _____.

37. Ich verzeihe mir, daß ich nicht mehr _____ _____.

38. Ich liebe alles daran, _____.

39. Ich wirke jetzt von ganzem Wesen darauf hin, _____ _____.

40. Ich bin äußerst motiviert, _____.

41. Ich bin mehr als gut genug, um _____.

42. Ich bin bereit, alles zu tun, was nötig ist, um _____ _____.

43. Meine Mutter ist einverstanden mit mein . . _____ _____.

44. Mein Vater ist einverstanden mit mein . . _____ _____.

45. Meine gesamte Familie unterstützt mich darin, _____ _____.

46. Meine Freunde sind einverstanden mit mein . . _____ _____.

47. Durch _____ werde ich geselliger und humorvoller.

48. Durch _____ werde ich freier.

49. Ich habe bereits die richtigen Gedanken, um _____ _____ und erzeuge ständig weitere richtige Gedanken, um _____.

50. Ich verzeihe mir meine Zweifel daran, daß ich _____ _____.

51. _____ macht mich wohlhabender.

52. Mein Wunsch nach _____ wird von Gott und von der Gesellschaft anerkannt.

53. Gott möchte ganz offensichtlich, daß ich _____ _____.

54. Ich habe das praktische Wissen, wie ich _____ _____ und trotzdem bescheiden bleiben kann.

55. _____ ist der Beweis dafür, daß ich ein guter Mensch bin.

56. _____ beweist, daß ich klug bin.

57. Ich weiß, daß ich _____ werde.

58. Jeder weiß, daß ich _____ werde.

59. Ich kann leicht visualisieren, daß ich _____ _____.

60. Ich bin dankbar dafür, daß ich bereits _____ _____ erreicht habe.
61. Ich bin genau der Mensch, der _____
62. Meine Familiengeschichte unterstützt mich darin, _____ _____.
63. Jetzt ist genau die richtige Zeit, damit ich _____ _____.
64. Meine Bräuche und Gewohnheiten eignen sich immer besser dafür, daß ich _____.
65. _____ fühlt sich für mich vollkommen an.
66. Ich bin mir absolut sicher, daß ich _____ _____ will.
67. _____ beweist, daß ich liebevoll und mitfühlend bin.
68. Die Regierung unterstützt mich darin, _____ _____.
69. Die Gesellschaft unterstützt mich darin, _____ _____.
70. Die ökonomische Situation unterstützt mich darin, _____
71. Die Welt der unbegrenzten Intelligenz hält mein/en ideale/n _____ schon für mich bereit.
72. Ich bin körperlich in der Lage, _____ _____.
73. Ich habe mehr als genug Fähigkeiten und praktisches Wissen, um _____.
74. Ich habe mehr als genug Stärke und Vitalität, um _____ _____.
75. Selbst die widerspenstigste Seite in mir unterstützt mich darin, _____ _____.
76. _____ fasziniert mich.
77. Durch _____ fühle ich mich leicht.
78. Ich bestätige mir, daß ich _____.
79. Ich bin klar genug, um _____.
80. Ich benutze _____, um damit meinen Dienst zu verbessern.
81. Es ist für mich sicher, leicht, angenehm, erfreulich und lohnenswert _____.
82. Ich vervollkommne geduldig und sorgfältig, _____ _____.

83. _____ unterstützt mich dabei, mich ehrlich auszudrücken, und daß ich mich ehrlich ausdrücke, unterstützt mich bei _____.

84. _____ steigert meine Lebendigkeit, meinen Wohlstand und meine Lebensfreude.

85. Ich habe das Recht und sogar die Pflicht, _____ _____.

86. Daß ich existiere, ist ein unendliches Wunder, also ist es offensichtlich leicht, _____ zu manifestieren.

87. _____ ist für mich richtig.

88. _____ ist für mich auf jeden Fall befriedigend.

89. Seit Anbeginn aller Zeiten hat mich das Schicksal vorherbestimmt, _____.

90. Für einen Menschen in meiner sozialen Position ist es angemessen, daß er _____.

91. _____ ist alles wert, was dafür nötig ist.

92. Durch _____ werde ich sexuell noch attraktiver.

93. Ich habe das praktische Wissen, einen Plan zu entwerfen, mit dessen Hilfe ich _____ erreiche.

94. Ich bin absolut entschlossen, _____ _____ zu erreichen.

95. Ich bin mit absoluter Begeisterung dabei, alles und jedes zu tun, was mich _____ näher bringt.

96. Ich bin darauf vorbereitet, _____ und bereite mich weiter darauf vor, _____.

97. Es ist bereits meine Sache, _____ _____, und ich mache es verstärkt zu meiner Sache, ob mir danach ist oder nicht.

98. _____ schenkt mir mit Sicherheit noch mehr Freude, als das, was ich im Augenblick tue.

99. Mein/e _____ bereichert die Vollkommenheit des Universums.

100. Alles, was jemals geschehen ist, hat dazu beigetragen, daß ich ___ _____.

101. Das Universum erfreut sich an meinem/er _____ _____.

Sagen Sie sich oder einem Freund/einer Freundin diese Affirmations-modi, ausgefüllt mit den Ergebnissen, die Sie beabsichtigen, mindestens jeden Morgen und jeden Abend einmal laut vor, bis Wirkungen sichtbar werden.

Zusätzlich können Sie die Affirmationen aufschreiben, die Ihnen am besten gefallen und über die Sie sich am meisten aufregen.

Hier ein Beispiel dafür, wie die Formulierung Ihres beabsichtigten Ergebnisses den verschiedenen Modi angepaßt wird. Als Beispiel nehmen wir *vollkommene Gesundheit*. Und so sehen die ersten zehn Affirmationen für die Erlangung einer *vollkommenen Gesundheit* aus:

1. *Vollkommene Gesundheit* existiert, damit das Leben für mich angenehm und wohltuend ist.
2. *Vollkommene Gesundheit* ist für mich eine Quelle des Vergnügens.
3. Es fällt mir leicht, *vollkommen gesund zu werden und zu bleiben.*
4. *Meine vollkommene Gesundheit zu erreichen und zu behalten,* ist für jeden von Nutzen.
5. Jeder unterstützt mich dabei, *vollkommen gesund zu werden und zu bleiben.*
6. Es ist sicher für mich, *vollkommen gesund zu werden und zu bleiben.*
7. Ich bin bereits *vollkommen gesund,* und ich *werde* mit jedem Tage *gesünder.*
8. Ich habe das praktische Wissen, um *vollkommen gesund zu werden und zu bleiben.*
9. Ich tue von ganzem Wesen alles, was sich für mich am besten eignet, um *vollkommen gesund zu werden und zu bleiben.*
10. Ich habe das richtige Alter, um *vollkommen gesund zu werden und zu bleiben.*

32 Affirmationsvorlagen

Der Unterschied zwischen einer Affirmationsvorlage und einem Affir-mationsmodus besteht darin, daß bei einem Modus etwas *Positives* in die Leerstellen eingefügt werden muß, während aus einer Affirmations-vorlage immer eine positive Affirmation wird, ganz gleich, womit Sie die Leerstellen ausfüllen. Wenn Sie die Leerstellen mit »negativen« Wendungen ausfüllen und die Affirmationen dann wiederholt aufschreiben, ist das eine ausgezeichnete Möglichkeit, Gedanken zu verarbeiten, die Sie emotional stark besetzt haben.

1. Es ist okay für mich _____.
2. Ich liebe alles an _____.
3. _____ ist unendlich gut.
4. _____ ist _____ genug.
5. Mir geht es gut, ganz gleich ob _____
_____ oder nicht.
6. _____ existiert, damit
das Leben für mich angenehm und erfreulich ist.
7. Ich bin unendlich dankbar für _____
_____.
8. Ich verzeihe _____, daß _____.
9. _____ ist erfreulich
unterhaltsam für mich.
10. _____ schenkt mir unendlich
viel Freude und unendlich viel Segen.
11. Ich bin dankbar, daß _____
existiert.
12. _____ inspiriert mich.

33 Wie Sie sich aus Doublebind-Situationen befreien können

In diesem Kapitel beschreiben wir eine Methode, mit deren Hilfe Sie sich aus Doublebind-Situationen befreien können. Wir definieren Doublebind als eine Situation in Ihrem Leben, in der Sie sich festgefahren fühlen. Wenn Sie diese Situation näher untersuchen, werden Sie wahrscheinlich feststellen, daß Sie sich nur zwischen zwei Möglichkeiten die Wahl lassen, die beide unbefriedigend sind.
Und so gehen Sie vor:

1) Fertigen Sie eine Liste mit Situationen an, in denen Sie sich festgefahren fühlen.
2) Finden Sie für jede dieser Situationen heraus, welcher spezielle Doublebind-Mechanismus am Werke ist.

3) Entwickeln Sie für jeden Doublebind-Mechanismus eine Affirmation, die die Dualität beseitigt.

Beispiele:

Festgefahrene Situation	Doublebind	Befreiende Affirmation
1. Ich hasse meine Arbeit.	Weiterarbeiten oder pleite gehen.	Ich habe das praktische Wissen, meinen Lebensunterhalt auf eine für mich erfreuliche Weise zu verdienen.
2. Ich hänge an meinem Freund, obgleich er ein Trottel ist.	Bei meinem Freund bleiben und leiden oder ihn verlassen und unter dem Alleinsein leiden. (Einsamkeit oder Abhängigkeit)	Ich ersetze meine Beziehungen ständig durch bessere Beziehungen. (Beachten Sie, daß das sowohl bessere Beziehungen zu denselben Menschen als auch bessere Beziehungen zu besseren Menschen heißen kann.)
3. Ich muß kämpfen, um zu bekommen, was ich will.	Gewinnen und den anderen schlagen oder verlieren.	Alles, was alle erfahren, befriedigt die Wünsche aller.
4. Ich hasse es, wenn man mir sagt, was zu tun ist.	Sich anpassen oder rebellieren.	Ich tue, was ich richtig finde und stelle dadurch Harmonie mit allen her.

34 Der Beschwerden-Umwandlungsprozeß

Der Beschwerden-Umwandlungsprozeß ist eine Technik, mit deren Hilfe Sie unterdrückte Abwertungsdualitäten integrieren können. Sie wirkt eher auf der Verstandesebene als auf der körperlichen Ebene. Verglichen mit Rebirthing hat dieses Vorgehen seine Vor- und seine Nachteile.

Die Vorteile des Beschwerden-Umwandlungsprozesses

1) Er ermöglicht es Ihnen, genau festzulegen, was Sie integrieren möchten. Beim Rebirthing müssen Sie diese Entscheidung Ihrem Körper überlassen. Wenn Sie etwas Bestimmtes integrieren möchten, kann dieses Thema in einer Rebirthing-Sitzung auftauchen oder auch nicht. Mit dem Beschwerden-Umwandlungsprozeß können Sie jederzeit jedes beliebige Thema bearbeiten.
2) Wenn Sie verstehen, wie der Beschwerden-Umwandlungsprozeß funktioniert, verstehen Sie auch den Prozeß der Integration.
3) Manchmal kann dieser Prozeß einen Menschen dabei unterstützen, verschiedene Formen von Unbewußtheit durchzuarbeiten, die beim Rebirthing auftauchen und nicht integriert werden, weil sie durch Vermeidung von auftauchenden Gefühlen entstehen. Ähnlich wie Rebirthing den Verstand »umgeht«, »umgeht« der Beschwerden-Umwandlungsprozeß den Körper.

Die Nachteile des Beschwerden-Umwandlungsprozesses

1) Er ist weniger wirkungsvoll als Rebirthing, da die Themen »gedanklich« durchgearbeitet werden. Während beim Rebirthing jede Integration meistens nur wenige Sekunden dauert, nimmt jede Integration beim Beschwerden-Umwandlungsprozeß eine Viertel- bis eine ganze Stunde in Anspruch.
2) Gewöhnlich brauchen Sie einen anderen Menschen, der Ihnen dabei hilft. Sie können sich beim Beschwerden-Umwandlungsprozeß zu leicht selbst betrügen, als daß Sie ihn mit durchgehend guten Ergebnissen allein machen könnten.
3) Er funktioniert nicht immer. Rebirthing ist so einfach, daß es immer funktioniert. Der Beschwerden-Umwandlungsprozeß funktioniert nur bei Menschen gut, die einen geschulten, intelligenten Verstand haben, den Prozeß gut beherrschen, ein gründliches Verständnis von Integra-

tion haben sowie eine starke Liebe zur Wahrheit um der Wahrheit willen. Nach unserer Erfahrung funktioniert der Prozeß bei niemandem jedesmal hundertprozentig.

4) Er ist nicht immer »ökologisch«. Wir nennen eine Lösung »ökologisch«, wenn ein Mensch sie mit ganzem Wesen akzeptiert. Wenn beim Rebirthing eine Seite des unbewußten Verstandes etwas integriert und eine andere Seite sich darüber aufregt, wird die aufgebrachte Seite einfach als nächstes hochkommen, um integriert zu werden, das heißt, sie ist das nachfolgende energetische Muster, das aktiviert wird. Wenn der Rebirthee die Sitzung abschließt und sich rundherum gut fühlt, wissen wir, daß sämtliche Integrationen »ökologisch« waren. Beim Beschwerden-Umwandlungsprozeß kommt es manchmal vor, daß die »isolierte« Integration eines Musters andere Seiten des Verstandes aus dem Gleichgewicht bringt. Die Lösung eines Problemes kann Probleme auf anderen Gebieten nach sich ziehen. Niemand hat die Zeit, mit dem Beschwerden-Umwandlungsprozeß Schicht für Schicht zu integrieren. Dieses Problem taucht nicht unbedingt jedesmal auf, aber falls doch, können Sie immer Rebirthing machen, um das »ökologische Gleichgewicht« wieder herzustellen.

Trotz dieser Schwierigkeiten ist der Beschwerden-Umwandlungsprozeß, wenn er funktioniert, ein sehr nützliches Werkzeug, um Integration zu bewirken. Sie können ihn jederzeit unbesorgt anwenden und werden dabei immer wertvolle Einsichten gewinnen, auch wenn Ihr Problem nicht ganz gelöst wird.

Wie Sie beim Beschwerden-Umwandlungsprozeß vorgehen

Die drei wichtigsten Schritte, um mit Hilfe dieses Prozesses Integration zu bewirken, sind:

1. Schritt: Stellen Sie fest, wie Ihre Beschwerde aussieht; formulieren Sie sie einfach und genau.
2. Schritt: Formulieren Sie dieselbe Aussage positiv.
3. Schritt: Formulieren Sie die positive Aussage von Schritt 2 als Gedächtnisstütze, die besagt, daß sie immer und für jede Situation stimmt, und dann beweisen Sie sich, daß diese Gedächtnisstütze stimmt und zwar so lange, bis Ihr Verstand sie vollkommen akzeptiert hat.

Beispiel für die erfolgreiche Anwendung des Beschwerden-Umwandlungsprozesses

[Das folgende Beispiel stammt aus Jim Leonards Erfahrungen beim Einsatz des Beschwerden-Umwandlungsprozesses.]

Wir kommen hier wieder auf Steve aus Kapitel 3 zurück, der feststellte, daß er unbewußt denkt, Hilflosigkeit mache ihn liebenswerter.

1. Schritt:

Als Steve zu mir kam, erzählte er mir, daß er sich mit seinen vierzig Jahren total ohnmächtig fühle, wenn es darum geht, von anderen zu bekommen, was er will. Er sagte, daß er sich jedesmal hilflos fühle und verhielte, wenn er vorhatte, jemanden um etwas zu bitten und nur die leisesten Zweifel daran hegte, ob der andere es ihm geben würde.

Es ist für diesen Prozeß ganz wichtig, daß die Beschwerde so einfach und genau wie möglich formuliert wird. Steve stimmte der Formulierung zu: »Ich fühle und verhalte mich hilflos«.

2. Schritt:

Ich wies Steve an, dieselbe Aussage positiv zu formulieren. Ich erklärte ihm, daß das *nicht* hieße, das positive Gegenteil zu formulieren, wie wir es manchmal beim Affirmations-Prozeß tun (zum Beispiel: »Ich fühle und verhalte mich souverän«.) Der Inhalt muß beim zweiten Schritt derselbe sein wie beim ersten; aber der *Zusammenhang* wechselt.

Steve entgegnete, daß ihm keine positive Formulierung einfiele.

Ich sagte ihm etwa: »Nun, aufgeben kannst du immer, erreichst dann aber nichts. Wenn du das ändern willst, dann gib nicht auf. Nimm dir Zeit und finde heraus, wie es gehen könnte.«

Nach mehreren Minuten war Steve immer noch nichts eingefallen. Der Fachausdruck für diese Situation ist, »in einem negativen Zusammenhang festgefahren sein«.

Ich fragte ihn: »Was ist an diesem Zustand das beste für dich?«

Er dachte einen Moment lang nach und sagte dann: »Nun, wenn Menschen mir auch dann geben, was ich will, wenn ich mich hilflos fühle und verhalte, dann weiß ich, daß sie mich wirklich lieben«.

Somit hatten wir des Rätsels Lösung, und ich notierte, was er gesagt hatte. In mehreren Schritten reduzierten wir seine Aussage auf die einfachste Form und blieben schließlich bei, »Ich bin liebenswert«.

An diesem Punkt des Prozesses ist es gut, den Dualitäts-Mechanismus als Diagramm zu zeichnen und zu überprüfen, ob er stimmt.

Dafür zeichnen wir eine Skala von 0 bis 10 und schreiben die Aussage von Schritt 2 neben 10, das logische Gegenteil (in diesem Fall »Ich bin nicht liebenswert«) neben die Null und die Aussage von Schritt 1 unter den Pfeil, der für die zwanghafte Anpassung steht. Steves Dualitäts-Mechanismus stellt sich wie folgt dar:

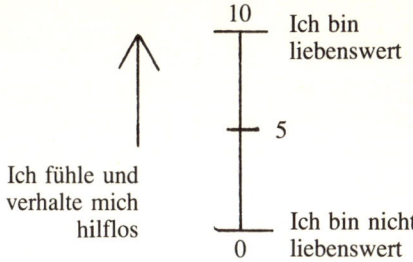

Abbildung 10: Warum Steve sich hilflos fühlt und verhält.

Es war für Steve und mich ganz offensichtlich, daß das der Mechanismus war, der bei ihm ablief.

3. Schritt:
Ich entwickelte für Steve folgende Gedächtnisstütze (was einer Affirmation gleichkommt, aber in diesem Zusammenhang ziehe ich die Bedeutung des Begriffs »Gedächtnisstütze« vor): »Ich bin in jedem Augenblick vollkommen liebenswert, ganz gleich, was geschieht«.
»Fang an, das zu beweisen«, sagte ich ihm.
Einige seiner Beweise waren: »Liebenswert heißt, daß Menschen imstande sind, mich zu lieben. Ich bin immer liebenswert, ganz gleich ob Menschen ihre Liebe zu mir realisieren oder nicht.« – »Alles, was ich tue, befriedigt den Wunsch aller, ich möge es tun.« – »Ich liebe andere, wenn sie sich nicht hilflos verhalten, und deswegen lieben sie mich wahrscheinlich auch, wenn ich mich nicht hilflos verhalte.« – »Alle Aussagen sind gleich wahr.«
Nachdem er sich einige dieser Beweise ausgedacht hatte, veränderten seine Energie und seine Körpersprache sich sichtbar; er hatte die Dualität offenbar integriert.
Eine Woche später traf ich ihn wieder, und er sagte mir, daß sich dieses Verhaltensmuster für ihn völlig geklärt habe.

VIERTER TEIL

Sie und Ihre Vergangenheit

Es gibt zwei wichtige Gesichtspunkte, die wir zu Ihrer Vergangenheit im Hinblick auf Selbstentfaltung anführen möchten.

Der erste ist, daß alles, was in der Vergangenheit geschah, seinen Anteil an der Gestaltung Ihrer Gegenwart hat, welche wiederum Ihr Ausgangspunkt für die Gestaltung Ihrer Zukunft ist. In dem Maße, wie Sie Ihre Vergangenheit abwerten, werten Sie auch Ihre Gegenwart ab, und das führt unweigerlich dazu, daß Sie auch bei der Verwirklichung ihrer zukünftig beabsichtigten Ziele weniger effektiv sind.

Der zweite Punkt ist, obwohl Sie einen Teil Ihrer Vergangenheit unterdrückten, haben Sie all das überlebt. Das bedeutet, Sie können sich bei der Neu-Erforschung sämtlicher Inhalte Ihres bewußten oder unbewußten Gedächtnisses völlig sicher fühlen.

In diesem Teil des Buches untersuchen wir die Ereignisse genauer, die in der Lebensgeschichte der meisten Menschen von größter Bedeutung sind. Diese Ereignisse sind vor allem deswegen wichtig, weil sie zu Zeiten geschahen, in denen die meisten Menschen die wichtigsten negativen Schlußfolgerungen über das Leben ziehen. Es handelt sich dabei um Geburt, Kindheit, Beziehung zu den Eltern, Geschwisterneid und Jugend. Wir empfehlen Ihnen, sich bei der Lektüre dieses Abschnitts zu notieren, bei welchen Themen Sie sich traurig, ängstlich oder ärgerlich fühlen, mit welchen Sie nicht übereinstimmen und bei welchen es Ihnen schwerfällt, sich zu konzentrieren: das sind Ihre wichtigsten Themen in diesem Teil des Buches.

35 Die am häufigsten unterdrückten Auswirkungen der Geburt

Die Geburt ist ein Erlebnis, das wir alle gemeinsam haben, und trotzdem kann sich fast niemand von uns daran erinnern. Da die Geburt fast immer unterdrückt wird, kann es Ihnen (falls Sie sich nicht an Ihre Geburt erinnern) etwas merkwürdig vorkommen, daß wir das Thema überhaupt ansprechen. Vielleicht denken Sie, daß die Geburt nicht so wichtig ist, aber alle unsere ersten Eindrücke sind wichtig. Bei der Geburt ziehen Menschen ihre ersten Schlußfolgerungen über das Leben außerhalb des Mutterleibs.

Die meisten medizinischen Entbindungseinrichtungen in den Krankenhäusern sind zur Erleichterung und Bequemlichkeit von Ärzten und Dienstpersonal gedacht, und das Neugeborene wird oft behandelt wie ein gefühlloses Ding, das nicht wichtig ist. Wenn Sie das Gefühl haben, die Geburt sei nicht wichtig, dann haben Sie bei Ihrer Geburt vielleicht den Schluß gezogen, daß *Sie* dabei nicht wichtig waren.

Den Einstellungen, die Menschen Neugeborenen gegenüber haben, liegt oft die Überzeugung zugrunde, daß Neugeborene entweder zu unwissend oder noch nicht weit genug entwickelt sind, um mitzubekommen, was vor sich geht. Bedenken Sie einmal, daß Sie zur Zeit Ihrer Geburt Ihre natürliche Intelligenz dadurch gezeigt haben, daß Sie einen menschlichen Körper wachsen ließen, und zwar nur aus Spermie und Ei und mit Hilfe der Bereitschaft Ihrer Mutter, Ihr Wachsen in ihrem Leib zu fördern. Welch unglaubliche Schöpfungsarbeit haben Sie da geleistet! Sie waren außerdem intelligent genug, um aus Ihren ersten Eindrücken viele Schlußfolgerungen über das Leben zu ziehen.

Die Geburt ist eine Erfahrung von einzigartiger Intensität, einfach weil dabei soviel auf einmal geschieht. In diesem Kapitel untersuchen wir dieses alltägliche Ereignis der Geburt, das zugleich voller Wunder ist, sowie einige der Auswirkungen, die Ihre eigene Geburt bis heute auf Ihr Leben haben kann. Allgemein gesagt, war die Geburt die einzige beständige, plötzliche und einschneidende Veränderung unserer Realität, die wir jemals erfahren haben. Das Wachstum von der befruchteten Eizelle zu Embryo und Fötus und schließlich zum pränatalen Kind wurde von der modernen Wissenschaft in allen Einzelheiten untersucht und als Entwicklung aufgezeichnet, die sich Tag für Tag allmählich entfaltet. In unseren ersten zwei Lebensjahren nach der Geburt lernten wir sprechen, laufen, selbständig essen und auf sozial akzeptable Weise ausscheiden. Obwohl das für eine so kurze Zeitspanne sehr viel Lernstoff ist, haben sich auch all diese Fähigkeiten allmählich entwickkelt.

Wir gehen davon aus, daß die Leser und Leserinnen dieses Buches daran interessiert sind, in ihrem Leben Veränderungen vorzunehmen. Eine der größten Wohltaten von Rebirthing ist es, daß dieser Prozeß uns von den unterdrückten Emotionen befreit, die die eigene Geburtserfahrung begleiten. Eine dieser unterdrückten Emotionen ist die Angst vor Veränderungen, oder anders gesagt, die Angst vor dem Unbekannten. Wenn Sie diese Angst integrieren, die Sie bei der ersten und wichtigsten Veränderung in Ihrem Leben unterdrückt haben, wird es leichter, auch weitere Veränderungen in Ihrem Leben vorzunehmen, ganz gleich in welche Richtung.

Die wichtigsten Veränderungen, zu denen es bei der Geburt kommt, betreffen: Berührungen, Licht, Geräusche, eigenständiges Atmen, das Verhältnis zur Welt und zu anderen Menschen, körperliche Trennung und Temperatur. Wir haben die Auswirkungen dieser Veränderungen sowohl in unseren eigenen Rebirthing-Sitzungen als auch bei Menschen beobachtet, die wir beim Rebirthing begleitet haben. Die Auswirkungen einiger dieser Veränderungen wurden auch von Frédérick Leboyer in seinem bahnbrechenden Buch über sanfte Geburt, *Geburt ohne Gewalt,* beschrieben.

Wenn Sie erst einmal anfangen, sich selbst und die Arbeitsweise Ihres Verstandes gründlich zu erforschen, wird Ihnen sehr schnell bewußt, daß es in Ihrer Vergangenheit Erlebnisse gab, die Sie unterdrückt haben. Treten diese Erlebnisse in den Bereich der bewußten Wahrnehmung, wird Ihnen auch klar, welche Schlußfolgerungen Sie daraus zogen und wie diese Ihr Leben beeinflußt haben.

Die Vergangenheit ist vorbei. So gesehen ist es gleichgültig, was bei Ihrer Geburt geschah –, ob der Arzt einen Bart hatte, ob Sie im Taxi auf dem Weg ins Krankenhaus geboren wurden, oder was sonst noch geschehen sein mag. Wichtig sind aber die *Schlußfolgerungen,* die Sie aus diesen Ereignissen für das Leben zogen. Diese Schlußfolgerungen trägt Ihr unbewußter Verstand mit in Ihre Gegenwart. Wir haben mit Menschen Rebirthing gemacht, deren Geburt relativ sanft war, die aber stark negative Schlußfolgerungen gezogen haben, ebenso wie mit Menschen, deren Geburt schwierig verlief und die relativ positive Schlußfolgerungen zogen. Rebirthing bietet Ihnen eine sichere, wirksame und angenehme Möglichkeit, Ihre Geburt wieder zu erleben und alle negativen Schlußfolgerungen aus dem Weg zu räumen, die Sie damals gezogen haben.

Vor der Geburt ist das Kind umhüllt vom Fruchtwasser. Diese salzhaltige Lösung umgibt den Körper und füllt die Lungen, damit diese nicht zu Schaden kommen, bevor sie gebraucht werden. Das Fruchtwasser ist die einzige Substanz, die die Haut des Kindes berührt, solange bis es kurz vor der Geburt abfließt. Bei einer normalen Geburt ist das Eintreten des Kopfes in den Geburtskanal die erste Tasterfahrung, die sich vom Schwimmen im Fruchtwasser unterscheidet. Die nachfolgende Passage durch den Geburtskanal ist eine Berg- und Talfahrt zwischen verschiedensten Empfindungen – eine paradoxe Mischung aus Schmerz und Lust. Die Schmierflüssigkeit des Vernix Caseosa (Käseschmiere), das heißt der dicken, glitschigen Substanz, die die Haut des Neugeborenen umgibt, und das restliche Fruchtwasser vermischen sich und lassen den Weg durch den Geburtskanal zu einer äußerst sinnlichen, angenehmen Massage werden. Gleichzeitig führen der Druck der vaginalen Kontraktionen, das Bewußtsein, daß etwas Außergewöhnliches und Fremdes vor sich geht, sowie der psychische Schrecken der Mutter zu heftigen emotionalen Eindrücken, die von äußerster Bedrängnis bis zu totaler Panik reichen.

Die weitreichendste Schlußfolgerung, die Menschen bei der Geburt ziehen, ist vielleicht, daß Schmerz und Vergnügen in gewisser Weise untrennbar miteinander verbunden sind. Ihr liegen Assoziationen zugrunde, die die Wonnen des embryonalen Lebens im Mutterleib mit den Schmerzen der Geburt verbinden. In der menschlichen Gesellschaft ist der Glaube an die Koppelung von Lust und Schmerz allgemein verbreitet. Wieviele Menschen kennen Sie zum Beispiel, die vierzig Stunden die Woche eine Arbeit verrichten, die sie nicht mögen, und dann versuchen, den wöchentlichen Ausgleich in Form von Vergnügungen in ein viel zu kurzes Wochenende zu stopfen? Wieviele Menschen kennen Sie, die glauben, daß irgendetwas schief gehen wird, wenn die Dinge gerade anfangen, sehr gut zu laufen? Oder die Schuldgefühle haben, wenn sie sich etwas Schönes gönnen? Oder die glauben, daß man zuerst leiden muß, um sich die angenehmen Seiten des Lebens zu »verdienen«?

Selbst einige der heutigen Religionen wollen uns glauben machen, daß wir uns die ewige Seligkeit im Jenseits durch irdisches Leiden verdienen müssen. Aber es ist nicht möglich, durch Anhäufung von »genug Leiden« Seligkeit zu verdienen. In alten heidnischen Religionen glaubten die Menschen, zornige Götter beschwichtigen und damit Erdbeben verhindern zu können, wenn sie genügend Ziegenopfer darbrachten.

Die Schwierigkeiten mit dieser Denkweise liegen darin, daß niemals jemand vorbeikommt, um Ihnen zu bestätigen, daß Sie jetzt genug Ziegenopfer dargebracht haben! Auch in den Texten vieler Schlager wird die Koppelung von Lust und Schmerz besungen.

Affirmationen:
1. Jeder ist im Zustand der Ekstase, ganz gleich ob er die Wahrheit darüber sagt oder nicht.
2. Freude führt immer zu noch mehr Freude.
3. Je mehr ich mir erlaube, diesen Moment zu genießen, desto mehr erlaube ich mir, alle zukünftigen Momente zu genießen.
4. Ich weiß, wie ich praktisch alles genießen kann.
5. Ich verzeihe mir, früher gedacht zu haben, daß Lust und Schmerz auch nur das geringste miteinander zu tun hätten.
6. Ich danke Dir, Gott, für alles . . .

Licht

Vor der Geburt wird das Kind durch den Körper der Mutter und das Fruchtwasser von Licht abgeschirmt. In manchen Kreißsälen wird ein sehr grelles Licht auf den Beckenbereich der Mutter gerichtet, um die Arbeit der Geburtshelfer zu erleichtern. Dieses Licht ist, um es milde auszudrücken, ein Schock für die Augen des Neugeborenen. Die Verabreichung brennender Augentropfen kurz nach der Geburt gehört auch nicht gerade zu den lustvollsten Erfahrungen – wie jeder weiß, der sich an seine Geburt erinnern kann.
Könnten Sie vielleicht den Schluß gezogen haben, daß Sie sich einige Dinge im Leben nicht anschauen können, weil sie zu intensiv sind?

Geräusche

Im Mutterleib hört das Kind viele Geräusche – den Herzschlag der Mutter, Darmgeräusche, Unterhaltungen und weitere Geräusche aus der Außenwelt. Alle diese Geräusche werden durch das Fruchtwasser gedämpft. Im Vergleich dazu sind all die lauten Geräusche, die es nach der Geburt im Kreißsaal hören muß, ein Angriff auf das zarte Trommelfell des Neugeborenen. Die Geburt bedeutet also eine dramatische Veränderung unserer Wahrnehmung von Geräuschen.
Schreit Ihnen das Leben manchmal offensichtliche Wahrheiten ins Ohr, die Sie nicht hören wollen?

Im Mutterleib wird das Kind durch die Nabelschnur mit Sauerstoff versorgt. Die Mutter atmete für das Kind mit. Bei der Geburt lernen wir, eigenständig zu atmen. Viele von uns taten den ersten Atemzug, nachdem die Nabelschnur durchgeschnitten wurde. Das heißt, Sie wurden in einer Lebe-oder-Stirb-Situation voll panischer Todesangst gezwungen, das Atmen zu lernen.

Wenn die Nabelschnur durchgetrennt wird, bevor das Neugeborene tief und frei atmet, wird das Atmen lernen zu einer erschreckenden Erfahrung, bei der das Neugeborene in Todesgefahr schwebt. Da das Lungengewebe zuvor niemals Luft aufgenommen hat, verursacht ein keuchender erster Atemzug einen trockenen Reibungsschmerz. Es ist leicht einsichtig, daß Sie – wenn Sie das Atmen unbewußt mit Schmerz verbinden – diese Erinnerung mit einem Teil Ihrer Energie bei jedem Atemzug unterdrücken. Dadurch wird es nicht nur schwieriger, das Leben zu genießen, sondern Ihr normales Atmen wird auch flacher und unregelmäßiger. Richtiges Atmen ist für eine gute Gesundheit so wichtig, daß diese Urangst vor dem Atmen Ihre körperliche Lebendigkeit behindern kann.

Bevor die Lungen den Atem des Neugeborenen aufnehmen können, muß das restliche Fruchtwasser abgelassen werden. Oft wird das Neugeborene der schwindelerregenden Erfahrung ausgesetzt, daß man es mit dem Kopf nach unten hält, um das Ablaufen der Flüssigkeit zu beschleunigen. Wir haben beim Rebirthing oft beobachtet, daß dieses Schwindelgefühl bei vielen Menschen solange zu den verschiedensten Formen von Desorientierung im Leben führt, bis es in einer Rebirthing-Sitzung integriert wird.

Rebirthing heißt im Hinblick auf die Atmung auch, daß wir uns die Zeit nehmen, richtig atmen zu lernen. Beim ersten Mal hatten wir mit unserem bloßen Überleben soviel zu tun, daß wir das Atmen nicht unserem individuellen Rhythmus entsprechend lernen konnten. Tatsache ist, daß jeder Mensch bereits weiß, wie er tief, mühelos und spontan atmen kann. Also wird Rebirthing Ihnen nicht die richtige Atmung beibringen (Sie wissen bereits, wie es geht); sondern es wird Sie von der Angst befreien, die die Erinnerung an Ihren ersten Atemzug begleitet.

Der Atem ist ein einzigartiges physiologisches Phänomen. Er ist sowohl der willkürlichen als auch der unwillkürlichen Steuerung unterworfen. Sie können Ihre Atmung willentlich beschleunigen, oder Sie rennen einmal um den Block, und Ihre Atmung wird automatisch schneller. Der Atem ist die Verbindung zwischen dem Unsichtbaren und dem Sichtbaren, wobei Sauerstoff eingeatmet und Kohlendioxyd (beides unsichtbar) ausgeatmet wird, um unseren Körper (das Sichtbare) zu nähren. Das freie, verbundene Atmen ist Ausdruck unserer Lebendigkeit und füllt den Körper mit der lebensspendenden Energie, die unter anderem als Kundalini, Chi, Prana oder Lebenskraft bezeichnet wird.

Die Beziehung zur Welt

Eine weitere Veränderung bei der Geburt ist die Art und Weise, wie das Neugeborene sich auf seine Umwelt bezieht. Im Mutterleib erlebt es ein Gefühl von Zeitlosigkeit und Verbundenheit. Im Mutterleib sind wir ganz in unsere eigene Welt eingeschlossen. Bei der Geburt beziehen wir uns das erste Mal in der Art und Weise auf Menschen, wie wir es heute noch tun. Obwohl es heute für uns selbstverständlich ist, uns auf andere als von uns getrennte Wesen zu beziehen, unterscheidet sich diese Art, Beziehungen aufzunehmen, doch vollkommen von unserem Beziehungsgefühl im Mutterleib. Das Gefühl von Verbundenheit, Gleichheit und Einheit, das wir im Mutterleib erfahren, geht verloren. Das Neugeborene wird mit einer Umgebung von unendlicher Vielfalt konfrontiert, und niemand ist da, ihm die vielen Spielregeln und Erscheinungsformen zu erklären.

Die erste Begegnung mit Menschen fand für die meisten von uns mit dem Arzt oder der Hebamme statt, die bei unserer Geburt anwesend waren. Diese ersten Menschen, denen wir begegneten, waren in einer Autoritätsposition, ganz gleich, mit welcher Einstellung sie ihre Arbeit taten. Auf jeden Fall dirigierten sie das Geschehen und hatten sehr viel größere Körper und einen größeren Wortschatz als wir als Neugeborene. Außerdem taten auch unsere Mütter meistens, was diese Leute wollten. Einige Menschen tragen die Erinnerung an den Geburtsschmerz und den Arzt als erste Autoritätsperson in ihrem Leben unbewußt als rebellisches Verhaltensmuster weiter. Sie mißtrauen Menschen, die sie als Autoritätspersonen wahrnehmen, und können mit ihnen nicht klarkommen.

Affirmationen zu Autorität:

1. Ich bin jedem dankbar, der sich jemals als Autoritätsperson verhalten hat.
2. Ich liebe es ohne Einschränkungen, daß man mir sagt, was ich zu tun habe.

3. Ich bin den Menschen, die bei meiner Geburt anwesend waren, für ihre sämtlichen Einstellungen dankbar.
4. Alle Menschen, die bei meiner Geburt anwesend waren, haben mir unendlich wohlgetan.
5. Menschen, die höhergestellt sind als ich, sind meine Freunde.
6. Für mein eigenes Leben bin ich die Autorität.
7. Ich habe alle meine Bedürfnisse, zu rebellieren oder mich anzupassen, bereits vollkommen befriedigt; von jetzt an beschließe ich, nur noch in Übereinstimmung mit meinen besten Gedanken zu handeln.

Körperliche Trennung

Wurde die Nabelschnur erst durchgetrennt, nachdem das Neugeborene eine Chance hatte, in seinem Rhythmus zu atmen, dann kann eine natürliche Loslösung stattfinden, und das Neugeborene erfährt auch die körperliche Nähe zur Mutter als etwas Natürliches. Beim vorzeitigen Durchtrennen der Nabelschnur hingegen wird das Neugeborene der Mutter oft schnell weggenommen und von ihr getrennt – und das in dieser kritischen Lebensphase, in der es notwendig wäre, das Kind mit der Mutter wieder zu vereinen und es ihren Körper spüren zu lassen, der es so lange beherbergt und genährt hat.

Wenn wir neun Monate am selben Ort verbringen, ist das eine lange Zeit. Die abrupte und manchmal schmerzliche Trennung ohne jede Vorwarnung von einer Umgebung, die die einzige war, die das Neugeborene bislang gekannt hat, muß zwangsläufig ein Schock sein.

Menschen, die wir beim Rebirthing begleiteten, haben uns von ihren Erinnerungen an Schlußfolgerungen berichtet, die sie bei dieser Trennung zogen und die ihre Einstellung zum Leben bestimmt haben. Einige dieser Schlußfolgerungen lauten: »Ich kann niemandem trauen.« – »Wenn ich bekomme, was ich will, wird es mir jemand wegnehmen.« – »Ich verletze Menschen.« – »Ich bin unerwünscht.« – »Ich habe etwas Falsches getan.« Und: »Menschen verletzen mich«.

Temperatur

Die Temperatur im Mutterleib verändert sich, wenn überhaupt, nur sehr langsam und beträgt zwischen 37 und 40 Grad Celsius. Bei der Geburt erfährt das Neugeborene zum ersten Mal einen drastischen Temperaturwechsel. Falls die Temperatur im Entbindungsraum bei 21 Grad Celsius liegt, damit die Erwachsenen sich wohlfühlen, kann der Übergang vom Mutterleib nach draußen ohne Kleidung und mit nasser

Haut damit verglichen werden, daß jemand aus der heißen Dusche ohne Kleidung ins Freie rennt. Dieser schnelle Temperaturumschwung ruft eine Angst hervor, die meistens bis tief in die Körperzellen unterdrückt wird. Die unterdrückte Erinnerung an diesen plötzlichen Temperaturabfall ist von so wesentlicher Bedeutung, daß sie oft zu den ersten Erinnerungen gehört, die beim Rebirthing wieder ins Bewußtsein treten.

Bei der »üblichen Erkältung« werden die Erfahrungen des plötzlichen Temperaturwechsels bei der Geburt wiederholt. Selbst der Name dieser Unpäßlichkeit läßt die Temperatur schon sinken. Weitere Symptome der üblichen Erkältung, die bei der Geburt ebenfalls auftauchen, sind Schwierigkeiten beim Atmen, Gliederreißen und andere Schmerzen.

36 Vorschläge für Geburtshelfer und werdende Mütter

Wir sind weder Ärzte noch Mütter, können uns aber an unsere eigene Geburt bewußt erinnern und haben Tausende von Menschen begleitet, die beim Rebirthing die unterdrückten Emotionen integriert haben, die mit ihrer Geburt einhergingen. In den meisten Städten werden eine Vielzahl verschiedener Arten von Entbindung angeboten, zusätzlich zur traditionellen Krankenhausgeburt des zwanzigsten Jahrhunderts mit ihrem Aufgebot an Instrumenten und Einrichtungen, die eine Atmosphäre von Notfall suggerieren. Für die werdende Mutter ist es ein wichtiges Ereignis, ein Baby zu bekommen. Wir schlagen werdenden Müttern und Vätern vor, die Entbindungsmethoden, die in ihrer Umgebung angeboten werden, genau zu überprüfen, ehe sie ihre Wahl treffen. Gelinde gesagt sollten Sie sich auf die Wahl der Geburt Ihres Babys zumindest genauso gründlich vorbereiten und sie ebenso offen besprechen wie den Kauf eines neuen Autos oder eines neuen Hauses.

Geburtshelfern und -helferinnen legen wir nahe, bei den üblichen Verfahren, die sie bei der Geburt anwenden, außerordentlich sanft und geduldig zu sein. Es ist wichtig zu bedenken, daß die Umgebung des Neugeborenen für lange Zeit der dunkle, warme Mutterleib war, und deshalb seinen Übergang in dieses Leben hier so sanft wie möglich zu gestalten. Hebammen und Ärzte, die selbst Rebirthing gemacht haben, berichten, daß sie sich bei ihrer Arbeit entspannter und friedlicher fühlen, seitdem sie die unterdrückten Emotionen integriert haben, die ihre eigene Geburt begleiteten.

Affirmationen zur Geburt:
1. Ich habe ein Recht darauf, hier zu sein.
2. Ich bin froh, daß ich geboren wurde, und alle anderen freuen sich ebenfalls darüber.
3. Ich verzeihe mir, zugelassen zu haben, daß der Arzt/die Hebamme mich bei meiner Geburt verletzt hat. Ich schätze jetzt die Arbeit des Arztes/der Hebamme.
4. Ich bin froh, den Mutterleib verlassen zu haben und entfalte mich jetzt vollständig und frei.
5. Ich atme jetzt tief und frei.
6. Es ist für mich sicher und angenehm, mein Leben positiv zu verändern.
7. Ich fühle mich sicher bei Veränderungen.
8. Ich verzeihe mir, daß ich mir im Leben Enttäuschungen bereitet habe.
9. Mein Körper ist für mich ein sicherer und angenehmer Platz.
10. Ich genieße mein Leben.
11. Mein Leben macht Spaß.
12. Freude tut mir gut.
13. Ich bin dankbar für alle Umstände meiner Geburt.
14. Ich liebe es ganz und gar, ein Mensch zu sein.
15. Jeder respektiert mich, ob er sich danach verhält oder nicht.
16. Alles an meiner Geburt war vollkommen, und alles an meinem Leben ist vollkommen, ob ich das äußere oder nicht.
17. Alles an meiner Geburt war für meine Mutter ein vollkommener Segen, ob sie das aus diesem Blickwinkel sieht oder nicht.
18. Die Welt ist angenehmer als der Mutterleib.

37 Die Auswirkungen spezieller Vorkommnisse bei der Geburt

Hier werden wir die Wirkungen spezieller Ereignisse bei der Geburt beschreiben, die auf unseren Beobachtungen von Menschen beruhen, mit denen wir Rebirthing gemacht haben. Bedenken Sie bitte, daß diese

Beschreibungen Verallgemeinerungen sind, die nicht immer und auf jeden Fall zutreffen müssen. Wir möchten Sie auch daran erinnern, daß es nicht darauf ankommt, was tatsächlich bei Ihrer Geburt oder in Ihrem sonstigen Leben geschah. Wichtig sind die *Schlußfolgerungen*, die Sie aus diesen Ereignissen der Vergangenheit gezogen haben.

Anästhesie

Im zweiten Teil dieses Buches haben wir erläutert, was geschieht, wenn die Erinnerung an Anästhesie in einer Rebirthing-Sitzung hochkommt.
Im folgenden einige Symptome, die durch die Unterdrückung von Anästhesie hervorgerufen werden können:

1) Starker Alkoholkonsum. Auf diesem Weg kann ein Mensch versuchen, Angst zu unterdrücken, indem er die Abgestorbenheit, Betäubung und Desorientierung, die durch Anästhesie bewirkt wird und die ihm durch das angstbesetzte Geburtserlebnis geholfen hat, erneut herstellt.
2) Starker Kaffeekonsum. Kann das Resultat des Wunsches sein, trotz der betäubenden Wirkungen unterdrückter Anästhesie in dieser Welt effektiv zu funktionieren.
3) Angst vor Höhen und Angst vorm Fallen. Dabei geht es meistens um die Erinnerung an den unkontrollierbaren »Rückfall« in den Körper, wenn die Wirkung der Anästhesie nachläßt.

Kaiserschnittgeburt

Bei der Kaiserschnittgeburt wird das Neugeborene operativ aus dem Mutterleib geholt. Da diese Methode sich von der vaginalen Geburt unterscheidet, ziehen Menschen, die mit Kaiserschnitt geboren wurden, oft ganz andere Schlußfolgerungen über das Leben als Menschen, die vaginal geboren wurden. In einigen großen Kliniken machen Kaiserschnittgeburten bis zu zwanzig Prozent der Entbindungen aus.
Der Hauptunterschied zur vaginalen Geburt liegt bei der Kaiserschnittgeburt darin, daß der Übergang vom Leben im Mutterleib zum Leben wie wir es jetzt erfahren, sehr viel schneller vor sich geht. Menschen mit einer Kaiserschnittgeburt haben oft Schwierigkeiten mit Prozessen, die allmählich verlaufen, und meistens auch damit, bestimmte Vorhaben überhaupt zum Abschluß zu bringen. Da sie aus dem Mutterleib

gerettet wurden, erwarten sie manchmal auch, daß sie aus schwierigen Lebenssituationen gerettet werden und unternehmen nicht die geringste Anstrengung, ihre Probleme selbst zu lösen. Sie haben außerdem oft eine ausgesprochene Angst davor, verlassen zu werden.

Trockengeburt

»Trockengeburt« bedeutet, daß die Fruchtblase zu früh platzt, das Fruchtwasser schon vor der Geburt ausläuft und somit die Passage des Neugeborenen durch den Geburtskanal nicht erleichtert. Trotz der restlichen Gleitflüssigkeit (Käseschmiere), die vom Vernix Caseosa produziert wird, ist die Reise durch den Geburtskanal ein größerer Kampf, als es durch die zusätzliche Gleitflüssigkeit des Fruchtwassers der Fall gewesen wäre. Menschen, die durch eine Trockengeburt zur Welt kamen, schließen daraus oft, daß sie für ihr Überleben oder für ihre Existenz überhaupt ständig kämpfen müssen.

Zwillinge

Nach unseren Erfahrungen beim Rebirthing hängen die Auswirkungen einer Zwillingsgeburt davon ab, ob man als erste/r oder als zweite/r zur Welt gekommen ist. Typisch ist, daß das erste Kind oft Schuldgefühle hat, das Geschwisterchen, den ständigen Begleiter der letzten neun Monate, verlassen zu haben; das zweite ist ärgerlich und fühlt sich betrogen, weil es verlassen wurde.

Steißlagengeburt

Bei diesen Geburten verlassen die Kinder den vaginalen Kanal nicht mit dem Kopf zuerst. Diese Entbindungen sind meistens schwierig für die Mutter. Ihr Körper ist für eine Entbindung mit dem Kopf voran eingerichtet, und falls das Kind sich dreht, harmoniert der Geburtsvorgang nicht mehr mit den körperlichen Gegebenheiten. Menschen, die so geboren wurden, haben oft Angst, andere zu verletzen und/oder benehmen sich zwanghaft so, daß sie glauben, alles falsch zu machen oder anders zu sein als andere Menschen.

154

Frühgeburt

Bei der Frühgeburt wird das Kind so frühzeitig vor Ende der Schwangerschaft geboren, daß es in den Brutkasten muß. Die unterdrückten Schlußfolgerungen aus einer Frühgeburt sind von Mensch zu Mensch sehr verschieden und hängen oft von den Gründen für die vorzeitige Entbindung ab. Manchmal spürt das Neugeborene, daß die Mutter die Schwangerschaft nicht genießt und arbeitet daran mit, den Wunsch der Mutter nach möglichst baldiger Beendigung der Schwangerschaft zu erfüllen. Die Abneigung der Mutter gegen die Schwangerschaft wiederum kann durch zahlreiche Faktoren bedingt sein wie ständige Übelkeit während der Schwangerschaft, uneheliche Empfängnis, Verlassenwerden vom Vater oder eine unbewußte Abneigung dagegen, überhaupt ein Kind zu bekommen.

Menschen, die Frühgeburten sind, haben häufig größere Schwierigkeiten mit der Zeit. Das kann sich in zwanghaften Verspätungen und Angst vor dem Zuspätkommen zeigen oder daran, daß sie andere Menschen ständig dahin bringen, sich zu verspäten. Die Brutkastenerfahrung führt oft dahin, daß diese Menschen sich Wärme, Zuneigung und Geborgenheit von leblosen Gegenständen statt von Menschen erhoffen.

38 Rebirthing bereinigt die unterdrückten Auswirkungen der Geburt

Rebirthing ermöglicht es Ihnen, die Gefühle, die Sie bei Ihrer Geburt hatten, auf sanfte Weise noch einmal zu erleben. Wenn Sie sich in einer Rebirthing-Sitzung an Teile ihrer Geburt erinnern können, ist das ein sicheres Zeichen dafür, daß Sie diese Teile nicht länger abwerten und unterdrückte traumatische Erfahrungen durch bewußte Freude ersetzen.

39 Liebe Mutti, lieber Vati

Sie sind ein liebevoller Mensch, der auch seine Eltern lieben möchte. Wenn Sie Ihre Eltern bereits aus vollem Herzen und immer lieben sowie alles an ihnen schätzen, dann möchten wir Ihnen gratulieren und Sie einladen, sich über diese Liebe zu freuen und sie in vollen Zügen zu genießen. Sie können diesen Abschnitt als Wertschätzung Ihres liebevollen Wesens lesen.

Für die Menschen, die zu ihren Eltern ein Gefühl von wirklicher und freudiger Liebe entwickeln und wachsen lassen möchten, beschreiben wir im folgenden die am meisten verbreiteten Gründe für Schwierigkeiten in der Beziehung zu den Eltern sowie Möglichkeiten, die unterdrückten Gefühle und Erinnerungen zu integrieren.

Integration, wie Sie sie durch Rebirthing erreichen, erleichtert es Ihnen, Veränderungen in Ihrem Leben vorzunehmen, zu akzeptieren und als Verbesserung zu betrachten. Wie schon früher erwähnt, ist es nicht wichtig, was Ihre Eltern in der Vergangenheit taten oder wie sie sich verhielten; wichtig sind die *Schlußfolgerungen,* die Sie aus dem Verhalten oder der Denkweise Ihrer Eltern gezogen haben. Die enge Verbindung, die Kinder zu ihren Eltern und besonders zu ihren Müttern entwickeln, wird zum Anlaß, die Eltern zu imitieren. Aufgrund ihrer unbegrenzten intuitiven Fähigkeiten und ihrer sozialen Unreife neigen Kinder dazu, nicht nur das Verhalten ihrer Eltern, sondern auch deren Gedanken zu übernehmen. Für die Eltern ist dieses liebevolle Nachahmen der eigenen Denkweisen durch ihre Kinder in etwa so, als würden ihnen ihre unterdrückten Gedanken dreidimensional, in Buntaufnahme und manchmal auch in voller Lautstärke vorgeführt. Eltern versuchen mit dieser für sie unbehaglichen Situation fertigzuwerden, indem sie das Kind mit einem ganzen Regelsystem versehen, das Verhaltensweisen fördern soll, die ihnen angenehm sind. Manchmal sind das die gleichen Regeln, die sie wiederum von ihren Eltern mitbekamen, manchmal genau die entgegengesetzten. Diese Regeln beziehen sich auf richtiges Verhalten, den richtigen Umgang mit Zeit, Belohnung und Strafe und so weiter.

Alle Schlußfolgerungen, die Sie bei Ihrer Geburt über sich, über das Leben oder menschliches Verhalten gezogen haben, werden unweigerlich auf die Beziehung zu Ihren Eltern übertragen. Sie haben das Verhalten Ihrer Eltern entsprechend dieser Schlußfolgerungen interpretiert und durch die kreative Kraft Ihres Verstandes dazu beigetragen, es hervorzurufen. Wenn Sie beispielsweise bei der Geburt zu dem Schluß kamen, nicht wichtig zu sein, werden Sie auch weiterhin das, was Ihre Eltern wollen, wichtiger finden, als das, was Sie selbst wollen.

Eltern haben es nicht leicht. Ihre Arbeit ist die wichtigste Arbeit der Welt, für die zugleich am wenigsten praktische Ausbildung angeboten wird. Für die Ausbildung zum erfolgreichen Anthropologen, Botaniker, Chiropraktiker bis hin zum Zoologen gibt es bei weitem mehr Bildungsangebote als für die Ausbildung zu guten Eltern. Solange Sie nicht bereit sind zu sehen, daß Ihre Eltern liebevolle Absichten hatten und nach ihrem Wissen ihr Bestes gegeben haben, werden Sie sie schlechtmachen, weiterhin ihre Bestätigung suchen und Ihre Gefühle zu ihnen unterdrücken. Diese unterdrückten Gefühle werden unweigerlich auch zu Beziehungsschwierigkeiten mit allen anderen Menschen führen.

Im folgenden stellen wir Ihnen einige nützliche Verfahren vor, mit deren Hilfe Sie mehr Liebe und Freude in die Beziehung zu Ihren Eltern bringen können. Wenn Sie zu Ihren Eltern eine gute Beziehung entwickeln und aufrechterhalten können, werden Liebe und Freude auch in Ihren *sämtlichen* anderen Beziehungen zunehmen, und es wird Ihnen leichter fallen, Ihr Leben als Erwachsener zu leben. Die Techniken, die wir Ihnen vorschlagen, wirken auch dann, wenn Sie keinen direkten Kontakt zu Ihren Eltern haben.

Betrachten Sie Ihre Eltern als Einzelpersonen

Typisch für Ihre Beziehung zu Ihren Eltern ist, daß diese Ihnen gegenüber immer zu zweit auftraten und Sie in der Minderheit waren. Wählen Sie zuerst Ihre Beziehung zu einem Elternteil und wenden Sie die folgenden Übungen darauf an. Wenn Sie Ihre Eltern besuchen, dann richten Sie es so ein, mit jedem von ihnen Zeit allein zu verbringen. Ihre Eltern hatten natürlich schon eine Beziehung miteinander, bevor Sie den Schauplatz betraten; wenn Sie beiden gegenüberstehen, müssen Sie sich also auch mit deren Beziehung auseinandersetzen.

Visualisieren Sie Ihre Eltern als Kinder

Visualisieren Sie Ihre Eltern als Kinder, und stellen Sie sich vor, eine Unterhaltung mit ihnen zu führen. Sagen Sie ihnen alles, was Sie ihnen schon immer einmal sagen wollten. Stellen Sie sich dann vor, daß Ihre Eltern als Kinder Ihnen all das sagen, was Sie schon lange gerne von Ihren Eltern hören wollten.

Schreiben Sie Ihren Eltern Briefe

Schreiben Sie eine Zeitlang regelmäßig an Ihre Mutter und an Ihren Vater einen Brief, in denen Sie beiden ganz offen erzählen, was Sie für sie fühlen. Nachdem Sie die beiden Briefe geschrieben haben, können Sie entscheiden, ob Sie sie abschicken möchten. Schon nach kurzer Zeit werden Sie anfangen, für Ihre Eltern all die Liebe zu empfinden, die Sie bislang unterdrückt haben.

Visualisieren Sie sich selbst als Kind

Diese Übung wird Ihnen helfen, sich mit den Augen Ihrer Eltern zu sehen. Manchmal fällt das Menschen leichter, die selbst Eltern sind.

Affirmationen zu den Eltern:
1. Ich freue mich, daß meine Eltern sich entschlossen, Kinder zu haben.
2. Ich bin dankbar, daß ich mir diese Familie ausgesucht habe.
3. Ich liebe meine Mutter.
4. Ich liebe meinen Vater.
5. Ich liebe alles an meiner Familie.
6. Meine Familie ist für mich eine Quelle der Freude.
7. Ich habe und verdiene die Liebe und Achtung meiner Familie.

40 Frühkindliche Verhaltensmuster

Die frühkindliche Phase folgt auf die Geburt, und in dieser Zeitspanne verbringt das Neugeborene meistens beträchtlich viel Zeit mit seiner Mutter. Dem Kleinkind ist die Geburt oft noch lebhaft in Erinnerung (d. h. sie wurde noch nicht vollständig unterdrückt). Wenn Sie ein Kind fragen, das gerade sprechen gelernt hat, aber noch nicht weiß, daß die meisten Menschen nicht über ihre Geburt sprechen, wird das Kind Ihnen oft vernünftige und klare Erinnerungen an die Geburt mitteilen.

Als Kleinkind werden Ihre Gefühle für Ihre Mutter durch die jüngsten Erinnerungen an die Geburt geprägt. Eine der allgemeinsten Schlußfolgerungen, die von der Geburt auf die frühkindliche Phase übertragen werden, ist die, daß das Kind die Mutter bei der Geburt verletzt oder – falls das Neugeborene schnell von der Mutter getrennt wurde – sogar getötet hat. Diese Schlußfolgerungen werden »das kindliche Schuldsyndrom« genannt und führen zu dem Gedanken, daß Sie durch Ihr bloßes Dasein Ihren Lebensursprung (Ihre Mutter) vernichtet haben, oder daß Ihre Mutter durch Ihre Schuld Schmerzen erlitten hat. Diese Schlußfolgerungen waren ihrem Wesen nach unangenehm und wurden deswegen vom Kleinkind unterdrückt. Wir definieren Schuld als einen Blickwinkel, bei dem Sie irrtümlich annehmen, daß jemand sein Leben nicht als unendlichen Genuß und unendlichen Segen erfährt, und daß das Ihre Schuld ist. Einige Auswirkungen des kindlichen Schuldsyndroms auf das Erwachsenenleben sind:

1) Verlegenheit, wenn jemand Ihnen Komplimente macht.
2) Schuldgefühle, wenn Sie sich für Ihr eigenes Wohl einsetzen.
3) Schuldgefühle bei Arbeiten, für die Sie bezahlt werden.
4) Die Angst, Ihren Partner beim sexuellen Beisammensein zu verletzen.
5) Der Gedanke, daß Sie andere Menschen verletzen, wenn Sie bekommen, was Sie möchten.
6) Angst vor Erfolg.
7) Häufig Dinge tun, für die Sie sich später schuldig fühlen.

Affirmationen zum kindlichen Schuldsyndrom:
1. Ich verzeihe mir, gedacht zu haben, daß ich meine Mutter bei der Geburt verletzt habe.
2. Alles, was ich jemals getan habe, hat allen unendlich viel Genuß und unendlich viel Segen bereitet.
3. Meine Geburt hat meiner Mutter unendlich viel Genuß und unendlich viel Segen bereitet.
4. Es ist für jeden eine Wohltat, wenn ich tue, was nötig ist, um zu bekommen, was ich will.

Als kleine Kinder fühlten wir die Auswirkungen des kindlichen Schuldsyndroms am stärksten, wenn wir mit unseren Müttern zusammen waren. Wichtige Zeiten, zu denen Mütter fast immer anwesend waren und die deswegen einer näheren Betrachtung wert sind, waren Mahlzeiten, Bettzeiten und die »Töpfchen-Sitzungen«, die für unsere Reinlich-keitserziehung standen.

Mahlzeiten

Wir alle haben Anweisungen für das Essen erhalten. Diese Anweisungen begannen gleich zu Anfang der frühkindlichen Phase und wurden viele Jahre lang täglich mehrmals wiederholt. In vielen Familien sind Mahlzeiten Ereignisse, die emotional stark besetzt sind. Die Familie findet sich zusammen, um an der Mahlzeit teilzunehmen, die ein Familienmitglied als Ausdruck seiner Liebe für alle zubereitet hat. Das Essen abzulehnen, kommt einer Ablehnung dieser Liebe gleich. In vielen Familien ist es Pflicht oder wird zumindest erwartet, daß alle bei den Mahlzeiten erscheinen. Mit den Ermahnungen zu essen, gehen meistens Warnungen vor den schweren Folgen einher, falls nicht »gegessen wird, was auf den Tisch kommt«. Darum ist »der Verein der leergegessenen Teller« wahrscheinlich der größte unorganisierte Ver-ein der Welt.

Die Füttergewohnheiten in der frühkindlichen Phase bestimmen unsere grundlegenden Verhaltensmuster in bezug auf den Erwerb des Lebens-unterhalts. Die Schlußfolgerungen, die aus Füttergewohnheiten gezo-gen werden, zeigen sich im Erwachsenenleben am offensichtlichsten am Umgang mit Geld. Eine fast überall verbreitete Schlußfolgerung aus frühkindlichen Füttergewohnheiten ist, daß alles Gute im Leben aus ein und derselben Quelle fließt. Nach dieser Schlußfolgerung handeln Menschen, wenn sie erwachsen werden und sich ihr Einkommen sichern wollen, indem sie sich eine Arbeitsstelle suchen. Eine Anstel-lung zu haben, ist eine gute Sache, aber wenn Sie denken, das sei die einzig mögliche Einkommensquelle, irren Sie sich. Viele Menschen (die Autoren dieses Buches eingeschlossen) arbeiten erfolgreich selb-ständig und erwerben ihr Einkommen, ohne im herkömmlichen Sinne angestellt zu sein. Es ist gut zu wissen, daß Sie die Wahl haben. (Siehe auch *Money is my Friend* von Phil Laut, Trinity Publications; Informa-tionen, wie Sie die Prinzipien des kreativen Denkens auf Ihre Arbeits-situation und Ihre Finanzen anwenden können.)

Frühkindliche Füttergewohnheiten sind oft der Anfang zwanghafter Eßstörungen. Kleinkinder werden beim Füttern oft gehalten und ge-streichelt. Diese Verbindung von Nahrung und Liebe übertragen zwanghafte Esser auf ihr Erwachsenenleben, wenn sie bei Angst oder Aufregung unbedingt etwas essen müssen, um sich geliebt zu fühlen. *Schlank durch positives Denken* (Kösel, 1986) von Sondra Ray ist ein außerordentlich nützliches Buch für Menschen, die sich von Eßstörungen befreien wollen.

Affirmationen zu frühkindlichen Füttergewohnheiten:
1. Es ist gut für mich, Geld und Liebe von verschiedenen Menschen und Orten gleichzeitig zu empfangen.
2. Ich verzeihe meiner Mutter ihre Weigerung/Unfähigkeit, mich zu stillen.
3. Ich verzeihe mir, daß ich Dinge angenommen habe, die ich gar nicht haben wollte.
4. Ich kann etwas annehmen oder stehenlassen.

Aus einer Nuckelflasche trinken

Ihr Lieblingsgetränk aus einer Nuckelflasche zu trinken, macht nicht nur Spaß, sondern wird Ihnen helfen, Gefühle zu integrieren, die Sie als Kleinkind beim Füttern unterdrückt haben.

Bettzeit

Die meisten Eltern bringen ihre Kinder zu Bett, wenn sie selbst müde sind. Das können Sie selbst herausfinden, wenn Sie einmal einem oder einer gesunden Dreijährigen einen Tag lang auf den Fersen bleiben. Spätestens am Nachmittag werden *Sie* ein Schläfchen brauchen. Als Kinder fragte man uns auch nicht groß um unsere Meinung, wenn es um die Zeit zum Aufstehen ging.
Müdigkeit wirkt meistens ansteckend. Wenn Sie mit einem Dutzend Menschen in einem Raum sitzen und gähnen, und sei es ganz verstohlen, können Sie beobachten, daß andere innerhalb weniger Minuten ebenfalls zu gähnen anfangen. Diese ansteckende Eigenschaft der Müdigkeit hängt mit dem Umstand zusammen, daß wir früher glaubten, uns unsere Müdigkeit von unseren Eltern zu holen, wenn sie uns sagten, es sei Bettzeit.

Affirmationen zu Schlaf:
1. Meine Energie ist größer als meine Müdigkeit.
2. Meine Energie ist größer als die Müdigkeit anderer Menschen.
3. Jetzt, wo ich erwachsen bin, bin ich dafür verantwortlich zu entscheiden, wann ich schlafen gehe und wann ich aufstehe.

Reinlichkeitserziehung

Die Reinlichkeitserziehung ist für ein Kind ein wichtiger Schritt auf dem Wege zur persönlichen Unabhängigkeit. Solange ein Kind noch gewindelt wird, muß man kaum auf die Verdauungsexkremente achten, außer nachdem »es« geschehen ist. Für die rechtzeitige Benutzung der Toilette ist es notwendig, die körperlichen Anzeichen dafür beachten zu können, daß man zur Toilette muß. Wie für alles andere auch, braucht man dafür etwas Übung. Es ist gut möglich, daß für Ihre Mutter/Ihren Vater das Warten im Badezimmer darauf, daß Sie das lernten, kaum erfreulicher war, als Ihre Windeln zu waschen.

Man kommt leicht auf die allgemeinen Überzeugungen über die Ausscheidung der Verdauungsexkremente, wenn man sich anschaut, was Kindern darüber beigebracht wird. Die meisten Eltern bringen ihren Kindern bei, sich die Hände *vor* dem Essen und *nach* Benutzung der Toilette zu waschen. Wenn die Nahrung sauber ist, bevor Sie sie essen, und schmutzig, wenn sie herauskommt, was sagt das über Ihren Körper, beziehungsweise über bestimmte Körperteile aus?

Affirmationen zur Reinlichkeitserziehung:
1. Ich schätze meinen Körper; ich schätze alles, was mein Körper aufnimmt und alles, was er ausscheidet.
2. Wie ich es mache, funktioniert es.
3. Ich bin meinen Eltern dankbar dafür, daß sie meine Windeln solange gewechselt haben, bis ich selbst auf mich achtgeben konnte.

41 Geschwisterneid

Menschen mit Geschwisterneid glauben, daß sie um Liebe konkurrieren müssen. Dem liegt die Überzeugung zugrunde, daß es nur eine begrenzte Menge an Liebe in der Welt gibt, aber man selbst bekommt sie nicht, also muß jemand anderes sie bekommen. Um mehr Liebe zu bekommen, muß man folglich verhindern, daß andere sie bekommen. Man muß nicht unbedingt Geschwister haben, um diesen Blickwinkel von Konkurrenz entwickelt und unterdrückt zu haben. Wenn Sie Einzelkind sind oder Geschwister haben, die beträchtlich älter oder jünger sind als Sie, können Sie sehr wohl gedacht haben, daß Sie mit Ihrem Vater um die Liebe Ihrer Mutter und mit Ihrer Mutter um die

Liebe Ihres Vaters konkurrieren müssen. Bei Geschwisterneid betrachtet man die Welt aus einem Blickwinkel des Mangels. Die Unterdrükkung dieses Blickwinkels führt zu unbewußten Verhaltensmustern wie: Sucht nach Aufmerksamkeit, zwanghaftes Konkurrenzverhalten, die Überzeugung, unterlegen sein zu müssen, wenn man nicht überlegen ist, Verurteilung von Menschen, die auf der gleichen Stufe stehen wie man selbst, Angst, mit anderen verglichen zu werden, oder zwanghafte Unangepaßtheit.

Affirmationen zu Geschwisterneid:
1. Ich bin ein guter Mensch.
2. Ich liebe meine Schwester/n.
3. Ich liebe meinen Bruder/meine Brüder.
4. Ich verzeihe mir, daß ich mich mit anderen verglichen habe.
5. Ich verzeihe mir, daß ich meine Schwester/n und meinen Bruder/meine Brüder verletzt habe.
6. Ich verzeihe mir, daß ich zugelassen habe, daß meine Schwester/n und mein Bruder/meine Brüder mich verletzt haben.
7. Ich verzeihe meiner/n Schwester/n und meinem Bruder/meinen Brüdern, daß sie mich verletzt haben.
8. Ich verzeihe meiner/n Schwester/n und meinem Bruder/meinen Brüdern, daß sie zugelassen haben, daß ich sie verletzt habe.
9. Ich verzeihe meinen Eltern, daß sie mir die Schuld an Dingen gaben, die meine Schwester/n und mein Bruder/meine Brüder getan haben.
10. Ich verzeihe meinen Eltern, daß sie meine Schwester/n und meinen Bruder/meine Brüder für Dinge gelobt haben, die ich getan habe.

42 Jugend

Die Jugend eines Menschen wird eingeleitet von der Pubertät, die zugleich der Anfang erwachsener Sexualität ist. In der amerikanischen Gesellschaft wird die Pubertät unbewußt mit Ereignissen verbunden, die zur gleichen Zeit stattfinden und die Unabhängigkeit des Jugendlichen betonen, wie den Führerschein zu machen und mehr Zeit außerhalb der Familie zu verbringen. Aber das Eintreten erwachsener Sexualität ist über sämtliche kulturelle Grenzen hinweg die wesentlichste Erfahrung der Jugendzeit und allein daran gebunden, daß man einen

Körper hat. Die meisten Menschen fühlen sich bei Gesprächen über Sex unbehaglich. Und besonders Eltern fühlen sich ihren Kindern gegenüber verlegen, wenn sie ihnen etwas über Sexualität erzählen sollen. Fragen Sie zehn Ihrer Freunde und Freundinnen, ob sie mit der sexuellen Aufklärung zufrieden sind, die sie von ihren Eltern erhalten haben.

Nur sehr wenige Erwachsene haben ihre wildwuchernden Gefühle zur Sexualität erfolgreich integriert. Die Vorstellung, daß Sexualität etwas Schmutziges ist, wird – wie wir bereits erwähnt haben – meist schon bei der Reinlichkeitserziehung geprägt. Witze über Sexualität nennt man »schmutzige« Witze. Über Sexualität werden selbst sehr dürftige Witze erzählt und belacht, was eine Reaktion darauf ist, daß dieses Thema in den meisten Familien tabu war.

Die Jugend ist außerdem eine Zeit der Rebellion und der Ablehnung der Eltern und elterlichen Werte als Reaktion darauf, daß diese sich so unfähig zeigen, mit dem Jugendlichen über seine so unübersehbar sprießende Sexualität zu sprechen. Es ist üblich, daß Jugendliche die meiste Zeit mit ihresgleichen verbringen und sich gegenseitig außerordentlich stark imitieren. Jugendlichen, denen es nicht gelingt, ihresgleichen zu imitieren, wird oft vermittelt, daß sie Außenseiter sind.

Eine typische Haltung für Jugendliche ist, »Ich habe das alles im Griff, ich weiß sowieso, was los ist und werde schon dafür sorgen, daß ich das keinem beweisen muß«.

Affirmationen zu Jugend:
1. Ich verzeihe meinen Eltern, daß sie Angst hatten, mit mir über Sexualität zu sprechen.
2. Es ist okay für mich, sexuelle Gedanken zu haben.
3. Meine sexuellen Wünsche sind rein.
4. Meine sexuellen Wünsche tun jedem gut.
5. Ich bin ein ebenso gewöhnlicher und zugleich einzigartiger Mensch wie jeder andere auch.
6. Ich gehöre dieser Gruppe an.

FÜNFTER TEIL

Die Unsterblichkeitsphilosophie

Man könnte sagen, daß es zwei verschiedene Arten von Zusammenhängen und Blickwinkeln gibt: integrative und unterdrückende (abwertende). In diesem Teil werden wir erläutern, in welchen Zusammenhängen Leben und Tod für Sie stehen.

An dieser Stelle ist der Hinweis angebracht, daß über den Tod üblicherweise nicht gesprochen wird und er in manchen Kreisen kein sozial anerkanntes Gesprächsthema ist. Beim Lesen dieses Kapitels kann es sein, daß einige Ihrer unterdrückten Gefühle zum Tod aktiviert werden. Einige Ideen können Ihnen sogar bedrohlich vorkommen. Aber wir haben sehr gute Gründe, uns mit diesem Thema ausführlich auseinanderzusetzen: Ihre Gedanken und Gefühle zum Tod haben einen ganz wesentlichen Einfluß auf Ihre Gedanken und Gefühle zum Leben. Wir empfehlen Ihnen, auf Ihre Gedanken und Gefühle beim Lesen dieses Abschnitts genau zu achten; begrüßen Sie auch die ungewöhnlichsten und ärgerlichsten Gedanken, weil gerade diese Ihnen sehr wichtige Aufschlüsse über Sie selbst geben.

Für Menschen, die ihr Leben in integrativen Zusammenhängen sehen, ist es leicht und natürlich, die Verantwortung für alles zu übernehmen, was sie erfahren. Menschen, die ihr Leben in abwertenden Zusammenhängen sehen, halten sich selbst für Opfer. Diese beiden unterschiedlichen Einstellungen prägen meistens auch die persönliche Haltung zum Tod.

Ein Mensch, der grundsätzlich davon ausgeht, daß er das Leben als Opfer erfährt, nimmt natürlich auch an, daß der Tod den Körperzellen einprogrammiert und folglich unausweichlich ist. Deshalb beziehen wir uns auf diese Einstellung im folgenden mit den Begriffen »Mortalist« oder »Todesanhänger«.

Ein Mensch, der sein Leben feiert und die Verantwortung dafür übernimmt, geht ganz selbstverständlich davon aus, daß der Tod, wann immer er eintreten mag, durch den bewußten oder unbewußten Wunsch zu sterben bewirkt wird. Weil diese Menschen glauben, daß der Tod gewählt wird und nicht zwangsläufig unausweichlich ist, beziehen wir uns auf sie mit dem Begriff »Unsterblichkeitsanhänger«.

Das System von Zusammenhängen, das davon ausgeht, daß der Tod

gewählt wird, ist unter dem Begriff »Unsterblichkeitsphilosophie«
bekannt und deckt sich zu großen Teilen mit der Integrationsphiloso-
phie selbst.

Der Unsterblichkeitsphilosophie anzuhängen, bedeutet zu akzeptieren,
daß es möglich ist, den Körper und das eigene Geschick vollkommen zu
meistern und dann sein Bestes dafür zu *tun,* um das zu erreichen.

Die Schlußfolgerung, auf jeden Fall sterben zu müssen, ob Sie wollen
oder nicht, bringt Ihnen keinerlei Vorteil. Andererseits führt es auch zu
keinerlei Nachteil, wenn Sie sich die Möglichkeit offenhalten, Ihren
physischen Körper und Ihr Leben einmal vollkommen meistern zu
können.

Hier geht es erst einmal nur um die persönliche Entscheidung für oder
gegen bestimmte Gedanken. Menschen haben immer gedacht, sterben
zu müssen und sind jetzt seit Jahrhunderten auch gestorben – und das
scheint für sie der natürliche Lauf der Dinge gewesen zu sein. Einige
der uns liebsten Menschen in unserem Leben sind tatsächlich inzwischen gestorben; wir werden also auf keinen Fall schlecht von Ihnen
denken, wenn Sie zu dem Schluß gekommen sind, selbst auch sterben
zu müssen. Aber falls Sie zu diesem Thema auch einmal neue Gedanken erforschen möchten, lesen Sie bitte weiter.

An diesem Punkt Ihrer Betrachtung der Unsterblichkeitsphilosophie
spielt es absolut keine Rolle, ob physische Unsterblichkeit tatsächlich
erreicht werden kann oder nicht. Wir behaupten nicht, Ihnen das ewige
Leben zu bieten, sondern möchten Ihnen eine Alternative zu dem
Gedanken vorstellen, daß Sie sterben müssen. Wesentlich dabei ist,
daß Sie mit der Überzeugung, Ihr Leben und Ihren Tod selbst bestimmen zu können, ein weitaus reicheres und freudigeres Leben führen,
selbst wenn Sie später sterben. Entweder Sie sterben nicht, oder Ihr Tod
liegt in der Zukunft; auf jeden Fall haben Sie damit in diesem Augenblick nichts zu tun. Aber Ihre *Gedanken* über den Tod haben mit Ihnen
in diesem Augenblick *sehr viel* zu tun.

43 Die fünf grundlegenden Nachteile des Gedankens, auf den Tod keinerlei Einfluß zu haben

An dem Gedanken festzuhalten, daß Sie sterben müssen und deswegen auf den Tod keinen Einfluß haben, bringt fünf grundlegende Nachteile mit sich: Angst, Hilflosigkeit, Teilnahmslosigkeit, Begrenzungen und Selbstbetrug. Diese fünf Nachteile spielen bei fast sämtlichen menschlichen Leiden eine wesentliche Rolle.

Angst

Wenn Sie wie die meisten Menschen Ihre Gedanken zum Tod nicht sehr gründlich durchgearbeitet haben, gibt es in Ihrem unbewußten Verstand wahrscheinlich abwertende Dualitäts-Mechanismen, für die das Sterben die zwanghafte Anpassung ist. Einige Beispiele für verbreitete abwertende Dualitäten, bei denen das Sterben die zwanghafte Anpassung ist, sind auf S. 168 zu sehen.

Diese Form der Anpassung ist als »Todesdrang« bekannt. Der Gedanke, daß der Tod außerhalb Ihres Einflußbereiches liegt, kommt der Unterdrückung Ihres Todesdranges gleich. Diese Unterdrückung führt dazu, daß Sie Ihrem Todesdrang hilflos ausgeliefert sind, und deswegen sind all die Seiten in Ihnen, die nicht möchten, daß Sie sterben, in einem ständigen Zustand der Angst, da der unterdrückte Todesdrang Ihren Verstand, Körper und Handlungsweisen leicht beherrschen kann. Diese Angst erschwert es Ihnen nicht nur, sich zu entspannen, sondern baut auch ein zusätzliches Hindernis zwischen Ihnen und Ihrem unbewußten Verstand auf. Solange Sie die Verantwortung für Ihren Todesdrang nicht übernehmen, können Sie ihn nicht integrieren, und es bleibt Ihnen nur die Wahl zwischen manifester Angst oder unterdrückter Angst.

Hilflosigkeit

Es gibt keinen Unterschied zwischen Hilflosigkeit und dem Gedanken, daß Sie für das, was Sie erleben, nicht verantwortlich sind. Wenn Sie die Verantwortung für Ihr Leben übernehmen und versuchen, es zu ändern, kann Ihnen das gelingen oder mißlingen. Wenn Sie aber keine Verantwortung übernehmen, werden Sie noch nicht einmal den Ver-

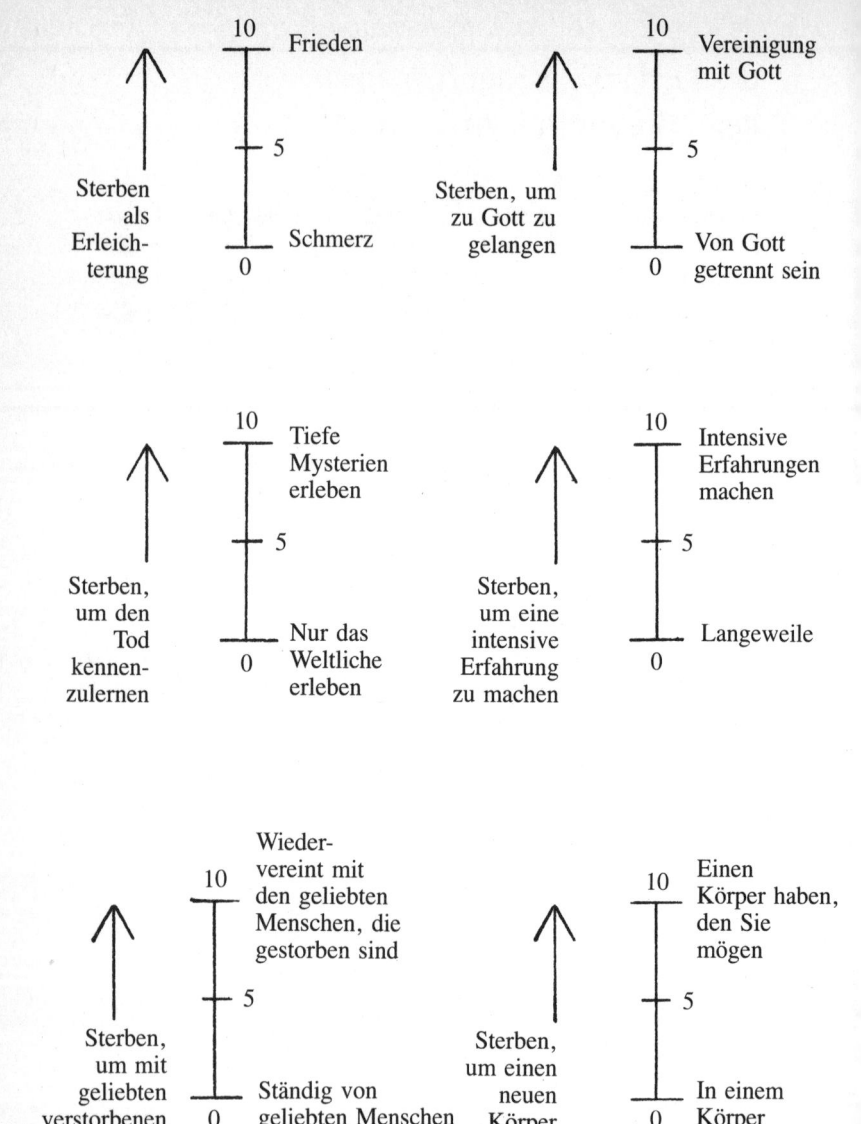

Abbildung 11: Einige verbreitete Todesdrang-Dualitätsmechanismen

168

such unternehmen, etwas zu verändern, und können also nur scheitern. Sämtliche Vorteile sind auf seiten desjenigen, der für alles die Verantwortung übernimmt, ganz gleich ob er sehen kann, *auf welche Weise* er verantwortlich ist. Wenn man die Verantwortung für etwas so Wichtiges wie das eigene Leben und den eigenen Tod nicht übernimmt, ist man durchdrungen von einem Gefühl der Hilflosigkeit. Diese Hilflosigkeit färbt dann zwangsläufig jede Bemühung. Deswegen muß man sehr viel Energie aufbringen, um die Hilflosigkeit zu unterdrücken, und dadurch setzt die Hilflosigkeit sich fort und nimmt ständig zu.

Teilnahmslosigkeit

Wenn Sie denken, daß Sie in hundert Jahren bestimmt nicht mehr hier sind, um die Früchte Ihrer heutigen Bemühungen zu ernten, werden Sie mit Sicherheit teilnahmslos. Warum Wohlstand anhäufen, wenn Sie ihn doch nicht mitnehmen können? Warum die Natur erhalten, wenn Sie gar nicht mehr da sind, um sich an ihr zu erfreuen? Warum nicht jemanden umbringen (zum Beispiel sich selbst), wenn dieser Mensch sowieso sterben muß? Warum auf die eigene Gesundheit und gar auf die Erhaltung unseres Planeten achten? Warum noch eine Fremdsprache lernen, wenn Sie bereits siebzig Jahre alt sind?

Wenn Sie glauben, daß Ihr Tod unvermeidlich ist, und meinen, trotzdem nicht teilnahmslos zu sein, kann das ein Zeichen dafür sein, daß Sie diese Teilnahmslosigkeit unterdrücken und sie in Wirklichkeit Ihr Leben regiert. Halten Sie einen Moment lang inne und überlegen Sie, welche Methode es sein könnte, mit der Sie Ihre Teilnahmslosigkeit unterdrücken.

Begrenzungen

Wenn Sie sagen, daß Ihr Tod unvermeidbar ist, sagen Sie damit, daß Ihre Zeit begrenzt ist. Wenn Ihre Zeit begrenzt ist, heißt das, Sie können nur begrenzte Erfahrungen machen. Das wiederum gibt Ihnen das Gefühl, alles sei begrenzter, als es tatsächlich der Fall ist. Dieser Zustand ist als »begrenztes Denken« bekannt. Ein Beispiel für begrenztes Denken ist die Vorstellung, Wohlstand sei begrenzt. In Wirklichkeit ist Wohlstand absolut nicht begrenzt; jedes Mal, wenn ein Mensch etwas Produktives tut, erzeugt er dadurch neuen Wohlstand. Wenn Sie auch glauben, es gäbe in dieser Welt nur ein begrenztes Fixum an Wohlstand, schlagen wir Ihnen vor, Ihre Fenster zu putzen und sich das Gegenteil zu beweisen. Gier nach Wohlstand ist übrigens ebenfalls eine Auswirkung begrenzten Denkens.

Wenn Sie den Tod für unvermeidlich halten, werden Sie glauben, daß auch Ihre Lebendigkeit zeitlich begrenzt ist. Dadurch erfahren Sie Ihre Lebendigkeit auch in diesem Augenblick als begrenzt, was wiederum den Fluß der Lebendigkeit in Ihrem Körper einschränkt.

Selbsttäuschung

Ihr unbewußter Verstand empfängt sämtliche Informationen, die Sie in jedem Moment durch die verschiedenen Sinne aufnehmen. Der unbewußte Verstand legt auch fest, welchen Teil dieser Informationen der bewußte Teil empfängt (laut psychologischen Studien etwa 4 Prozent). Immer wenn der Tod eintritt, gibt es dafür Gründe. Und fast immer ist der unbewußte Verstand über diese Gründe früh genug und ausreichend informiert worden, um den Tod zu verhindern. Wenn der unbewußte Verstand Sie zum Tode hin statt von ihm wegführt, ist er offensichtlich von ihm beabsichtigt. Die Überzeugung, daß der Tod keine Frage der Wahl ist, kommt zustande, weil dem bewußten Verstand entgangen ist, daß der unbewußte Verstand den Tod gewählt hat. Dieses Versäumnis ist der Ursprung einer besonders fatalen Form der Selbsttäuschung. (Beachten Sie, daß ein Mensch durch Rebirthing seinen Körper bewußter wahrnimmt und diese Art von Selbsttäuschungen dadurch bedeutend abbaut.)

Wir haben entdeckt, daß der Gedanke von der Unausweichlichkeit des Todes außer für diese fünf grundlegenden Nachteile auch noch die Hauptursache ist für:
Krankheit
Depression
Selbstmordtendenzen
Das Bedürfnis, quitt zu sein
Das Bedürfnis, sich selbst und andere zu verteidigen

Solange Sie am Leben sind, können Sie unmöglich mit Bestimmtheit beweisen, daß Sie sterben werden. Trotz dieser unbestreitbaren Tatsache haben Sie sich wahrscheinlich wie die meisten Menschen in einem Alter, in dem Sie leicht zu beeinflussen waren, von irgendeiner Autoritätsperson davon überzeugen lassen, daß Sie mit Sicherheit innerhalb relativ kurzer Zeit werden sterben müssen. Wir legen Ihnen dringend nahe, zu erwägen, ob Sie dem Tod Ihre unhinterfragte Treue nicht brechen wollen! Für jeden Menschen, der den größten Teil seines zwanghaften Todesdranges integriert hat und der seinen physischen Körper genießt, ist die volle Meisterschaft über diesen Körper ganz selbstverständlich eins der wichtigsten Ziele.«»Volle Meisterschaft über den physischen Körper« bedeutet, ständig und unter allen Umständen bei bester Gesundheit zu bleiben und schließt das Verhindern von Unfällen, Verletzungen, Krankheiten, Altern und Tod ein. Es ist leicht einsichtig, daß die Meisterung des Körpers auch Meisterung der geistigen Wahrnehmung, der physischen Welt und spiritueller Dimensionen bedeutet.

Der Glaube, daß es möglich ist, volle Meisterschaft über den Körper zu erlangen und daß der Tod *nicht* unvermeidbar ist, hat viele Vorteile. Im folgenden Kapitel geben wir nur eine Auswahl dieser Vorteile wieder und sind sicher, daß Sie aus eigener Erfahrung viele weitere hinzufügen können.

44 Die Vorteile der Unsterblichkeitsphilosophie

Es wird Ihnen leichter fallen, für alles in Ihrem Leben die Verantwortung zu übernehmen.

Sie werden größere Freiheit im Denken erfahren, als wenn Sie in einem Zusammenhang festgefahren sind, in dessen Rahmen der Tod unausweichlich feststeht.

Sie werden sich sicher genug fühlen, um Ihre Angst vor dem Tod und dann Ihren Todesdrang zulassen und integrieren zu können.

Sie werden weniger Begrenzungen erfahren und damit sowohl mehr Selbstvertrauen als auch mehr Motivation haben, die großen Aufgaben in Ihrem Leben zu bewältigen.

Sie werden besser auf Ihren Körper und auf Ihre Umgebung achtgeben.

Sie werden sich leichter entspannen können.

Sie werden mutiger und überlegter handeln.

Sie werden mehr Selbstachtung und mehr Achtung vor anderen Menschen verspüren, weil Sie nicht länger denken, daß man menschliche Wesen benutzen kann.

Sie werden sich in allen Bereichen Ihres Lebens mit mehr Begeisterung neue Fähigkeiten aneignen und ständig Neues dazulernen.

Sie werden sich niemals für alt und ausrangiert halten und sind deswegen immer imstande, neue Tricks zu lernen.

Sie werden die Reichtümer des Lebens in größerem Überfluß genießen können.

Wenn Sie vorübergehend Rückschläge erleiden, wird es Ihnen leichter fallen, noch einmal von vorn zu beginnen.

Sie werden die Wahrscheinlichkeit vergrößern, tatsächlich die Meisterschaft über Ihren Körper zu erlangen.

Es wird Ihnen leichter fallen, auch andere familiäre Negativmuster zu durchbrechen.

Sie werden ein liebevolleres Verhältnis zu Gott haben, weil er Ihnen nicht mehr wie der riesengroße Kerl mit der Fliegenklatsche vorkommt.

Sie werden mehr Sinn für Humor entwickeln, weil Sie eher die Wahl haben, ob Sie Dinge ernst nehmen wollen oder nicht.

Ihre positive Sicht des Lebens wird ansteckend sein und Sie werden an der Gestaltung dieser Welt zu einem glücklicheren, friedlicheren, blühenderen Platz zum Leben teilhaben.

Es wird Ihnen leichter fallen zu verzeihen, weil Sie davon ausgehen, daß Sie sämtliche unerfreuliche Ereignisse überdauern werden, die Ihnen möglicherweise widerfahren.

Es wird Ihnen leichter fallen, Rebirthing zu machen, weil es Ihnen leichter fällt, für alles dankbar zu sein.

Sie werden eher geneigt sein, die neuesten Erkenntnisse auf dem Gebiet der Gesundheit für sich umzusetzen und zu verwirklichen.

Sie werden mehr Zeit haben, Ihre Wünsche in die Tat umzusetzen (und restlos auszuleben).

Der wichtigste Vorteil von all den hier aufgezählten und noch vielen weiteren aber ist, daß Sie Ihr Leben mehr genießen werden.

45 Der Ursprung der Todesphilosophie

Ursprung der Todesphilosophie ist der Gedanke, daß wir als menschliche Wesen von der Quelle allen Lebens unwiderruflich abgeschnitten sind. Todesanhänger glauben, daß sie an der ursprünglichen Entstehung ihrer Körper nicht beteiligt sind. Unsterblichkeitsanhänger glauben, daß sie ihren Körper gewählt haben. Todesanhänger glauben, daß der Tod in ihren Körperzellen vorprogrammiert ist. Unsterblichkeitsanhänger glauben, daß der physische Tod, wann immer er eintritt, das Ergebnis des bewußten oder unbewußten Wunsches zu sterben ist. Wie

Sie vielleicht schon erkannt haben, ist es unmöglich, die volle Verantwortung für das eigene Leben zu übernehmen, solange Sie nicht auch die Verantwortung für Ihre Gedanken über den Tod übernommen haben.

Der Drang zu sterben ist eine natürliche, konsequente Folge zwanghafter Unterdrückung. Alle Seiten eines Menschen möchten entfaltet werden, jede auf ihre Weise. Entfaltung ist gleichbedeutend mit Veränderung. Je mehr Widerstände ein Mensch gegen Veränderungen hat, desto stärker steigt der unbewußte Wunsch nach Veränderung. Der Tod ist letztendlich das Ergebnis des unterdrückten Wunsches nach Veränderung; er ist die größte Veränderung, die ein lebender Mensch sich vorstellen kann. Der Widerstand gegen Veränderung kann unter diesem Gesichtspunkt sehr wohl die generelle Todesursache sein, so wie andrerseits die Integration aller Wünsche nach Veränderung die Ursache für physische Unsterblichkeit sein kann.

Die Unsterblichkeitsphilosophie erleichtert es uns, die Wohltaten anzunehmen, die Rebirthing uns schenkt. Und Rebirthing wiederum erleichtert es uns, das Leben aus dem Blickwinkel der Unsterblichkeitsphilosophie zu betrachten. Denn sowohl Rebirthing als auch die Unsterblichkeitsphilosophie steigert unsere Lebenslust beträchtlich.

Am Tod ist nichts falsch, vorausgesetzt er deckt sich mit Ihren sonstigen Zielen. Wir erinnern uns beide an unseren jüngsten Tod, der unserem letzten Leben ein Ende setzte, und wir können Ihnen versichern, daß er keine große Sache ist.

Das Leben ist voll unendlicher Gnade, und wenn Sie Ihren Körper zerstören sollten, wird es Ihnen mit Freuden einen neuen Körper schenken. Ihren Körper absichtlich zu zerstören ist aber mindestens ebenso sinnlos, wie Ihr Auto absichtlich zu zerstören. Alles, was Sie durch das Sterben erreichen möchten, können Sie wahrscheinlich auf anderem Wege schneller erledigen. Das Konzept und die Philosophie der physischen Unsterblichkeit sind die konsequent zu Ende gedachte Erweiterung der Vorstellung, daß die persönliche Realität auf der Projektion und Interpretation der Verstandeskraft beruht. Physische Unsterblichkeit heißt, so lange zu leben, wie Sie möchten, und mit Ihrem Tod, wenn er eintritt, einverstanden zu sein. Für die Lebenden ist der Tod nur eine Idee oder eine Philosophie. Zunächst ist auch die physische Unsterblichkeit eine Idee oder Philosophie mit dem Zweck, der Philosophie von der Unausweichlichkeit des Todes etwas entgegenzusetzen, die sich in unserer Gesellschaft offensichtlich eines gewissen Maßes an statistisch nachweisbarer Beliebtheit erfreut. Durch die kreative Kraft des Verstandes realisieren sich diese Überzeugungen, und die statistische Verbreitung des Todes entspricht der Verbreitung der Überzeugung, Erwartung oder Philosophie des Todes.

Für viele Menschen kam die Geburt von allen Erfahrungen, die sie in ihrem jetzigen Körper gemacht haben, der Erfahrung des Todes am nächsten. Das trifft vor allem für Menschen zu, deren Nabelschnur durchgeschnitten wurde, bevor sie Gelegenheit hatten, selbständig atmen zu lernen.

Das Paradoxe an der Philosophie von der physischen Unsterblichkeit ist, daß sie den Boden für die unendliche Manifestation und den unbegrenzten Ausdruck Ihrer persönlichen Lebenskraft bereitet und sich trotzdem jeder Beweisführung widersetzt. Was müßte jemand tun, um Ihnen zu beweisen, daß er unsterblich ist – oder, persönlicher gefragt, was müßte jemand tun, um Ihnen zu beweisen, daß *Sie* unsterblich sind? Daß Sie in diesem Augenblick lebendig sind, ist der einzig mögliche Beweis, den Sie jemals in der Hand haben werden. Wenn Sie glauben, daß der Tod unvermeidlich ist, dann haben Sie sich selbst von diesem Gedanken überzeugt. Vielleicht bedarf es einiger Überzeugungskunst, ehe Sie die Unsterblichkeitsphilosophie annehmen können, aber was haben Sie schon zu verlieren?

Einige Einstiegsaffirmationen zur Unsterblichkeit:

1. Ich verzeihe mir, gedacht zu haben, daß ich sterben muß.
2. Ich verzeihe mir, daß ich sterben wollte.
3. Mein Bedürfnis zu sterben, wurde bereits vor langer Zeit restlos befriedigt.
5. Da ich im Leben ein Gewinner bin, möchte ich jetzt beim Sterben ein Verlierer sein.
5. Ich bin in diesem Augenblick sicher und unsterblich.
6. Ich bin in diesem Augenblick lebendig, deswegen sind meine Lebensgeister stärker als mein Todesdrang. Solange ich meine Lebensgeister stärke und meinen Todesdrang schwäche, werde ich in Gesundheit und Jugend weiterleben.
7. Je mehr ich lebe, desto lebendiger werde ich.
8. Je länger ich lebe, desto lebendiger werde ich.
9. Ich fühle mich sicher dabei, mich mit meinen Ängsten vor dem Tod zu konfrontieren.
10. Ich entscheide mich für das Leben.
11. Ich verzeihe allen Menschen, die vor mir gestorben sind.
12. Ich liebe alles an meinem Leben.
13. Mein Körper ist jetzt gesund und wird mit jedem Tag gesünder.

14. Meine Lebensspanne erhöht sich mit jeden Tag, ob ich das wahr-
    nehme oder nicht.
15. Es ist ein Vergnügen, in meinem Körper zu sein.
16. Meine Gesundheit lustvoll zu verbessern, ist mir immer ein Haupt-
    vergnügen.
17. Alles, was ich jemals durchlebt habe, hat auf sämtliche Seiten von
    mir einen stärkenden Einfluß gehabt.
18. Da es ein Wunder ist, daß ich überhaupt lebendig bin, ist es
    vollkommen vernünftig zu denken, daß ich in tausend Jahren auch
    noch hier sein werde.

46 Ein Vergleich zwischen Todes- und Unsterblichkeitsphilosophien

Philosophen studieren Denkweisen und sind bemüht, ein zusammen-
hängendes und folgerichtiges Denksystem hervorzubringen, mit dem
sie das Leben erfassen können. Ein Vergleich zwischen Todes- und
Unsterblichkeitsphilosophien ist eine gute Möglichkeit, mit der Meisterung der Unsterblichkeitsphilosophie zu beginnen. Anhand der folgenden Übersichtskarte können Sie leicht Vergleiche ziehen, und im
Anschluß daran erforschen wir jeden Punkt im einzelnen. Denken Sie
beim Studieren der Übersichtskarte bitte daran, daß wir Todesphilosophie und Unsterblichkeitsphilosophie jeweils in ihrer reinsten Form
vorstellen. Der Glaube an die Unausweichlichkeit des Todes existiert
schon so lange, daß diese Philosophie viele Zweige entwickelt hat.
Religionen, die an irgendeine Form des Lebens nach dem Tod glauben,
sind der Todesphilosophie weniger zugeneigt als der Existenzialismus,
der sie in reinster Form vertritt. Natürlich hat jeder Mensch seine eigene
Philosophie. Anno 1983 als dieses Buch geschrieben wurde, haben erst
wenige Menschen ihren Übertritt zur Unsterblichkeitsphilosophie ganz
vollzogen. Nicht sämtliche persönliche Philosophien von Menschen,
die glauben, dem Tod wahllos ausgeliefert zu sein, werden sich exakt
mit dem Modell decken, das wir vorstellen, und auch die persönlichen
Philosophien derjenigen, die die Unausweichlichkeit des Todes in
Frage stellen, werden nicht ganz mit unserem Modell von der Unsterblichkeitsphilosophie übereinstimmen. Wir beschreiben generelle Ten-
denzen, die, so glauben wir, von uns korrekt wiedergegeben werden.

Lebensaspekt	Todesphilosophie	Unsterblichkeits- philosophie
Lebenssinn	Vermeide das letztendliche und unvermeidliche Versagen (den Tod) so lange wie möglich. Vermeide den Schmerz oder erfahre Schmerz. Versuche das dauerhafte Überleben deiner genetischen Merkmale und Weltanschauungen zu gewährleisten, indem du Kinder hast und aufziehst und Menschen dienst, die ähnliche genetische Merkmale und Weltanschauungen aufweisen, oft in Konkurrenz zu Menschen mit anderen.	Erweitere deinen Erfolg, dein Lernen und deinen Dienst ins Unendliche. Lebe mit Genuß oder vermeide Genuß. Bringe das Beste in dir durch den Dienst an allen Menschen zum Vorschein, ganz unabhängig von ihrer Weltanschauung und ihren genetischen Merkmalen.
Sinn zwischenmenschlicher Beziehungen	Aufopferung oder Kontrolle. Bedürfnis/Verpflichtung	Liebe geben und empfangen
Gott	Verurteilend. Ein allmächtiges und weit entferntes Wesen. Fordert Aufopferung.	Der Ursprung aller Ursprünge. Immer für uns da. Der Ursprung aller individuellen persönlichen Realität. Erschafft uns mit umfassender, bedingungsloser Liebe. Allgegenwärtig bis in sämtliche Zellen unseres Körpers.
Ethik	Von Faktoren bestimmt, die außerhalb der Reichweite des Individuums liegen. Situationsabhängig. Existiert, um Bestrafungen zuvorzukommen.	Individuell. Selbstbestimmt. Absolut. Existiert im Dienste wachsender Liebe und Kreativität.
Beziehung zur Gruppe	Aufopferung für die Gruppe.	Mit seinem Handeln ein anregendes Beispiel für andere sein.
Regierung	Notwendig, um die Menschen voreinander zu schützen.	Im großen und ganzen unnötig. Existiert, um Regeln aufzustellen, damit das Spiel besser läuft.
Beziehung zum eigenen Körper	Dem Körper verhaftet. Notwendig für das Überleben. Abhängigkeit und Verdruß.	Der Körper existiert für das eigene Vergnügen und Wohlbehagen.
Geld	Mangel	Überfluß

Der Sinn des Lebens

Wenn Sie glauben, daß der Tod unausweichlich feststeht, dann sind Ihre Lebensfreude und das, was Sie im Leben erreichen, selbstverständlich zeitlich begrenzt auf eine vorübergehende Gnadenfrist, bis alles ein unvermeidliches Ende nimmt. Ganz gleich, wie erfolgreich Todesanhänger ihr Leben bewältigen, am Ende steht das vollständige Versagen. Das Gegenteil von Erfolg ist, nichts zu erreichen, und Todesanhänger glauben, daß sie unausweichlich damit enden, nichts zu erreichen (wir kennen keinen einzigen toten Menschen, der in diesem Augenblick irgendetwas von Bedeutung erreicht.) Für Todesanhänger ist die Lebensspanne ein unendlich kleiner Ausschnitt der Unendlichkeit, also ist ihre Lebendigkeit eine Ausnahme von der Regel, die da heißt, tot zu sein. Im Leben etwas zu erreichen, bedeutet für einen Todesanhänger hauptsächlich, sich vor der Erfahrung seiner eigenen, grundsätzlich seelenlosen Natur zu schützen und dagegen zu wappnen. Uns ist bewußt, daß nicht alle Todesanhänger so denken müssen, aber diese Gedanken sind eine konsequente Folgerung aus der Todesphilosophie und existieren deswegen irgendwo in einem unterdrückten Bereich des logischen Verstandes eines jeden, der glaubt, Menschen seien nicht verantwortlich für ihren eigenen Tod.

Für den Unsterblichkeitsanhänger führt jede seiner Handlungen zu Wirkungen, die sein Leben für immer beeinflussen. Da er außerdem alles Existierende in einen positiven Zusammenhang stellt (was mit zu den Eigenschaften gehört, die ihn als Unsterblichkeitsanhänger ausmachen), erfährt er seine Erfolge als ewige Erfolge, die sich ständig ausweiten.

Für einen Todesanhänger liegt der Sinn des Lernens darin, soweit wie möglich voranzukommen, bevor die Axt fällt. Für den Unsterblichkeitsanhänger hat Lernen ewigen Wert.

Da das persönliche Überleben für einen Todesanhänger unmöglich ist, kommt sein Versuch, das Fortleben seiner Gene und Überdauern seiner Ideen zu gewährleisten (in gewisser Weise also das seines Körpers und seiner geistigen Kräfte), seinem persönlichen Überleben am nächsten. Diese Überlegung ist die Basis der Soziobiologie. Für Unsterblichkeitsanhänger ist es eine natürliche Ausweitung ihrer eigenen Lebensfreude, wenn sie allen Menschen dienen.

Wenn man glaubt, daß Alter, Krankheit und Tod integraler Bestandteil des Lebens sind, besteht das Leben aus Leiden oder dem vorübergehenden Freisein vom Leiden.

Für den Unsterblichkeitsanhänger ist *alles* ein Genuß, also kann man die Dinge nur genießen oder sich einen Genuß entgehen lassen, weil man gerade damit »zu tun« hat, etwas anderes zu genießen. Wenn Sie gerade dieses Buch lesen, entgeht Ihnen vielleicht das Vergnügen, sich einen Film im Kino anzuschauen. Genießen Sie es, hier zu sein, müssen Sie Ihren Genuß nicht woanders suchen; Sie können aber woanders hingehen, einfach um einmal Abwechslung zu haben.

Der Sinn zwischenmenschlicher Beziehungen

Da das Leben in der Realität des Todesanhängers zwangsläufig Grenzen haben muß, betrachtet er andere Menschen unter dem Gesichtspunkt, sie mögen ihn mit Dingen versorgen, von denen er glaubt, sie fehlten ihm. Hat man einmal Liebe und Sicherheit in einer Beziehung erfahren, neigt man dazu, daran festhalten zu wollen, weil man glaubt, daß Liebe begrenzt ist. Die Überzeugung, daß Liebe begrenzt ist, führt zu Verlustangst, die Sie daran hindert, die Liebe eines anderen anzunehmen und zu erfahren. Verlustangst und Abhängigkeit führen zu Verhaltensweisen, mit denen man den anderen halten will, statt seine Liebe und seine Anwesenheit als selbstverständlich und normal annehmen zu können. Man neigt dazu, den anderen zu verpflichten, sich für ihn aufzuopfern oder ihn zu kontrollieren, damit er einen nicht verläßt. Die Angst vor dem Verlust des Partners ist Ausdruck der unterdrückten Angst vor dem Tod.

Für den Todesanhänger ist Verlust etwas Unwiderrufliches und deswegen furchtbar, und darum wird auch jede Veränderung in irgendeiner Form abgewertet. Der Unsterblichkeitsanhänger, der für jede Erfahrung dankbar ist, betrachtet einen »Verlust« als Veränderung zum Besseren.

In Beziehungen zwischen Unsterblichkeitsanhängern hat keiner der Partner Angst, den anderen zu verlieren. Das Wesen der Beziehung – Liebe miteinander zu teilen – ist wichtiger als die Form, die die Beziehung annimmt. Diese Einstellung begünstigt Freiheit und Offenheit, die wiederum einen Rahmen schaffen, in dem echte Liebe viel sicherer erfahren und ausgedrückt werden kann.

Gott

In der Todesphilosophie gibt es entweder gar keinen Gott (wodurch das Zufallsprinzip zu einer Art Gott wird), oder es besteht der Widerspruch zwischen einem liebenden Gott und einem Gott, der Ihren Körper gegen Ihren Willen zerstört. Man könnte auch sagen, Gott wird die

Schuld am Tod gegeben, ohne daß jemand den Mut hätte, Ihn (Sie oder Es) deswegen zur Rechenschaft zu ziehen. Man hofft, daß Gott mit uns in irgendwelchen anderen Sphären etwas besseres vorhat, aber um in diese »besseren Sphären« zu gelangen, müssen wir bestimmten Geboten gehorchen. Das wird noch verwirrender dadurch, daß die verschiedenen Stellvertreter Gottes hier auf Erden unterschiedliche Gebote vorlegen; wie kann man sich also dessen, was man tut, jemals sicher sein?

In der Unsterblichkeitsphilosophie ist Gott das, was existiert, das höchste Wesen, das unendliche Liebe, unendliche Weisheit, unendliches Sein und unendlich viele Erscheinungsformen ausdrückt. Da Gott unendlich, allmächtig und ewig ist, hat er mit Sicherheit die Fähigkeit, Flexibilität und Bereitschaft, sämtliche Wünsche zu erfüllen, die Menschen an ihn richten. Mit anderen Worten: Ihre Erfahrung von Gott ist geprägt durch Ihre Gedanken.

Ethik

In der Realität des Todesanhängers ist Ethik ein Glaubenssystem, das durch ein ausgetüfteltes System von Belohnung und Strafe gestützt wird. Wenn Sie glauben, dem Tod gegenüber machtlos zu sein, darf man kaum annehmen, daß Sie das Recht haben, Ihre Lebensregeln selbst zu bestimmen. Das ausgetüftelte ethische System ändert sich je nach Situation, seine Befolgung wird von anderen Menschen erzwungen, und es ist weit davon entfernt, direkt oder einfach zu sein. Das Töten eines anderen Menschen führt zum Beispiel unter bestimmten Umständen zur Verleihung eines Ordens, unter anderen Umständen wird es als entschuldbares Versehen betrachtet und unter wieder anderen Umständen als Kapitalverbrechen verurteilt.

In der Realität des Unsterblichkeitsanhängers liegt die Verantwortung für die Ethik beim Individuum. Der Tod ist nicht länger die große Flucht vor der Verantwortung für das Leben. Die Erkenntnis, daß Sie den Tod wählen, erleichtert es Ihnen, in Übereinstimmung mit Ihrer selbstbestimmten Ethik zu handeln. Wir fordern hier nicht zur Selbstsucht auf. Ein Mensch, der erkennt, daß wir den Tod wählen, lebt wahrscheinlich sein Leben in dem Bewußtsein, ein ständiger Bewohner unseres Planeten und ein verantwortungsvolles Mitglied unserer Gesellschaft zu sein. Auch fordert die Unsterblichkeitsphilosophie Menschen nicht zur Rebellion auf (außer zu der gegen die Tyrannei des Glaubens der Todesanhänger durch Infragestellung der Unausweichlichkeit des Todes). Rebellion ist nicht befriedigender als angepaßtes

Verhalten, weil sowohl die rebellischen als auch die angepaßten Verhaltensmuster durch Erwartungen anderer motiviert sind. Seine Ethik selbst zu wählen, heißt, sich in Übereinstimmung mit den eigenen höchsten Gedanken zu verhalten und danach zu handeln.

Beziehung zur Gruppe

Die Logik des Todesanhängers besagt, daß es – da Sie sowieso sterben werden – das Beste ist, so zu sterben, daß das Überleben der Gruppe gewährleistet ist. Diese Art des begrenzten Denkens schließt auch sämtliche weiteren Gedanken ein, die besagen, daß die Aufopferung für die Gruppe eine Tugend ist. Das offensichtliche Problem mit dieser Einstellung liegt darin, daß es keinem Mitglied einer solchen Gruppe sehr gut gehen kann, wenn alle sich für die Gruppe aufopfern, und das extremste Beispiel für diesen Trugschluß sind Kriege.

Da für Unsterblichkeitsanhänger alles im Leben auf Entscheidungen beruht, ist nach ihrem Gefühl das Beste, was Sie für die Gruppe tun können, sich selbst aufzumuntern, uneingeschränkt für den eigenen Wohlstand und den eigenen Genuß zu sorgen, und damit die Gruppe anzuregen, diesem Beispiel zu folgen.

Regierung

In einer Gesellschaft, die nach der Todesphilosophie lebt, hat die Regierung hauptsächlich die Aufgabe, Menschen voreinander und vor allen möglichen Widrigkeiten zu schützen. Die grundlegende Überzeugung ist, daß Menschen in erster Linie Opfer sind, die jemanden brauchen, der die Verantwortung für ihr Wohlergehen übernimmt, da sie dafür nicht selbst verantwortlich sind. Also haben wir militärische Einheiten, die in der Lage sind, die Welt in die Luft zu jagen, um uns vor den Bewohnern anderer Länder zu schützen, und wir haben Polizeikräfte, Gefängnisse und Hinrichtungseinrichtungen, um uns vor den Mitbewohnern unseres Wohnortes zu schützen. Wie Ihnen vielleicht schon aufgefallen ist, gelang es bis heute keiner dieser Einrichtungen, für unsere Sicherheit zu sorgen und Kriegen oder Verbrechen ein Ende zu setzen.

Was Kriege »erreichen«, könnte durch andere Mittel eindeutig (eindeutig für die meisten heutigen Menschen, wie wir hoffen), besser erreicht werden. Nach Meinung der Autoren ist Krieg für Menschen so attraktiv, weil er mit hohem Einsatz spielt; das heißt, er ist eine Siege-oder-Stirb-Situation für die Teilnehmer. Wird ein Krieg gewonnen, genießen die Sieger das Gefühl, einen engagierten Gegner geschlagen zu haben, was heißt, daß sie und ihresgleichen Menschen überlegen sind, die anders sind als sie. Der Krieg ist nur solange ein Risiko, wie den Teilnehmern nicht bewußt ist, daß sie die Wahl haben zu leben oder zu sterben. Ein Krieg zwischen Unsterblichkeitsanhängern wäre ebenso uninteressant, wie ein Besuch im Spielkasino, bei dem Sie schon wüßten, daß Sie Ihre gewünschten Karten ziehen werden. Der Punkt ist, daß der Glaube an die Unausweichlichkeit des Todes der Ursprung des Krieges und weniger organisierter Formen des Mordes ist; Kriege und Verbrechen sind schlichtweg Verhaltensweisen, mit denen diese Überzeugungen in die Tat umgesetzt werden.

Regierungen können noch nicht einmal für das finanzielle Wohlergehen ihrer Staatsbürger sorgen (wenn Sie das bezweifeln, fragen Sie doch bitte einmal einen Sozialhilfeempfänger, wie er mit seinem Einkommen zurechtkommt), geschweige denn sie vor dem Tod beschützen. Es ist unvernünftig von uns Staatsbürgern, immer noch von der Regierung zu erwarten, daß sie uns versorgt, wo sie seit langem bewiesen hat, daß sie dazu nicht in der Lage ist. Individuelles Selbstvertrauen ist die einzige praktische Antwort.

Demokratie war der größte Schritt nach vorn, den Regierungen jemals getan haben. Aber Demokratie ist auch nur Tyrannei durch die Mehrheit. Die Welt ist nicht frei, solange nicht jeder einzelne Mensch frei ist.

Der Tod ist die letzte Tyrannei, die aus dem Weg geräumt werden muß. Wenn wir alle die volle Verantwortung für unser eigenes Leben übernehmen, wird die Rolle der Regierung völlig anders verstanden werden.

Beziehung zum eigenen Körper

Todesanhänger betrachten den Körper als notwendig für das eigene Überleben. Je nach ihrer Einstellung zum Leben sind sie deshalb dem Körper entweder stark verhaftet oder haben den Wunsch, ihn zu zerstören.

Unsterblichkeitsanhänger betrachten ihren Körper als höchst angenehmes Medium, mit dessen Hilfe sie sich in der physischen Welt ausdrücken und bewegen können. Sie behandeln ihren Körper mit Achtung und Liebe statt ihn als Objekt für Bedürfnisse und Verpflichtungen zu betrachten.

Nachdem wir beide einmal Todesanhänger waren und jetzt seit mehreren Jahren Unsterblichkeitsanhänger sind, können wir Ihnen ohne

Übertreibung versichern, daß es sich besser *anfühlt*, den Körper eines Unsterblichkeitsanhängers zu bewohnen statt den eines Todesanhängers.

Geld

Wir leben in einer höchst materialistischen Gesellschaft. »Materialistisch« heißt die Denkweise, die materielle Dinge für wertvoller hält als Ideen, Fähigkeiten und spirituelle Erfahrungen. Menschen, die durch Geld motiviert sind, scheinen weniger motiviert zu sein, ihren physischen Körper auf ewig zu behalten, und Todesanhänger neigen dazu, materialistisch zu denken. Das ist ziemlich paradox, wenn Sie bedenken, daß Geld wertlos ist, wenn Sie keinen physischen Körper haben; was auch heißt, daß Sie allein dadurch, daß Sie leben, wohlhabender sind als sämtliche toten Menschen zusammengenommen.

Die Unsterblichkeitsphilosophie beinhaltet ein Überflußdenken in bezug auf Geld. Die Vorstellung, daß der Tod unausweichlich feststeht, ist eine begrenzende Vorstellung und der Ursprung aller begrenzenden Überzeugungen in Hinsicht auf Geld.

47 Dem Tod die Treue brechen

Dem Tod Ihre Treue zu brechen bedeutet, die Verantwortung für Ihr Leben zu übernehmen. In diesem Kapitel stellen wir Ihnen Techniken vor, mit deren Hilfe Sie sich klarer bewußt machen können, für welche Gedanken über den Tod Sie sich entschieden haben. Im Grunde genommen geht es in diesem ganzen Abschnitt über »Unsterblichkeitsphilosophie« darum, sich dieser Entscheidung bewußt zu werden.

Erinnern Sie sich, wann man Ihnen das erste Mal sagte, daß Sie sterben müssen

Entspannen Sie sich und rufen Sie sich so viele frühere Gespräche über und Erfahrungen mit dem Tod ins Gedächtnis wie nur möglich. Erinnern Sie sich vor allem an das erste Mal, als Ihnen jemand mit voller Überzeugung erzählte, Sie müßten einmal sterben; die unterdrückten Gefühle, die mit diesem Ereignis verbunden sind, bilden den innersten Kern der Negativität, die Sie am meisten einschränkt.

Weiter ist es gut, sich an Todesfälle in Ihrer Familie oder im Freundes-kreis zu erinnern, besonders zu Zeiten, als Sie noch ganz klein waren. Rufen Sie sich auch eventuell gemachte Scheintod-Erfahrungen ins Gedächtnis, wie: beinahe ertrunken sein, Verletzungen, bei denen Sie bewußtlos wurden, Autounfälle, körperliche Angriffe, Kriegserfahrun-gen und so weiter. Konzentrieren Sie sich auf die Gefühle, die diese Erfahrungen hervorrufen und erlauben Sie sich, diese Gefühle zu genießen.

Erforschen Sie Ihre Familientradition in Hinsicht auf den Tod

Vorstellungen über den Tod werden von Generation zu Generation weitergegeben. Es ist nicht unüblich, daß die Mitglieder einer Familie Generation für Generation in etwa dem gleichen Alter und an fast den gleichen Ursachen sterben. Versuchen Sie einen »Stammbaum« zu zeichnen, der mindestens vier Generationen zurückreicht, und finden Sie heraus, in welchem Alter und woran Ihre Vorfahren gestorben sind. Dadurch werden Sie sehr viel über Ihre eigenen Programmierungen auf sozial anerkannte Ideen über Tod und Sterben erfahren.

Sprechen Sie mit Ihrem ältesten lebenden Verwandten und versuchen Sie soviel wie möglich über die Persönlichkeiten Ihrer Vorfahren herauszubekommen. Auf die Persönlichkeit der meisten Menschen, die nicht intensiv an ihrer Selbstentfaltung gearbeitet haben, paßt eine der folgenden Kategorien: gemäßigt rebellisch oder extrem rebellisch, gemäßigt angepaßt oder extrem angepaßt. Diese Charakterisierungen haben meistens einen großen Einfluß auf Verhaltensmuster beim Ster-ben. Gemäßigte Rebellen überleben meistens ihre Eltern, das heißt, sie agieren den unterdrückten Wunsch aus, ihre Eltern tot zu sehen. Extreme Rebellen sterben ungefähr im gleichen Alter wie ihre Eltern. Extrem angepaßte Menschen sterben oft vor ihren Eltern, was dem unbewußten Bemühen gleichkommt, ihre Eltern oder andere Familien-mitglieder vor dem familieneigenen Todesdrang zu schützen.

Erforschen Sie die Einstellungen Ihrer Eltern zu Tod und zum eigenen Körper. Wahrscheinlich sind das die gleichen oder fast die gleichen Einstellungen, die Sie selbst unbewußt entwickelt haben.

Sie können viel für sich gewinnen, wenn Sie sich auf diesem Gebiet als ein gewiefter Sherlock Holmes betätigen.

Schreiben Sie die Gründe auf, warum Sie glauben, sterben zu müssen oder zu wollen.

Schreiben Sie fünf Gründe dafür auf, warum Sie glauben, sterben zu müssen. Fertigen Sie eine weitere Liste an, auf der Sie fünf Gründe dafür aufführen, warum Sie den Tod für wünschenswert halten. Es kann sein, daß Sie sich dabei sehr unwohl fühlen, aber wie wir früher schon ausdrücklich betont haben, sind unangenehme Gefühle Gelegenheiten, unterdrückte Negativität zu integrieren. Fassen Sie Mut, atmen Sie weiter und seien Sie dankbar für Ihre Gefühle. Seien Sie vollkommen ehrlich. Wenn Sie feststecken und Ihnen keine weiteren Gründe mehr einfallen, dann denken Sie sich die restlichen aus. Wenn Sie die zwei Listen mit jeweils fünf Gründen fertig haben, entwickeln Sie Affirmationen für jeden dieser Gründe. Es ist gut möglich, daß Sie sich nach diesem Prozeß lebendiger fühlen als je zuvor in Ihrem Leben.

Seien Sie dankbar dafür, lebendig zu sein

Eine sehr aufschlußreiche Frage, die Sie sich häufig stellen können, lautet: Wäre ich bereit, ewig zu leben, um genau die Erfahrung zu machen, die ich in diesem Augenblick mache? Der Tod wird bewirkt durch die Abwertung des Lebens. Die Beantwortung dieser Frage wird Ihnen sagen, ob Sie Ihr Leben so stark abwerten, daß Sie sich damit umbringen (bewußt oder unbewußt), um vor dem Leben wegzulaufen.

Fertigen Sie wieder zwei Listen an: eine, auf die Sie mit zwanzig Aussagen notieren, wofür Sie am meisten dankbar sind, und eine mit zwanzig Dingen, die Sie am meisten hassen. Dann fügen Sie jede dieser Aussagen in eine Affirmationsvorlage mit der Formulierung ein, »Ich bin so dankbar für ———————————————————, daß ich bereit bin, ewig zu leben, um es weiterhin erfahren zu können«. Wenn Sie Ihre Dankbarkeit auf absolut alles ausweiten, werden Sie auch Ihre Lebendigkeit bis ins Unendliche steigern.

Brechen Sie dem Tod Ihre Treue mit Hilfe von Rebirthing

Das verbundene Atmen beim Rebirthing steigert den Fluß lebensspendender Kräfte im Körper. Gleichzeitig bringt die Konzentration auf Ihren Atem Sie auf natürliche Weise in den gegenwärtigen Moment und erhöht Ihr Bewußtsein von Ihrer Lebendigkeit. Wenn ein Mensch genügend Erfahrung mit Rebirthing hat, um sicher zu sein, daß der Atem und die Energie, die er erzeugt, das stärkste Geschehen im Körper sind, wird er jedes physische Symptom und jede Schwäche instinktiv als vorübergehend betrachten.

Übernehmen Sie die volle Verantwortung für die Umwandlung Ihres Denkens über Leben und Tod

Wie jede neue Vorstellung wird auch die Vorstellung von der physischen Unsterblichkeit zuerst etwas schwankend sein. Obwohl diese Idee ganz offensichtlich verlockend ist, gibt es anfangs keinen Grund dafür, sie zu glauben. Wenn Sie die Überzeugung übernommen haben, daß der Tod unausweichlich sei, geht es bei der physischen Unsterblichkeit darum, daß Sie die Verantwortung dafür übernehmen, sich selbst vom Gegenteil zu überzeugen.

Ergänzende Anmerkungen zur Unsterblichkeitsphilosophie

Es geht bei der Unsterblichkeitsphilosophie nicht um ein ewiges Leben. Ihre Vorteile zeigen sich viel unmittelbarer. Sämtliche Informationen in diesem Buch verfolgen zwei Hauptanliegen: Ihre Daseinsfreude und Ihre kreativen Kräfte *jetzt* zu steigern. Das Nachdenken über physische Unsterblichkeit hilft sowohl bei der Aktivierung als auch bei der Integration abgewerteter Dualitäten enorm und unterstützt auf diesem Wege auch die beiden genannten Hauptanliegen. Es ist ganz natürlich, daß Sie desto länger leben, je glücklicher und kräftiger Sie sind, und desto gesünder werden Sie in Ihrem Leben auch sein. Die Erweiterung Ihrer Lebendigkeit, Daseinsfreude und kreativen Kräfte mag ein allmählicher Prozeß sein, aber er *fühlt* sich bei jedem Schritt auf diesem Wege gut *an*.

Unsterblichkeitsanhänger fühlen sich nicht unbedingt immer großartig. Auf jeden Fall betrachten Sie aber Ihre Gefühle mit Humor und lassen sich weniger davon überwältigen. Das Leben ist das wertvollste Geschenk, das Sie je erhalten haben. Die Fähigkeit, für Ihr Leben dankbar zu sein, ist wertvoller als alles andere.

48 Den Körper praktisch meistern

Praktische Meisterung des Körpers bedeutet zu lernen, auf den Körper zu hören und für ihn zu sorgen, so daß er für immer erhalten bleibt. Wir alle haben eine Menge soziale Konditionierungen für den Umgang mit unserem Körper erhalten – was und wie wir essen sollen, wieviel Schlaf wir brauchen und so weiter. Der erste Schritt ist zu erkennen, daß die herkömmlichen Praktiken zur Pflege Ihres Körpers in keiner Weise darauf angelegt waren, ihn für immer zu erhalten. Es gibt keine wissenschaftlichen Beweise dafür, daß Sie bei drei Mahlzeiten pro Tag imstande sind, für immer zu leben. Die Idee von drei Mahlzeiten pro Tag wird von Menschen weitervermittelt, die niemals etwas anderes ausprobiert haben. Der wichtigste Aspekt bei der praktischen Meisterung Ihres Körpers ist die Bereitschaft zum Experiment, die Bereitschaft, Ihr eigener Wissenschaftler zu werden, der sich die Experimente selbst ausdenkt und dann die Ergebnisse beobachtet und gegeneinander abwägt. Ein Experiment ist der Versuch, neue Wege einzuschlagen. Wir werden hier mehrere Vorschläge für Experimente erläutern, und es steht Ihnen jederzeit frei, Ihre eigenen Experimente zu erfinden. Der Schlüssel zum Erfolg beim Experimentieren ist Behutsamkeit. Wenn Sie beispielsweise an eine Ernährung gewöhnt sind, die aus braunem Reis und Zitronensaft besteht und plötzlich auf Pizza und Malzbier umsteigen, wird Ihnen wahrscheinlich schlecht werden. Dabei ist die eine Ernährung nicht unbedingt besser als die andere; der plötzliche Wechsel bringt Schwierigkeiten mit sich. Auch wenn Sie zu abrupt von Pizza und Malzbier zu braunem Reis und Zitronensaft überwechseln, wird Ihnen wahrscheinlich schlecht werden.

Ernährung

Auf dem Gebiet der Ernährung haben die meisten Menschen eine reichliche Dosis an Konditionierungen erhalten. Mahlzeiten sind meistens stark emotionsbeladene Ereignisse, bei denen Kindern die furchtbaren Konsequenzen mitgeteilt werden, auf die sie sich gefaßt machen können, wenn sie nicht essen. Diese Botschaften wurden von einem sehr frühen Alter an täglich dreimal wiederholt, bis Sie den Entschluß faßten, sich entweder zu fügen oder nicht mehr hinzuhören.
Fasten verfolgt zweierlei Ziele. Das physische Ziel ist eine Reinigung des Körpers. Das psychologische Ziel des Fastens ist, sich der unterdrückten Überzeugungen klarer bewußt zu werden, die Sie in Hinsicht

auf Essen und Ernährung entwickelt haben. Wenn Sie keinerlei Erfahrungen mit Fasten haben, ist es wichtig, daß Sie dabei behutsam vorgehen. Sie können anfangs versuchen, einen Tag die Woche nichts zu essen, nur zwei Mahlzeiten pro Tag zu essen oder abwechselnd einen Tag eine Mahlzeit und am nächsten Tag drei Mahlzeiten zu essen. Wenn Sie niemals über einen längeren Zeitraum eine rein vegetarische Ernährung ausprobiert haben, empfehlen wir Ihnen nachdrücklich, auch damit zu experimentieren. Während dieser Experimente (oder vielleicht sogar, wenn Sie nur daran denken), wird Ihnen einiges bewußt werden, was Sie über Abhängigkeit von Ernährung glauben. Hier ein paar Affirmationen, die diesen Bewußtwerdungsprozeß fördern:

Affirmationen zur Ernährung:
1. Ich unterstütze durch mein Verhalten nicht länger unrichtige Gedanken über Ernährung und Verstand.
2. Mein Körper wird kontinuierlich ernährt, ob ich esse oder nicht.
3. Ich kann etwas annehmen oder stehenlassen.
4. Ich habe das Recht, nein zu sagen, ohne die Liebe von Menschen zu verlieren.

Meisterung der Temperatur

Der plötzliche Temperaturwechsel, den die meisten Menschen bei der Geburt erleben, führt zu weitverbreiteten Gedankenverbindungen zwischen Temperatur und den verschiedensten Beschwerden. Manche Menschen fühlen sich anscheinend bei keiner Temperatur wohl und denken immer, daß es ihnen zu heiß oder zu kalt ist. Viele Menschen verbinden einen Temperaturwechsel mit Krankheit, trotz der Tatsache daß es für einige der gesündesten Menschen auf praktisch jedem Kontinent Sitte ist, ihren Körper in Saunas oder Schwitzhütten aufzuheizen und dann in kaltes Wasser zu tauchen oder sich im Schnee zu rollen. Wovon Sie glauben, krank zu werden, das macht Sie wahrscheinlich tatsächlich krank. Wenn Sie entdecken, welche Gedanken und Überzeugungen Sie in bezug auf Temperatur haben und diese Gedanken und Überzeugungen dann positiv fassen, werden Sie sich wahrscheinlich wohler fühlen und gesünder sein und außerdem flexibler und kreativer mit den unterschiedlichsten Temperaturen umgehen können.
Heiß- und Kaltwasser-Rebirthing können sehr zur Meisterung der Temperatur beitragen. Hier einige Affirmationen, die Ihnen dabei ebenfalls helfen können:

Affirmationen zu Temperatur:
1. Ich unterstütze durch mein Verhalten nicht länger unrichtige Gedanken über Temperatur und meinen Körper.
2. Mein Körper fühlt sich bei einer immer größer werdenden Temperaturspanne wohl.
3. Es ist für mich sicher, mich in die Energie hineinzuentspannen, die mich zum Frösteln bringt.
4. Ich liebe alles an Kälte.
5. Ich liebe alles an Hitze.

Meisterung des Schlafes

Fast alle Menschen schlafen jede Nacht. Das ist eine Verhaltensnorm, die nicht weiter in Frage gestellt wird. Wenn wir den Schlaf untersuchen und mit der Zeit vergleichen, die wir im pränatalen Zustand im Mutterleib verbrachten, kommen wir zu interessanten Einsichten über unser Schlafverhalten. Wenn wir schlafen, möchten wir es ruhig und dunkel haben, kriechen unter Decken, die einen gewissen Druck auf den Körper ausüben und die Hauttemperatur erhöhen, und die meisten Menschen haben zum Schlafen gern einen anderen Menschen bei sich, mit dem sie sich zusammenkuscheln. Manche Menschen gehen sogar noch einen Schritt weiter und schlafen gern in einem Wasserbett. All das zusammengenommen mit der Tatsache, daß der Schlaf ein nonverbaler Bewußtseinszustand ist, simuliert die Zustände im Mutterleib. Wenn Sie regelmäßig jede Nacht schlafen, ohne weiter darüber nachzudenken, werden die Gedanken und Gefühle, die Sie in Hinsicht auf Schlaf unterdrückt haben, auch unterdrückt bleiben, weil Sie ihnen folgen und es keinen Anlaß dafür gibt, daß sie in den Bereich Ihrer bewußten Wahrnehmung treten. Wenn Sie anfangen, Ihre Schlafgewohnheiten zu ändern, indem Sie, sagen wir, zunächst einmal die Woche eine ganze Nacht lang wachbleiben und sich mit Atmen den Weg durch die Gefühle bahnen, die dabei hochkommen, werden Sie mit Sicherheit viel Interessantes über sich und Ihre Emotionen erfahren. Oft werden unterdrückter Ärger oder Einsamkeitsgefühle integriert, wenn man wachbleibt und in Zeiten, in denen man üblicherweise schläft, verbunden atmet.

Affirmationen zu Schlaf:
1. Meine Energie ist größer als meine Müdigkeit.
2. Meine Energie ist größer als die Müdigkeit anderer Menschen.

188

3. Meine Umgebung im Wachzustand ist beruhigender als der Mutterleib.
4. Ich bin glücklich darüber, den Mutterleib verlassen zu haben.

Erforschen Sie ganzheitliche Gesundheitsmethoden

Es gibt so viele ausgezeichnete Informationsquellen zu Ernährung, Bewegung, Kräuterheilkunde, Körperarbeit und so weiter, daß wir es nicht für nötig halten, auf diese Themen in diesem Buch ausführlicher einzugehen. Wir schlagen Ihnen vor, es zu Ihrem Hobby zu machen, mit allen diesen Dingen zu experimentieren, um herauszufinden, was Ihnen guttut.

49 Heilung und Schmerz

Heilung ist das Ergebnis körperlicher Integration. Sie wird bewirkt, wenn Sie zulassen, daß Energie in die Bereiche Ihres Körpers fließt, die bislang blockiert waren. Es gibt viele wirkungsvolle Heilungsmethoden. Jeder Mensch muß sich die Methode suchen, die ihm am besten entspricht.

Handauflegen oder Massage sind allgemein bekannte natürliche Heilungsmethoden. Wenn jemand einen Teil Ihres Körpers sanft berührt, widmen Sie diesem Teil unwillkürlich mehr Aufmerksamkeit und werden sich des berührten Körperbereiches bewußter. Diese erhöhte Bewußtheit verursacht, daß zusätzliche Energie in diesen Bereich Ihres Körpers fließt und den Heilungsprozeß verstärkt.

Ganz ähnlich verläuft der Heilungsprozeß auch beim Rebirthing, nur daß in diesem Fall statt der Berührung des Masseurs oder Heilers die Bereitschaft des Rebirthees, sich in den Energiefluß des Körpers hineinzuentspannen, als Katalysator wirkt. In diesem Sinne kann Rebirthing auch als eine Massage bezeichnet werden, die Sie sich selbst geben und die von innen nach außen wirkt.

Wir halten aus Angst am Schmerz fest. Wenn Sie sich in die Angst hineinentspannen, werden Sie entdecken, daß der Schmerz in diesem Körperbereich aufgrund ganz bestimmter unterdrückter Angstgedanken festgehalten wurde. Zwei dieser Gedanken sind die Angst vor Verschlimmerung und die Angst vor unheilbarem Schaden.

Bei der Angst vor Verschlimmerung wird eine Körperempfindung wahrgenommen und abgewertet, und dann befürchtet man, sie könne sich verschlimmern. Auf die Angst, die Empfindung könne sich verschlimmern, reagiert der Körper mit Verspannung oder Verkrampfung, um sich vor weiteren Schmerzen zu schützen. Der Kreis schließt sich, wenn der Schmerz aufgrund der gesteigerten Anspannung tatsächlich schlimmer wird, und die Angst sich bestätigt. Bei Hypochondern manifestiert sich die Angst vor Verschlimmerung besonders extrem.

Bei der Angst vor unheilbaren Schäden befürchtet man, daß der Schmerz Schäden hervorruft oder bereits hervorgerufen hat, die unheilbar sind. Wenn Sie angefangen haben, die Unsterblichkeitsphilosophie für sich anzunehmen, werden Sie sehen, daß die Geburt (die dem Leben im Mutterleib einen unheilbaren Schaden zugefügt hat) der letzte unheilbare Schaden ist, den Sie erleiden mußten.

Bei Schmerz ist am wichtigsten zu beachten, daß er auf einem bestimmten Blickwinkel beruht. Schmerz heißt eine Empfindung, wenn sie abgewertet wird. Ein Mensch kann sogar eine normale Empfindung abwerten und als Schmerz empfinden. Und ebenso kann ein Mensch sich einer schmerzlichen Empfindung hingeben und sie genießen. Dieses Vorgehen ist gleichbedeutend mit der Integration der Angst, die am Schmerz festgehalten hat, und fördert eine schnellere Heilung.

Heilen und auskurieren sind etwas Verschiedenes. Wenn jemand bestimmte Symptome auskuriert hat, bedeutet das eine Rückkehr zu dem Zustand, in dem er sich befand, bevor die Symptome auftraten. Wenn dieser Mensch die unterdrückten Gedanken und Gefühle nicht integriert hat, die die Hauptursache für die Symptome waren, dann können die gleichen Symptome, wenn auch in anderer Form, wiederkehren. Heilung bedeutet die Integration der unterdrückten Gedanken und Gefühle, die die Symptome verursacht haben.

Wenn es Ihnen ernst damit ist, sich selbst zu heilen, dann sind die Informationen im Kapitel über Unsterblichkeitsphilosophie von größter Wichtigkeit für Sie. Jedes Auskurieren hat grundsätzlich nur vorübergehende Wirkung, solange die Überzeugung von der Unausweichlichkeit des Todes nicht »geheilt« wurde.

Affirmationen:
1. Es ist für mich sicher, leicht und angenehm, zuzulassen, daß meine Symptome sich in der Energie auflösen, mit der mein Körper sich gut fühlt.
2. Meine Lebendigkeit ist sehr viel stärker als mein Schmerz.

3. Alles ist angenehmer als alles andere.
4. Ich bin in diesem Augenblick sicher und unsterblich.
5. Mein Körper hat die natürliche Tendenz, sich selbst zu heilen.
6. Ich werde immer zu Menschen geführt, die meine Heilung unterstützen.
7. Menschen, die ich beschäftige, fördern meine Heilung.
8. Ärzte sowie alle übrigen Menschen unterstützen meine Selbstheilung.

50 Altern und »jüngern«

Altern ist ein Prozeß, der durch das Festhalten am Glauben an die Unausweichlichkeit des Todes bewirkt wird. In diesem Abschnitt stellen wir einige Ideen über altern und »jüngern« vor. »Jüngern« bedeutet das Gegenteil von altern und ist ein Begriff, der von Leonard Orr geprägt wurde, dem Begründer des Rebirthing, der die Unsterblichkeitsphilosophie vertritt und danach lebt.

Hier einige Paradoxien zur Unausweichlichkeit des Alterns als provokative Denkanstöße: unser Körper erneuert offenbar in einem ständigen Prozeß seine Zellen. Man sagt, daß jeder von uns alle sieben Jahre einen vollkommen neuen Körper erhält, weil innerhalb dieser Zeitspanne sämtliche alten Zellen durch neue ersetzt werden. Wenn unser Körper neue Zellen wachsen läßt, dann müssen, damit wir altern, die neuen Zellen älter sein als die Zellen, die sie ersetzen. Wenn aber neue Zellen heranwachsen, wie können sie dann älter sein? Wenn ein Fötus sich aus den Körpern eines fünfundzwanzigjährigen Vaters und einer fünfundzwanzigjährigen Mutter bildet, denken wir dann, daß der Fötus fünfundzwanzig Jahre alt ist? In diesem Falle müßten wir alle Millionen von Jahren alt sein. Um zu altern, müssen Sie imstande sein, alte Körperzellen durch neue Zellen zu ersetzen, die andere Eigenschaften haben als die, die ersetzt werden. Wenn Sie bereits imstande sind, Zellen wachsen zu lassen, die älter sind, könnten Sie dann nicht ebenso leicht Zellen wachsen lassen, die jünger sind? Oder vielleicht gleichaltrig? Jeder Mensch wird älter, sagen Sie? Woher wissen Sie das? Kennen Sie alle Menschen?

Die meisten Rebirther kennen viele Menschen, die ihre Körper erneuert und ihnen jugendliches Aussehen und Vitalität verliehen haben, indem sie die Prinzipien anwandten, die wir in diesem Buch beschreiben.

Betrachten Sie einmal die physischen und psychologischen Veränderungen, die die meisten Menschen von dem Prozeß erwarten, den wir altern nennen: die Haare fallen aus, die Zähne fallen aus, die körperlichen Kräfte schwinden, manche Menschen haben beim Gehen und Sprechen Schwierigkeiten mit der motorischen Koordination, manche leiden unter Inkontinenz. Sind das nicht die gleichen Erfahrungen, die wir als Kind machen? Wäre es nicht möglich, daß sich in Alter und Senilität der verdrängte Wunsch manifestiert, in den Mutterleib zurückzukehren? Wäre es nicht möglich, daß die Integration von emotionalen Erinnerungen an den Übergang vom Mutterleib in unsere übliche Umgebung einen Menschen von dem unterdrückten Wunsch befreit, in den Mutterleib zurückzukehren?

Was immer wir auch beim Leben und Gedeihen beobachten mögen – es gibt keinerlei empirische oder logische Grundlage für die Annahme, daß es mit Sicherheit allmählich sterben muß. Der Glaube, daß der Tod unausweichlich feststeht, ist eine *Theorie,* ganz gleich wie weit verbreitet die Annahme auch sein mag, er sei Gesetz. Noch vor kurzem war der Glaube, menschliche Wesen könnten nicht fliegen, ebenso weit verbreitet. Die Beweislast haben die Vertreter dieser begrenzenden Theorien zu tragen, nicht die Menschen, die sie in Frage stellen. Wir fordern Sie heraus: Sollte es jemanden geben, der überzeugend beweisen kann, daß alle Menschen, die 1720 gelebt haben, inzwischen tot sind, dann soll er mit seinen Beweisunterlagen vortreten!

Außerdem fordern wir jedes Mitglied der Wissenschaftswelt heraus, das glaubt, überzeugend beweisen zu können, daß jedes lebendige Wesen sterben muß, diesen Beweis tatsächlich zu erbringen.

Wir, die Autoren dieses Buches, behaupten nicht, die Zukunft zu kennen. Wir behaupten nicht, mit Sicherheit zu wissen, daß wir oder sonst irgend jemand tatsächlich ewig leben werden; denn wir wissen, daß wir immer noch einen unbewußten Verstand haben, und es liegt in der Natur des unbewußten Verstandes, daß der bewußte Verstand nicht weiß, was im unbewußten Verstand vor sich geht.

Was wir aber mit Sicherheit wissen, ist, daß Menschen auf jeden Fall durch ihre bewußten und unbewußten Gedanken Wirkungen selbst hervorrufen. Sämtliche Wirkungen, die Menschen in ihrem Leben hervorrufen, einschließlich der des Todes, sind das Ergebnis ihrer bewußten oder unbewußten Absichten.

Wir haben immer wieder beobachtet, daß es sich für Menschen reichlich gelohnt hat, wenn sie die Annahme, der Tod sei unausweichlich, in Frage gestellt haben. Die Möglichkeit offenzuhalten, daß jedes Hindernis überwunden werden kann, ist bei weitem produktiver, als den Verstand abzuschotten und anzunehmen, daß irgendeine Begrenzung absolut feststeht.

Nun, was denken Sie? Sie haben wirklich die Wahl.

SECHSTER TEIL

Sie und Ihre Zukunft

Vergangenheit und Gegenwart unterscheiden sich ihrem Wesen nach sehr von der Zukunft. Sie können an Vergangenheit oder Gegenwart nichts ändern, weil sie sind, wie sie sind. Aber die Zukunft ist noch nicht erschaffen, und es hängt von Ihren Entscheidungen, Gedanken, bewußten und unbewußten Wünschen und Handlungen ab, wie die Zukunft sich gestaltet. In früheren Teilen dieses Buches ging es ausführlich darum, sich mit vergangenen und gegenwärtigen Erfahrungen auszusöhnen. In diesem Teil geht es darum, Ihre Zukunft zu wählen und nach Ihrer Wahl zu gestalten.

Sie können irgendwo beginnen und irgendwo ankommen, indem Sie einem von unzähligen möglichen Handlungsabläufen folgen. Ganz gleich, wo Sie sich augenblicklich befinden, es gibt zum Beispiel unzählig viele Möglichkeiten, wie Sie am 1. Juni nächsten Jahres in Paris oder sonstwo sein können. Ihr jetziger Aufenthaltsort legt lediglich den Ausgangspunkt Ihrer Reise fest, mehr nicht.

Wenn Sie nicht wissen, wo Sie am 1. Juni nächsten Jahres gern sein möchten, können wir Ihnen Verfahrensweisen vermitteln, die Ihnen bei Ihrer Entscheidung helfen. Wenn Sie wissen, Sie möchten am 1. Juni nächsten Jahres in Paris sein, aber nicht wissen, wie Sie von hier dort hinkommen sollen, halten wir auch für diese Situation Verfahrensweisen bereit. Wenn es Ihnen gleich ist, wo Sie am 1. Juni nächsten Jahres sind, wenn Sie denken, daß das nicht von Ihnen abhängt oder daß Sie sich darüber gar keine Gedanken machen müssen, bieten wir Ihnen sogar für diese Ausgangssituationen Verfahrensweisen an. Und selbst wenn Sie genau wissen, wo Sie sein möchten und wie Sie dort hinkommen, selbst wenn Sie äußerst motiviert sind und genau wissen, daß Ihnen Ihr Vorhaben auch gelingen wird, werden Sie irgendwo in diesem Teil des Buches noch Anregungen finden, die Ihnen beispielsweise im Umgang mit Menschen helfen können, die in einer weniger glücklichen Lage sind als Sie, oder Anregungen, die für Sie zumindest unterhaltsam sind.

51 Wünsche

Es gibt zwei Arten von Wünschen: bewußt gewählte Wünsche und unbewußt gewählte Wünsche. Letztere entstehen, wenn wir etwas abwerten.

Bewußt gewählte Wünsche drücken aus, wie Menschen ihr Leben einrichten möchten. Sie können zum Beispiel den Wunsch haben, den Hunger in der Welt abzuschaffen, ein wohlhabenderer Mensch zu werden oder einen Hochschulabschluß zu machen.

Unbewußt gewählte Wünsche sind immer Wünsche nach Beseitigung eingebildeter Zustände. Wenn Sie beispielsweise Ihren Vater schlecht gemacht und das dann unterdrückt haben, entsteht in Ihnen gleichzeitig der Wunsch, nicht wie Ihr Vater sein zu wollen. Aber Sie sind bereits anders als Ihr Vater! Und obwohl das eine ganz offensichtliche Tatsache ist, verbringen Millionen (vielleicht sogar Billionen) von Menschen wesentliche Teile ihres Lebens damit, den unbewußten Wunsch auszuleben, anders als ihr Vater sein zu wollen.

Unbewußt gewählte Wünsche verbrauchen viel Zeit und Energie, die für die Verfolgung bewußt gewählter Wünsche verwendet werden könnten. Integration beseitigt nicht das Wünschen an sich, sie läutert das Wünschen, indem sie die unnötig im Wege stehenden Wünsche beseitigt, die durch abwertende Dualitäten erzeugt wurden. Unbewußt gewählte Wünsche kann man auch als energetisches Muster im Körper beschreiben, das von Gedanken begleitet wird, die sagen, wie man vorgehen soll, um dieses energetische Muster zum Verschwinden zu bringen.

Einen Wunsch integrieren, heißt zulassen, daß Sie ihn im Körper genau spüren und die gleichzeitig auftauchenden Gefühle genießen, statt sie wegzudrängen. Wenn Sie zum Beispiel eine Zigarette möchten, reagieren Sie damit auf bestimmte Gefühlsregungen in Ihrem Körper, die Sie glauben, durch Rauchen unterdrücken zu können. Wenn Sie zulassen, daß Sie diese Gefühle genießen, werden Sie die Zigarette nicht mehr wollen. Sie können Wünsche jederzeit nach Belieben integrieren, vorausgesetzt, Sie sind erfahren genug in der Anwendung der Fünf Elemente des Rebirthing.

Sie haben bei jedem Wunsch vier Möglichkeiten: ihn zu befriedigen, aber nicht zu integrieren; ihn zu befriedigen und zu integrieren; ihn zu integrieren, aber nicht zu befriedigen; ihn weder zu befriedigen noch zu integrieren. Nehmen wir beispielsweise an, Ihr Auto sei schmutzig, und Sie wünschen sich ein sauberes Auto:

Wenn Sie den Wunsch befriedigen, aber nicht integrieren, werden Sie Ihr Auto schlecht machen, weil es schmutzig ist. Sie werden es waschen, aber nicht eher zufrieden sein, bis Sie mit Ihrer Arbeit fertig sind. Sind Sie dann fertig, werden Sie sich kurzfristig erleichtert fühlen, aber nicht glücklich sein, denn Sie werden das Auto, selbst wenn es jetzt sauber ist, immer noch schlecht machen, weil es wieder schmutzig werden wird.

Wenn Sie den Wunsch befriedigen und integrieren, haben Sie Ihren Spaß an dem Auto, wenn es schmutzig ist, genießen den Wunsch, es waschen zu wollen, waschen es mit Begeisterung, sind glücklich, wenn Sie mit der Arbeit fertig sind und sind auch dann noch glücklich, wenn es wieder schmutzig wird.

Wenn Sie den Wunsch integrieren, aber nicht befriedigen, entscheiden Sie sich, Ihr schmutziges Auto zu genießen und auch zu genießen, daß Sie es nicht waschen. Das ist eine gute Möglichkeit, wenn Sie etwas besseres vorhaben, als Ihr Auto zu waschen. (Und natürlich ist das auch die beste Möglichkeit, wenn Sie Wünsche haben, deren Befriedigung weder Ihnen noch anderen guttut.)

Wenn Sie den Wunsch weder befriedigen noch integrieren, werden Sie ein Gefühl von Sinnlosigkeit verspüren, wie es im nächsten Kapitel ausführlich beschrieben wird.

52 Sinnlosigkeit

Wenn wir ein Gefühl von Sinnlosigkeit empfinden, verspüren wir Hilflosigkeit und Langeweile. Ein Gefühl von Sinnlosigkeit stellt sich ein, wenn Sie nur im Zusammenhang momentaner Zeit, aber nicht im Zusammenhang linearer Zeit agieren. Wenn Menschen darüber klagen, sich hilflos, hoffnungslos, frustriert oder gelangweilt zu fühlen, sagen sie damit, daß sie ein Gefühl von Sinnlosigkeit empfinden und es abwerten. Wenn Sie sich jemals auf einer scheinbar endlosen Berg- und-Talfahrt befunden haben, auf deren Höhen Sie eine dumpfe Erleichterung und in deren Tiefen Sie eine ebenso dumpfe Angst, Schuldgefühle und Selbsthaß verspürt haben, dann waren Sie im Zustand der Sinnlosigkeit. Das Gefühl von Sinnlosigkeit wird bewirkt durch Aufschub, dadurch, daß wir anstehende Probleme auf morgen verschieben.

Wenn man sich dem gegenwärtigen Moment hingibt, entdeckt man, daß man Vorlieben hat. Ihre Vorlieben existieren ganz unabhängig davon, ob Sie sie haben wollen und sich offen eingestehen oder nicht. Wenn man sich seine Vorlieben nicht offen eingesteht, ist man auf dem besten Weg, Sinnlosigkeit zu empfinden.

Sinnlosigkeit kann auch als Zustand beschrieben werden, in dem man, statt vorhandene Wünsche zu integrieren oder zu befriedigen, vorgibt, gar keine zu haben.

Das Gefühl von Sinnlosigkeit entsteht auch, wenn ein Mensch bestimmte Ängste hat, aber nichts unternimmt, um zu verhindern, daß diese Ängste sich realisieren. Jede Angst kann zum Ursprung eines Ziels werden – falls sie nicht abgewertet und unterdrückt wird.

Die Integration von Angst nimmt Ihnen das Unbehagen, aber die Angst verschwindet dadurch nur in dem Maße, wie Sie das Nötige unternehmen, um zu verhindern, daß das Befürchtete wahr wird. Jeder lebende Mensch, der nichts unternimmt, um den Atomkrieg zu verhindern, hat beispielsweise Angst vor dem Atomkrieg, ob er das zugibt oder nicht. Wenn man sagt, zu diesem Krieg könne es nicht kommen, ist das einfach Unterdrückung. Die Angst vor dem Atomkrieg verpflichtet uns alle, unser Bestes zu geben, um ihn zu verhindern. Ob es jemals zum Atomkrieg kommen wird, ist hier nicht wichtig – wir sprechen von der *Bedrohung* durch den Atomkrieg. In Hinsicht auf diese Situation empfindet praktisch jeder Mensch auf der Welt ein Gefühl von Sinnlosigkeit.

Jedesmal wenn Sie denken, daß das, was Sie tun, nicht wichtig ist, verspüren Sie ein Gefühl von Sinnlosigkeit.

Sinnlosigkeit verspüren bedeutet, seiner Bestimmung im Leben auszuweichen. Keinen Sinn für die eigene Bestimmung haben ist praktisch das gleiche, wie ein Gefühl von Sinnlosigkeit empfinden. Die einzige Kur, die bei Sinnlosigkeit hilft, ist, sich Ihre Vorlieben und Ängste anzuschauen, Ihre Fähigkeiten zu überprüfen, Ihre Bestimmung festzulegen und *danach vorzugehen*.

Manche Menschen warten ihr ganzes Leben lang darauf, daß ihnen *die Sache* über den Weg läuft, bei der sie endlich begeistert »Feuer fangen«. Diese Menschen haben ein Gefühl von Sinnlosigkeit. Ihnen ist nicht klar, daß Begeisterung entwickelt und kultiviert werden kann und muß. Sie werden im nächsten halben Jahr auf jeden Fall *irgend etwas* tun und »einfach nur zu warten« ist wahrscheinlich nicht die beste Wahl, die Sie treffen können. Wählen Sie das Beste, was Ihnen einfällt, und lassen Sie zu, daß Ihre natürliche und spontane Lebenslust sich auf das gewählte ausweitet und es einschließt. Wenn Sie etwas Produktives tun, wird Ihnen wahrscheinlich eher einfallen, was es Besseres zu tun gibt, als »einfach nur zu warten«.

Wenn es in Ihr Selbstbild gar nicht paßt, daß *Sie* eine Bestimmung haben könnten, sind Sie in Hinsicht auf Sinnlosigkeit ein ziemlich schwerer Fall. Das folgende Verfahren wurde entwickelt, um Sie aus den Klauen der Sinnlosigkeit zu befreien.

Es kann hilfreich sein, es mit einem Partner zusammen zu machen, am besten mit jemandem, der ein klareres Gefühl für seine Bestimmung hat als Sie. Aber auch jeder andere Mensch, der bereit ist, Ihnen uneingeschränkt die Wahrheit zu sagen, kann Ihnen dabei helfen.

Wie Sie Sinnlosigkeit überwinden und gemäß Ihrer Bestimmung
vorangehen können
– oder –
Das »Wie-es-nach-Sinnlosigkeit-weitergeht«-Verfahren

Anweisungen:

1) Fertigen Sie eine Liste mit den fünf wichtigsten Veränderungen an, die Sie in Ihrem Leben vornehmen wollen. Seien Sie konkret.

2) Fertigen Sie eine Liste mit fünf Dingen an, die Sie am meisten befürchten. Seien Sie ehrlich!

3) Verkehren Sie jede Aussage der 2. Liste in ihr positives Gegenteil. Formulieren Sie sie als Ziel. (Wenn Sie beispielsweise vor einem Atomkrieg Angst haben, verkehren Sie die Angst in das Ziel »für immer sicher vor dem Atomkrieg zu sein«.) Werfen Sie die 2. Liste weg.

4) Wählen Sie aus den Listen 1 und 3 die eine Aussage, die für Sie am wichtigsten ist. Das ist Ihr künftiges Ziel.

5) Überprüfen Sie, ob Ihr künftiges Ziel die folgenden Kriterien erfüllt:

a) Es muß konkret sein.

b) Es muß innerhalb von drei Monaten erreichbar sein. (Bei weniger schweren Fällen von Sinnlosigkeit wählen Sie eine Zeitspanne von sechs Monaten oder einem Jahr. Sollten Sie aber die nächsten drei Monate noch nicht verplant haben, wählen Sie die Drei-Monats-Frist. Wenn Sie bereits die nächsten zwölf Monate verplant haben sollten, wählen Sie eine Zeitspanne von zwei Jahren. Sollten Sie bereits die nächsten zwei Jahre zufriedenstellend verplant haben, brauchen Sie dieses Verfahren nicht.)

c) Es muß außerordentlich wichtig für Sie sein.

d) Es muß eine Herausforderung für Sie darstellen.

Wenn Ihr Ziel nicht sämtliche oben genannten Kriterien erfüllt, gehen Sie zurück zu Punkt 4 und wählen die zweitwichtigste Aussage. Wenn keines der zehn Themen sämtliche vier Kriterien erfüllt, fangen Sie noch einmal mit Punkt 1 an.

6) Fragen Sie sich, »Wie sicher bin ich, gemessen an einer Skala von 0–100, daß ich bereit bin, dieses Ziel zu erreichen?«
Antworten Sie ehrlich!

7) Wenn Ihre Punktzahl bei Beantwortung der Frage in Punkt 6 bei 99 oder weniger lag, dann sagen Sie laut, »Zwischen mir und meiner Gewißheit, daß ich bereit bin, _____,
steht _____.«
Sagen Sie diesen Teilsatz einmal und fahren Sie dann fort zu reden und alles auszusprechen, was Ihnen in den Sinn kommt. Machen Sie damit solange weiter, bis Sie einen Durchbruch haben. Dann kehren Sie zurück zu Schritt 6.

8) Wenn Sie 100prozentig sicher sind, daß Sie bereit sind, Ihr Ziel zu erreichen, fertigen Sie eine Liste an, auf der Sie alles notieren, was Sie tun könnten, um dieses Ziel zu erreichen.

9) Mit Hilfe der Liste von Punkt 8 entwerfen Sie einen systematischen Plan, eine Reihe von Schritten, die Ihnen helfen, das Ziel zu erreichen.

10) Überprüfen Sie, ob der Plan von Punkt 9 folgende Kriterien erfüllt:
a) Der Plan muß konkret sein.
b) Der Plan muß direkt sein.
c) Der Plan muß erfolgreich ausführbar sein.
d) Sie müssen sich durch den Plan emotional angesprochen fühlen.
e) Sie müssen sofort anfangen können, den Plan in die Tat umzusetzen.
Wenn der Plan nicht sämtliche oben genannten Kriterien erfüllt, gehen Sie zurück zu Punkt 8.

11) Sagen Sie mindestens zwei Minuten lang laut zu sich selbst, »Um diesen Plan ausführen zu können, muß ich _____ _____ aufgeben«. Das machen Sie, um sich klar darüber zu werden.

12) Fragen Sie sich: »Wie bereit bin ich, gemessen an einer Skala von 0–100, mit der Umsetzung dieses Plans sofort zu beginnen und weiterzumachen, bis ich mein Ziel erreicht habe?«
Antworten Sie ehrlich!

13) Wenn Ihre Antwort auf die Frage in Punkt 12 bei 99 oder weniger liegt, dann sagen Sie laut: »Zwischen mir und der Ausführung dieses Plans steht _____«.
Fahren Sie damit fort, bis Sie einen Durchbruch haben, dann kehren Sie zurück zu Punkt 12.

14) Tragen Sie den Plan in Ihren Terminkalender ein, damit Sie genau wissen, wann Sie die einzelnen Schritte des Plans ausführen werden.
15) Führen Sie ihn aus!

53 Überforderung

Überforderung ist eng mit Sinnlosigkeit verwandt. Menschen, die sich überfordert fühlen, glauben, daß sie mehr zu tun haben, als sie im Gedächtnis behalten können.
Das aktive Leben eines regen, produktiven Mitglieds der Gesellschaft ist eine genußvolle, befriedigende Erfahrung. Wenn Sie sich davon überfordert fühlen, dürfte es Ihnen schwerfallen, diese Freude und Befriedigung überhaupt wahrzunehmen. Rebirthing hilft Ihnen natürlich, das Gefühl von Dringlichkeit und Panik dem Leben gegenüber zu integrieren, das bei der Geburt unterdrückt wurde.
Es gibt aber noch weitere Möglichkeiten, wie Sie das Gefühl von Überforderung überwinden können.
Die erste ist leicht. Fertigen Sie eine Liste an, auf der Sie alles notieren, was Sie vorhaben. Dieses simple Verfahren setzt die geistige Energie frei, die Sie verbrauchen, um alles im Kopf behalten zu können, und versetzt Sie in die Lage, diese Energie ganz für Ihre augenblickliche Tätigkeit einzusetzen.
Der zweite Weg, der aus der Überforderung herausführt, ist nicht so leicht. Fahren Sie fort, alles zu tun, was Sie im Sinn haben, bis nur noch so wenig Vorhaben übrigbleiben, wie Sie sie leicht im Gedächtnis behalten können.

54 Verantwortung übernehmen

Sie können nichts wirkungsvoll verändern, wenn Sie nicht die Verantwortung für den augenblicklichen Stand der Lage, für Ihren Wunsch nach Veränderung und den Prozeß der Veränderung übernehmen. Wenn Sie zum Beispiel pleite sind und Millionär werden möchten, müssen Sie, um Ihr Vorhaben wirkungsvoll in die Tat umsetzen zu können, sich eingestehen, daß *Ihre* Gedanken und Handlungen Sie dahin gebracht haben, sich Ihren Geldmangel jetzt vor Augen zu halten, daß *Sie* es waren, der beschlossen hat, reich zu werden, und daß außer *Ihnen* wahrscheinlich niemand dafür sorgen wird, daß das Geld in Mengen zu Ihnen kommt.

»Verantwortung für etwas übernehmen« bedeutet, daß zwei Bedingungen erfüllt sind: 1) Sie erkennen, daß Sie selbst die gegenwärtige Situation ausgelöst haben, und 2) Sie erkennen, daß die Situation *so, wie sie ist,* bereits vollkommen ist. Wenn Sie erkennen, daß Sie etwas ausgelöst haben, ohne dabei gleichzeitig zu sehen, daß es vollkommen ist, übernehmen Sie keine Verantwortung, sondern machen sich Selbstvorwürfe. Es liegen ganze Welten zwischen der Aussage, »Ich habe das geschaffen«, und: »Irgendeine Seite von mir, die ganz schön durcheinander war, hat das geschaffen«.

Verantwortung übernehmen ist das Gegenteil von Vorwürfe machen. Vorwürfe sind nicht gerade hilfreich, wenn Sie etwas erreichen möchten. Wenn Sie *dem ökonomischen System* Vorwürfe machen, weil Sie zu wenig Geld haben, müssen Sie warten, bis das ökonomische System sich verbessert, damit auch Ihre finanzielle Situation sich verbessern kann.

Es bringt keinerlei Nachteile, wenn Sie die Verantwortung für etwas, das existiert, übernehmen, ganz gleich, ob Sie sehen können, in welcher Weise Sie dafür verantwortlich sind. Wenn Sie sich für etwas voll verantwortlich fühlen, werden Sie Ihre Absichten entweder erreichen oder nicht. Wenn Sie keine Verantwortung übernehmen, bleibt Ihnen nur das Mißlingen!

Wenn Sie nicht bewußt erkennen können, wie Sie etwas geschaffen haben, dann wurde es von Ihrem unbewußten Verstand geschaffen. Wenn es Ihnen möglich ist, die geschaffene Situation als vollkommen zu betrachten, stellen Sie dadurch den Kontakt zwischen bewußtem Verstand und den auslösenden Seiten Ihres unbewußten Verstandes her, für die das Geschaffene *bereits* vollkommen ist. Integration fördert die Übernahme von Verantwortung, und die Übernahme von Verantwortung fördert Integration. Integration fördert Ihre Fähigkeit, wirkungsvoll Veränderungen vorzunehmen.

55 Werte und Motivation

Wenn Sie bereits andere Bücher über Selbstentfaltung gelesen oder entsprechende Gruppen gemacht haben, hat man Ihnen vielleicht vom Tellerwäscher-zum-Millionär-Geschichten oder Geschichten über Wunderheilungen von furchtbaren Leiden präsentiert, um Sie zu motivieren, das in diesen Geschichten Erreichte noch zu übertreffen. Wir haben beschlossen, in diesem Buch nicht so vorzugehen. Ganz gleich, was Sie in der Vergangenheit geschaffen haben und wie Ihre Situation im Augenblick aussieht, Sie hatten die Motivation, sie zu schaffen, sonst wäre sie nicht entstanden.

Motivation wird durch Werte bewirkt. Oder anders gesagt, Sie sind bereits motiviert, Dinge zu vermehren, die Sie für wertvoll halten, und die Dinge einzuschränken oder zu beseitigen, die Sie für schädlich halten. Wenn Sie also ein Wertsystem haben, auf das Ihr Leben aufbaut, brauchen Sie sich über Ihre Motivation überhaupt keine Gedanken zu machen; wenn Ihr Wertsystem Sie aber nicht darin unterstützt, Ihrer Lebendigkeit voll zum Ausdruck zu verhelfen, werden Sie Ihre Motivation ständig in Frage stellen.

Typische Eigenschaften von Werten

Wir beginnen mit zwei Aussagen über Werte:

1.: *Die wertvollsten Dinge im Leben stehen in unerschöpflichen Mengen zur Verfügung.*
2.: *Die wertvollsten Dinge im Leben sind ewig.*

Der Schöpfer des Universums ist ein wohlwollendes Wesen. Solange Sie diese Vorstellung nicht akzeptieren können, wird es in Ihrem Leben viele Kämpfe geben. Wir leben in einer Welt, in der jeder gewinnen kann, ganz unabhängig von Rasse, Religion, Nationalität, Geschlecht, Alter, sozioökonomischem Status oder anderen Merkmalen, die Ihnen einfallen. Das stimmt aus dem einfachen Grunde, weil jedes Individuum sein oder ihr Spiel sowie die Regeln und Ziele dieses Spiels selbst erschafft und entscheidet, welche Strategien und Taktiken zur Erreichung dieser Ziele eingesetzt werden sollen. Auf dieser Tatsache beruht die Aussage, daß die wertvollsten Dinge im Leben in unerschöpflichen Mengen zur Verfügung stehen.

Die gegenteilige Einstellung wird »Die Theorie vom begrenzten Guten« genannt. Die Theorie vom begrenzten Guten beruht auf folgender Argumentationskette: 1) wertvolle Dinge gibt es nur in begrenztem Umfang; 2) da die wertvollen Dinge nur begrenzt vorhanden sind, brauche ich davon möglichst viele, um mich ganz sicher fühlen zu können, und ich habe nicht genug; 3) andere Menschen besitzen all die wertvollen Dinge, die ich nicht habe; 4) die Menschen, die all die wertvollen Dinge besitzen, die ich nicht habe, glauben auch, daß sie davon nicht genug haben, also sind sie auch nicht bereit, mir die wertvollen Dinge zu geben, die ich brauche und mir wünsche; 5) der einzige Weg, meinen Vorrat an wertvollen Dingen aufzustocken, besteht deshalb darin, sie anderen Menschen mit Hilfe von Gewalt und Manipulation gegen ihren Willen wegzunehmen. Bedenken Sie, daß die Arbeit in einem ungeliebten Beruf, den Sie hauptsächlich deswegen ausüben, um Geld von Ihrem Chef zu bekommen, auch eine Form von Manipulation ist.

Die meisten ökonomischen Systeme beruhen auf der Theorie vom begrenzten Guten. Tatsächlich ist es für viele ökonomische Systeme ein wichtiger Grundsatz, daß Wert an sich durch Knappheit entsteht! Die Theorie vom begrenzten Guten hat zu enorm vielen Konflikten geführt, von häuslichen Streitereien bis hin zu Weltkriegen.

Die besten Dinge im Leben *sind* umsonst. Man kann sich leicht vorstellen, daß es *Liebe, Freude, Vertrauen, Zärtlichkeit, Kreativität, Vergebung* und *Ehrlichkeit* im Überfluß gibt. Sollten Sie glauben, daß nur materielle Dinge wertvoll sind, dann bedenken Sie, daß die Produktion Wohlstand erzeugt, und es gibt keine Produktionsverknappung. Selbst wenn Sie nur Geld als Wert anerkennen – der einzige Weg, der zu einem begrenzten Geldvorrat führt, wäre, den Geldfluß zu stoppen. Natürlich gibt es eine feste Zahl, die die Geldmenge bezeichnet, die in jedem gegebenen Moment auf der Welt existiert. Aber aufgrund des Geldkreislaufs können Menschen dasselbe Geld wieder und wieder benutzen, wodurch die tatsächlich vorhandene Geldmenge unerschöpflich wird.

Wenn Sie die Verantwortung für Ihr Leben übernehmen, wird Ihre Fähigkeit, alles zu bekommen, was Sie für wertvoll halten, nur durch Ihre Vorstellungskraft begrenzt. Wenn Sie glauben, Ihre Vorstellungskraft sei begrenzt, empfehlen wir Ihnen, ein Traumtagebuch zu führen und jeden Morgen sämtliche Träume der letzten Nacht aufzuschreiben, an die Sie sich erinnern können. Neben vielen anderen Vorteilen, die Ihnen das bringen kann, werden Sie auch entdecken, daß Ihre Vorstellungskraft unendlich weitreichend ist.

Die Idee, daß die wertvollsten Dinge im Leben ewig sind, stammt aus der Unsterblichkeitsphilosophie. Wenn Sie in Betracht ziehen, für immer hier zu sein, werden Sie feststellen, daß Sie auch motiviert sind, die Dinge zu vermehren, die ebensolange währen wie Sie. Etwas, das ewig hält, ist eindeutig wertvoller, als etwas, das verbraucht ist, sowie die Garantie abläuft.

Die Vorstellung, daß die wertvollsten Dinge im Leben sowohl im Überfluß vorhanden als auch ewig sind, steht in ziemlichem Kontrast zu dem Denken, das den meisten von uns beigebracht wurde. Wenn Sie diese Vorstellung in Ihr Leben integrieren, ist das der Anfang der Befreiung von der Identifikation mit äußeren Umständen und Bedingungen – der Befreiung von der Identifikation mit Leistungen, Zeugnissen und Ausweisunterlagen, Eigentum und Geld. Dieses Wertsystem beinhaltet zum Beispiel, daß heilerische Fähigkeiten wertvoller sind als ein gesunder Körper; daß die Gewißheit, mit der Arbeit, die Sie lieben, 1000,– DM die Woche verdienen zu können, wertvoller ist als eine große Summe Geld; daß die Bereitschaft, sich selbst und anderen zu verzeihen, wertvoller ist, als das Richtige zu sagen oder zu tun.

Von der Fremd-Motivierung zur Selbst-Motivierung

Die Freiheit und das Vergnügen, ein Mensch mit selbstbestimmten Motivationen zu sein, bestehen darin, daß Sie Ihre Bestimmung sowie Ihre Ziele im Leben selbst festlegen, das Erreichte selbst einschätzen und, falls nötig, selbst Korrekturen vornehmen. Fremd-Motivierung heißt, nach den Konditionierungen vorzugehen, die Sie ohne die Möglichkeit zur Wahl und ohne sich selbst bewußt dafür zu entscheiden übernommen haben.

Affirmationen zu Werten und Motivation:
1. Ich weiß, wie ich praktisch vorgehen muß, um meine Werte zu ändern, wann immer es zu meinem Vorteil ist.
2. Mein Wohlbefinden hat nichts mit _____
zu tun.
(Zum Beispiel: »Mein Wohlbefinden hat nichts mit meiner finanziellen Situation zu tun.«)
3. Ich verzeihe mir, gedacht zu haben, daß ich _____
_____ brauche, um
motiviert zu sein.
(Zum Beispiel: »Ich verzeihe mir, gedacht zu haben, daß ich Ablehnung brauche, um motiviert zu sein.«)

4. Ich fühle mich sicher, ob ich die Kontrolle habe oder nicht.
5. Die Dinge, die ich am wertvollsten finde, sind unerschöpflich und ewig.

56 Bestimmung

Wenn Sie Ihre Absichten realisieren wollen, ist der erste Schritt, sich über Ihre Bestimmung klar zu werden. Oder anders gesagt – wie können Sie erwarten, zu bekommen, was Sie möchten, wenn Ihnen nicht klar ist, was Sie tun? Eine Bestimmung kann als weit gefaßte Aussage beschrieben werden, die beständige Gültigkeit hat und Ihrem Denken und Handeln die Richtung verleiht. Wir drücken unsere Bestimmung kontinuierlich aus – sie wird *nicht* ein für allemal erreicht. Eine Bestimmung ist eine Vorstellung, die Ihnen soviel Befriedigung und Freude schenkt, daß Sie bereit sind, ihr Ihr Leben zu widmen.

1) Fertigen Sie eine Liste an mit zehn einzigartigen persönlichen Eigenschaften, die Sie an sich mögen. Zum Beispiel: mein Sinn für Humor, meine Bereitschaft, Neues zu lernen.
2) Wählen Sie die vier wichtigsten Eigenschaften aus Liste 1 aus.
3) Machen Sie eine Liste von zehn Ihrer liebsten Aktivitäten, in denen Sie bis zu vier Eigenschaften aus Schritt 2 zum Ausdruck bringen.
4) Wenn Sie wählen könnten, wie die Welt sein soll, wie würde sie sein? Beschreiben Sie kurz Ihre Ideal-Welt.
5) Wählen Sie aus Liste 3 bis zu vier Aktivitäten, die am meisten zu Ihrer Vision einer vollkommenen Welt beitragen.
Schreiben Sie eine Erklärung Ihrer Bestimmung in der folgenden Form:
Es ist meine Bestimmung, mein/e/n (setzen Sie bis zu vier Eigenschaften aus Schritt 2 ein) _____

_____

durch (hier bis zu vier Aktivitäten aus Punkt 3 einsetzen) _____

_____

zu nutzen, um eine Welt zu schaffen, die (hier Ihre Beschreibung einer vollkommenen Welt einfügen) _____

_____

_____

_____

_____.

Zum Beispiel: Es ist meine Bestimmung, meine Aufrichtigkeit, Offenheit, Bereitschaft zu vergeben und meine Fähigkeit, mich klar auszudrücken, durch Rebirthing, Schreiben und Reden zu nutzen, um eine Gesellschaft mitzuschaffen, in der das physische Leben ewig währt und die von Gottes Liebe und von Überfluß erfüllt ist.

Manche Menschen finden es nützlich, diesen Prozeß mehrmals zu wiederholen, um die Bestimmung herauszufinden, die ihnen gefällt, und vielleicht möchten Sie Ihre Bestimmung auch mit Hilfe dieses Prozesses von Zeit zu Zeit abändern.

Menschen, denen es schwerfällt, ihre Ziele zu erreichen, und Menschen, die nicht viel Befriedigung darin finden, ihre Ziele zu erreichen, können für ihr Leben mehr Sinn und eine Richtung sehen, wenn sie eine Bestimmung haben und sich der Aufgabe widmen, ihr Ausdruck zu verleihen. Wenn Sie eine Bestimmung für sich festgelegt haben, die Ihnen gefällt, schlagen wir Ihnen vor, sie auf einen kleinen Zettel zu schreiben, den Sie in der Brieftasche oder im Portemonnaie ständig bei sich tragen. Sie werden feststellen, daß es Ihnen sehr viel leichter fällt, Aktivitäten zielgerichtet anzugehen und Entscheidungen zu fällen, wenn Sie eine Bestimmung haben, an der Ihnen viel liegt.

57 Ziele

Ziele kann man sich als Meilensteine oder Signale vorstellen, die anzeigen, daß Sie auf dem Weg sind, Ihre Bestimmung kontinuierlich auszudrücken und zu verwirklichen. Wie schon erwähnt, ist eine Bestimmung etwas, dem Sie kontinuierlich Ausdruck verleihen. Ein Ziel hingegen ist ein bestimmtes Ereignis, das auf der Ebene der linearen Zeit verfolgt wird. Wir legen Ihnen nahe, viele, viele Ziele zu haben. Es ist ebenso gut, Ziele zu haben, die Sie leicht erreichen können, wie Ziele, die Ihnen unerreichbar vorkommen. Es ist gut, Ziele für Ihren Körper, für Ihre Beziehungen, für Ihre Arbeit und Geld zu haben, sowie Ziele für persönliche Eigenschaften und Fähigkeiten, die Sie gern entwickeln möchten, und Ziele für die Welt. Eine andere Möglichkeit, Ihre Ziele vor Augen zu haben, wäre, eine Liste anzufertigen, auf der Sie aufzählen, wie Sie gern sein und was Sie in Ihrem Leben gern tun und haben möchten.

Um Ziele zu erreichen, müssen Sie imstande sein, sich das beabsichtigte Ergebnis vor Ihrem geistigen Auge vorstellen zu können, bevor es sich in der äußeren Realität manifestiert. Es kann Zeiten geben, in denen sich Ihre äußere Realität scheinbar sehr von Ihrem inneren Vorstellungsbild unterscheidet. Dieser Prozeß wird leichter mit mehr Übung und durch Anwendung der Techniken, die wir in diesem Buch beschreiben. Wir schlagen Ihnen unter anderem auch deswegen vor, soviele Ziele wie möglich zu wählen, weil das eine gute Übung dafür ist, vor der Manifestation der Ergebnisse Vorstellungsbilder zu entwerfen. Mit jedem erreichten Ziel wird der Prozeß leichter.

Vorgehensweise:
Machen Sie eine Liste mit hundert Beschreibungen, wie Sie sein möchten, eine weitere mit hundert Dingen, die Sie tun möchten, eine Liste mit hundert Dingen, die Sie haben möchten und zum Schluß eine Liste mit hundert Dingen, die Sie sich für die Welt wünschen. Wählen Sie aus all den vierhundert Zielen eins aus, legen Sie ein bestimmtes Datum fest, an dem seine Manifestation abgeschlossen sein soll, machen Sie einen Plan, wie Sie es manifestieren wollen, und setzen Sie ihn in die Tat um. Vielleicht stellen Sie fest, daß Sie auf Ihrem Weg zur Erreichung eines Ziels noch weitere Ziele erreichen, die Sie vielleicht gar nicht bewußt beabsichtigt hatten.

Affirmationen:
1. Es ist okay für mich, meine Ziele zu überschreiten.
2. Ich bin bereit zu wissen, was ich will; ich bin bereit, darum zu bitten; und ich bin bereit, genau das zu bekommen, was ich erbeten habe.
3. Alles entwickelt sich noch großartiger, als ich es geplant habe.
4. Erfolg ist ganz natürlich für mich.
5. Mein ausgeprägter Sinn für meine Bestimmung zieht die Menschen und Situationen an, die ich für die Erreichung der von mir gewünschten Ergebnisse brauche.

58 Planen

Wenn Sie Ihr Ziel gewählt und die volle Verantwortung dafür übernommen haben, werden Sie als nächstes für seine Verwirklichung einen genau festgelegten Aktionsplan entwerfen. Wenn Sie zu einer Autoreise von San Francisco nach Miami Beach aufbrechen, schauen Sie sich vorher die Karte an und legen Ihre Route fest. Dann können Sie erstens den richtigen Abzweigungen folgen, wissen zweitens, wann Sie auf der richtigen Route sind und wissen drittens, wann Sie von Ihrer Route abgekommen sind. Wenn Sie von Ihrer Route abkommen, brauchen Sie sich nicht schlecht zu machen; Sie können den Umweg so kurz wie möglich halten und einfach auf direktestem Wege zu Ihrer Route zurückkehren, während Sie die Landschaft genießen, die Ihnen entgangen wäre, wenn Sie auf Ihrer alten Strecke geblieben wären. Weiter ist es meistens hilfreich, festzulegen, zu welchen Zeiten Sie bestimmte Zwischenziele Ihrer Reise erreicht haben wollen.

Um etwas zu planen, gehen wir im Prinzip genauso vor. Ohne einen klaren, logischen, durchführbaren Plan werden Sie wahrscheinlich kein wünschenswertes Ziel im Leben erreichen. Planen und Umsetzung des Plans sind absolut notwendige Schritte auf dem Weg, Verantwortung zu übernehmen.

Um ein Ziel erreichen zu können, müssen Sie aufgeben, was Sie im Augenblick haben. Um bei dem oben genannten Beispiel zu bleiben – Sie können nicht nach Miami fahren, ohne Ihren Aufenthalt in San Francisco aufzugeben. Wenn Sie wohlhabend werden möchten, müssen Sie Ihre Armut aufgeben. Menschen haben oft Schwierigkeiten, ihre Ziele zu erreichen, weil sie sich unbewußt an Situationen gebunden fühlen, die sie dafür aufgeben müßten. Bei der Überwindung dieses Hindernisses kann Ihnen die Vorstellung helfen, daß Sie etwas ebenso als Teil Ihrer Vergangenheit genießen können wie als Teil Ihrer Gegenwart oder Zukunft. Man könnte das Leben sowieso als einen Prozeß beschreiben, in dessen Verlauf wir mehr und mehr Erfahrungen an die Vergangenheit übergeben. Das Leben genießen können bedeutet, genießen zu können, daß man Gegenwärtiges für immer an die Vergangenheit übergibt. Diese Art zu denken ist sehr hilfreich, wenn es darum geht, alte Bindungen aufzulösen und mit Ihrer Bestimmung voranzukommen.

Affirmationen zu planen:
1. Ich habe das praktische Wissen, um klare, logische, durchführbare Pläne zu entwerfen.
2. Zu planen und meine Pläne umzusetzen bereitet mir die größte Freude.
3. Ich bin vollkommen bereit, meinen eigenen Anweisungen zu folgen.
4. Ich genieße meine Vergangenheit ebenso wie meine Gegenwart und meine Zukunft.
5. Ich bin bereit, wann immer es zu meinem Vorteil ist, alles der Vergangenheit zu überlassen.

Integrativer Planungsprozeß
Dieses Vorgehen ist für den Entwurf jedes Plans nützlich, wenn Sie sich über Ihr Ziel erst einmal absolut klar geworden sind.

1) Legen Sie die Situation dar, die Sie schaffen möchten. Seien Sie konkret.

2) Legen Sie die augenblickliche Situation dar. Beschreiben Sie sie einfach und genau.

3) Schreiben Sie sämtliche Vorteile auf, die Ihre augenblickliche Situation Ihnen bringt.

4) Denken Sie sich für jeden Vorteil unter Punkt 3 mindestens drei Möglichkeiten aus, wie Sie sich ihn auch nach Erreichung Ihres Ziels unter Punkt 1 erhalten können.

5) Schreiben Sie sämtliche Faktoren auf, die zur augenblicklichen Situation beitragen.

6) Entwerfen Sie für jeden Faktor unter Punkt 5 einen Handlungsplan, mit dessen Hilfe Sie den Faktor entweder beseitigen oder ihn für sich positiv sehen können.

7) Listen Sie alles auf, was zur Erreichung Ihres Ziels beitragen könnte.

8) Entwerfen Sie mit Hilfe der Listen unter Punkt 4, 6 und 7 einen Plan, der Ihr Gelingen mit Sicherheit fördert und den auszuführen Sie bereit und imstande sind.

9) Übertragen Sie den Plan in Ihren Terminkalender.

10) Führen Sie ihn aus.

59 Strukturen

Strukturen sind Planungshilfen, die Sie sich als Unterstützung schaffen, um Ihre Ziele erreichen zu können. Beispiele für Strukturen sind Zeitpläne, Haushaltspläne, Heirat und mit sich selbst getroffene Vereinbarungen, wie z. B. jeden Morgen als erstes eine Stunde Yoga zu machen.

Es ist wichtig, daß Sie Ihre Strukturen bewußt wählen, denn sonst wählen Sie sie unbewußt. Unbewußt gewählte Strukturen nennt man »Gewohnheiten«.

Wirksame Strukturen für sich selbst zu entwerfen ist eine Kunst. Es kann gut sein, daß Strukturen, nach denen andere Menschen vorgehen können, für Sie nicht funktionieren, weil Ihr Verstand einzigartig ist und Sie von anderen Zielen und anderen Gewohnheiten ausgehen. Kreativität und die Bereitschaft zuzugeben, daß eine Struktur für Sie nicht funktioniert, sind ebenso wesentlich wie eine positive Einstellung zu Neuanfängen. Denken Sie daran, daß eine Struktur Ihnen auch dann bleibende Vorteile schenkt, wenn Sie sich nur kurzfristig danach richten. Wenn Sie nur vier Tage lang täglich Sport betreiben, obwohl Ihre Struktur das als ständige und regelmäßige Aktivität vorsah, stehen Sie immer noch besser da, als wenn Sie gar keinen Sport betrieben hätten; nicht nur weil die körperliche Bewegung Ihnen gut getan hat, sondern auch weil Sie etwas über Ihren Umgang mit Strukturen dazugelernt haben. Widmen Sie sich Ihrem Ziel erneut, entwerfen Sie eine Struktur und wenden Sie dabei an, was Sie von der alten gelernt haben, und fangen Sie begeistert von vorne an. Daraus kann ein lebenslanger Prozeß werden, der Spaß macht, und Sie können nichts besseres tun, um Ihre Fähigkeit zu trainieren, zu bekommen, was Sie wollen.

Wir können alles im Leben als Spiel betrachten. Sie können das Spiel Den-Atomkrieg-Verhindern oder das Spiel Meinen-Körper-Langsam-Mit-Drogen-Zerstören spielen. Wenn Sie Ihre Spiele nicht bewußt wählen, werden Sie es unbewußt tun, aber Sie spielen auf jeden Fall das eine oder andere Spiel. Wenn Sie Ihr Spiel erst einmal gewählt haben, sind die Strukturen Ihre Spielregeln. Es gibt keine Spiele ohne Regeln.

60 Tugenden

Mit »Tugenden« meinen wir »die Eigenschaften und die Lebensführung, die Sie darin unterstützen, Ihre bewußt gewählten Ziele zu erreichen«. Wenn Sie die richtigen Tugenden bei sich fördern, kann Ihr Leben sehr viel leichter, freudiger und effektiver werden.
Folgender Prozeß hilft Ihnen, Ihre Tugenden zu fördern:

Der Tugend-Förderungsprozeß
1) Schreiben Sie Ihr Ziel klar und prägnant auf sowie den Plan, mit dessen Hilfe Sie es erreichen wollen.
2) Zählen Sie die fünf persönlichen Eigenschaften und Lebensgewohnheiten auf, die Ihnen am besten helfen können, Ihren Plan durchzuführen und Ihr Ziel zu erreichen.

3) Zählen Sie (auf einem extra Blatt Papier) die fünf persönlichen Eigenschaften und Lebensgewohnheiten auf, die Sie am meisten daran hindern, Ihren Plan durchzuführen und Ihr Ziel zu erreichen.

4) Verkehren Sie jeden Posten unter Punkt 3 in sein positives Gegenteil. Werfen Sie Liste 3 weg.

5) Wandeln Sie jeden Posten der Punkte 2 und 4 in eine Affirmation nach der Vorlage um: »Ich (bin, habe, schaffe) bereits ＿＿＿＿＿＿＿ ＿＿＿＿＿＿＿＿＿＿＿＿＿＿＿＿＿＿＿＿＿ und werde ständig mehr ＿＿＿＿＿＿＿＿＿＿＿＿＿＿＿＿＿＿＿＿ (sein, haben, schaffen).«

6) Schreiben Sie jede dieser Affirmationen dreimal, jeweils in der ersten, zweiten und dritten Person. Lesen Sie sich diese Affirmationen oft durch oder laut vor.

7) Überlegen Sie sich für jede Tugend unter Punkt 2 und 4, wie Sie sie in Ihrem täglichen Leben noch besser praktisch einsetzen könnten. Schreiben Sie das Ergebnis sauber auf ein Blatt Papier.

8) Lesen Sie sich die Liste unter Punkt 7 jeden Abend vor dem Zubettgehen und jeden Morgen gleich nach dem Aufstehen vor. Gehen Sie so oft wie möglich danach vor.

61 Disziplin

Jedesmal, wenn Sie beschließen, etwas auf bestimmte Weise und zu einer bestimmten Zeit zu tun (was notwendig ist, wenn Sie viel erreichen wollen), können Sie den Wunsch verspüren, lieber etwas anderes zu tun, wenn die vereinbarte Zeit herannaht. Disziplin bedeutet, daß Sie bei Ihrem Vorhaben bleiben und im Wege stehende Wünsche integrieren. Disziplin ist eine Tugend, die mit wiederholter Anwendung gestärkt wird und wächst. Sie stellt einen der großen Vorteile dar, die damit einhergehen, ein freies menschliches Wesen zu sein. Tatsächlich ist es unmöglich, ohne Disziplin frei zu sein. Einige Menschen denken, Freiheit bedeute die Freiheit, ihre Wünsche zu befriedigen, aber das ist einfach sklavische Abhängigkeit von Wünschen. Wirkliche Freiheit bedeutet die Fähigkeit zu haben, den eigenen Lebensweg zu wählen und ihm zu folgen. Disziplin bedeutet, Ihre Ziele zu kennen und zu tun, was nötig ist, um sie zu erreichen.

Disziplin und Rebirthing gehen Hand in Hand. Ohne einen gewissen Grad an Disziplin können Sie niemals etwas integrieren, weil jedes energetische Muster von einem Wunsch begleitet wird. Wenn Sie diesem Wunsch einfach nachgeben und ihn befriedigen, wird es höchst unwahrscheinlich, daß Sie das energetische Muster integrieren. Gleichzeitig erleichtert Rebirthing diszipliniertes Verhalten, weil es uns ermöglicht, Disziplin zu genießen statt sie als Unterdrückung zu empfinden.

Affirmationen zu Disziplin:
1. Ich verbinde mit Disziplin nur gute Gedanken.
2. Der Sinn von Disziplin liegt darin, meine Freiheit wachsen zu lassen.
3. Meine Disziplin ist eines meiner Hauptvergnügen im Leben.
4. Ich liebe Disziplin um ihrer selbst willen.
5. Meine Disziplin wird siegen.
6. Ich verzeihe mir, daß ich in der Vergangenheit keine Disziplin hatte.
7. Meine Behutsamkeit ist Teil meiner Disziplin, und meine Disziplin ist Teil meiner Behutsamkeit.

62 Verzeihen

Verzeihen ist eine Scheidungserklärung an die Verbindung von vergangenem Verhalten und abwertenden Gedanken. Verzeihen ist eine Handlung, die in der Gegenwart stattfindet und Sie von allen Ansprüchen auf Wiedergutmachung befreit. Unserer Meinung nach hat jeder Mensch bereits für alle Ewigkeit mehr als genug Wiedergutmachung geleistet und eingestrichen. Wenn Sie jemandem verzeihen und vor allem, wenn Sie sich selbst verzeihen, räumen Sie Hindernisse für Ihre Liebe aus dem Weg und können sich mit besserem Gewissen und klarerem Verstand auf die Zukunft zubewegen.
Schuld ist eine weit verbreitete Form der Wiedergutmachung. Immer wenn Sie sich oder einem anderen Menschen Schuldgefühle bereiten, leugnen Sie die grundsätzliche Unschuld aller Lebewesen. Schuldgefühle sind eine Reaktion auf den Gedanken, daß Sie in einem unsicheren Universum etwas falsch gemacht haben. (Wenn Sie Ihr Verhalten abwerten, ist das ein Hinweis darauf, daß das Universum für Sie nicht sicher ist.) Wenn Sie glauben, daß das Universum Sie für Ihre Missetaten strafen wird, dann werden Sie es für klüger halten, sich selbst zu bestrafen und damit dem Universum (das größer ist als Sie) eins

auszuwischen. Schuld kann unterschiedlich definiert werden. Jeder Mensch erlebt Schuld anders, also werden wir mehrere Beschreibungen liefern, um sicherzustellen, daß Sie wissen, wovon wir sprechen. Schuld kann als Blickwinkel beschrieben werden, der Sie irrtümlich annehmen läßt, daß jemand das Leben nicht als unendlichen Genuß und unendlichen Segen erfährt und daß das Ihr Fehler ist. Schuld kann als Mangel an Respekt für Ihre Vollkommenheit bezeichnet werden. Wenn Sie jemanden verletzt haben oder verletzt wurden, können Sie außerdem versuchen, durch Schuldgefühle zu leugnen, daß Sie beide sich Ihre Realität selbst geschaffen haben und dafür verantwortlich sind.

Schuld ist außerdem die Hauptursache für zwanghaftes Verhalten wie Spielsucht, Trinksucht oder kriminelle Wiederholungstaten. Zwangsverhalten stellt den unbewußten Versuch dar, sich zu rechtfertigen und durch ständige Wiederholung mit dem entsprechenden Verhalten auszusöhnen. Es wird so lange fortgesetzt, bis der Mensch es sich verzeiht. Wenn Sie also aus irgendeinem Grund Schuldgefühle haben, können Sie davon ausgehen, daß Sie sich selbst schon genug bestraft haben. Schuld ist schon an sich eine Strafe, und es liegt an Ihnen zu entscheiden, wann damit genug ist. So wie Schuld an sich eine Strafe ist, ist Verzeihen an sich eine Belohnung. Verzeihen schenkt Ihnen vielleicht keine greifbaren Belohnungen, aber frei von Schuld zu sein ist Belohnung genug.

Die Verzeihungsübung

Machen Sie eine Liste von allen wichtigen Menschen in Ihrem Leben: zum Beispiel Eltern, Geschwister, Kinder, Geliebte, Lehrer, Großeltern, Tanten, Onkel, Gott und so weiter. Schauen Sie sich jetzt Ihre Liste durch und nehmen Sie sich einen Moment Zeit, das Gesicht jedes Menschen zu visualisieren und sich die Beziehung zu ihm noch einmal vorzustellen. Anschließend kreisen Sie mit dem Stift den Namen des Menschen ein, auf den Sie am ärgerlichsten sind, oder anders gesagt, den Namen des Menschen, bei dem es Ihnen am schwersten fallen würde, ihm in die Augen zu sehen und zu sagen, »Ich liebe dich.«
Entwerfen Sie jetzt für sich eine Verzeihungs-Affirmation nach der Vorlage: Ich verzeihe ——————————, daß —————————
——————————————————. Fügen Sie den Namen in die erste Leerstelle und das, was Sie ärgert, in die zweite Leerstelle ein. Wenn Sie diese Affirmationen kontinuierlich schreiben, sagen wir, eine Woche lang täglich eine Seite voll, dann seien Sie bitte darauf gefaßt, daß Wunder in Ihrem Leben geschehen.

Verzeihungs-Affirmationen:

1. Ich verzeihe _____, daß _____
_____.
2. Ich verzeihe mir, zugelassen zu haben, daß andere mich verletzten.
3. Ich verzeihe mir, andere verletzt zu haben.
4. Ich verzeihe anderen, daß sie zugelassen haben, daß ich sie verletze.
6. Ich verzeihe mir, gedacht zu haben, daß ich von Gott getrennt bin.
7. Ich verzeihe Gott, daß er mir das Leben schwer gemacht hat.
8. Ich verzeihe Gott, daß er mir die Freiheit gegeben hat, mich selbst zu verletzen.
9. Ich verzeihe mir meine Rechthaberei, wenn ich Liebe wollte.
10. Ich verzeihe dem Arzt, daß er mich bei meiner Geburt zum Atmen gezwungen hat.
11. Ich verzeihe jedem, der jemals etwas falsch gemacht hat.
12. Ich verzeihe mir, nicht angenommen zu haben, was ich haben wollte.
13. Ich verzeihe jedem, der mir jemals etwas gegeben hat, was ich nicht haben wollte.
14. Ich verzeihe _____ vollkommen.

Internationale Verzeihungswoche

Die Internationale Verzeihungswoche ist eine Woche, in der sich alle Menschen auf der Welt zur gleichen Zeit gegenseitig verzeihen können. Das fördert natürlich den Weltfrieden. Zur Zeit fällt die Internationale Verzeihungswoche auf den Vollmond im Wassermann.
Hier die entsprechenden Aktivitäten für jeden Tag der Internationalen Verzeihungswoche:

Sonntag, sich selbst verzeihen
Montag, Ihrer Familie verzeihen
Dienstag, Ihren Freunden und Kollegen verzeihen
Mittwoch, über soziale Grenzen hinweg verzeihen
Donnerstag, über kulturelle Grenzen hinweg verzeihen
Freitag, über politische Grenzen hinweg verzeihen
Sonnabend, anderen Nationen verzeihen.

63 Dankbarkeit

Dankbarkeit ist die Bereitschaft, für das, was Sie haben, dankbar zu sein. Deswegen schließt Dankbarkeit auch ein, daß Sie bereit sind, wahrzunehmen, was Sie haben. Ein wichtiger Aspekt des gedanklichen Projektionsmechanismus ist, daß die Dinge, auf die Sie sich gedanklich am stärksten konzentrieren, in Ihrem Leben auch am stärksten anwachsen. Wenn Sie sich auf Dinge konzentrieren, die Sie nicht haben, arbeitet Ihre Verstandeskraft automatisch darauf hin, diesen Mangel zu vergrößern. Dankbarkeit heißt, sich auf die Dinge zu konzentrieren, die Sie bereits haben, was zu dem Ergebnis führt, daß die Dinge, über die Sie sich freuen, sich vermehren. Hier eine nützliche Übung zur Ausweitung Ihrer Dankbarkeit.

Erstellen Sie eine Liste mit Dingen, die Sie bereits haben und gerne haben:

_____

_____

_____

_____

Erstellen Sie eine Liste mit Dingen, die Sie *nicht* haben, aber auch nicht haben wollen:

_____

_____

_____

_____

_____

Der Himmel-auf-Erden-Prozeß

Anleitung:
1) Schreiben Sie fünf Dinge auf, über die Sie sich manchmal beklagen, die Sie abwerten, über die Sie abschätzige Witze machen oder die Sie auf andere Weise von Ihrer Liebe ausschließen. Beziehen Sie alles ein: Menschen, Ideen, Gefühle, Länder, Gegenstände und so weiter.
2) Fertigen Sie für jedes Thema eine Liste mit vier Vorteilen an, die es Ihnen für Ihr Leben bringt. Wenn Sie Ihre Liste mit den Vorteilen eines Themas fertig haben, schreiben Sie, bevor Sie zum nächsten Thema übergehen: »Ich bin dankbar dafür, daß (das Thema) _____ _____ existiert«.

»(Ihr Vorname) ———————————, du bist dankbar dafür, daß (das Thema) ——————————— existiert«.
Dann machen Sie mit dem nächsten Thema weiter. Gehen Sie bei allen fünf Themen so vor.
3) Wiederholen Sie den Prozeß mit weiteren fünf Themen, die Sie auflisten. Planen Sie die Zeit ein, diesen Prozeß so oft wie möglich zu machen. Danke.

Wir bezeichnen Dankbarkeit gern als »fortgeschrittenes Verzeihen«. Sie verzeihen sich selbst oder einem anderen Menschen, wenn Sie erkennen, wieviel Energie Sie mit Vorwürfen und Abwertungen verschwendet haben. Dankbarkeit heißt, die Lektion zu feiern, die Sie durch diese Erfahrung gelernt haben.

64 Integrität

Integrität ist mehr als die Gerichtssaal-Definition, die Wahrheit und nichts als die reine Wahrheit zu sagen. Integrität heißt, in Übereinstimmung mit den eigenen Maßstäben ein *aufrichtiges Leben* zu führen, heißt, sich der eigenen Göttlichkeit bewußt zu sein und sich zu verzeihen, wenn man sie vergißt. Beispiele für mangelnde Integrität wären demnach, um des Geldes willen in einem Beruf zu bleiben, den Sie verabscheuen, unter einer Beziehung zu leiden, weil Sie sich hilflos fühlen, sie zu klären, oder Angst haben, daß der andere Sie verläßt, wenn Sie klärende Schritte unternehmen.
Die Wahrheit sagen bedeutet, verbal auszudrücken, was Ihrer Meinung nach in diesem Moment das Wichtigste ist. In manchen Momenten sind wir zum Beispiel ärgerlich. Zu sagen, »Mich ärgert es, wie unser Wohnzimmer aussieht«, kann der Anfang eines Gespräches sein, bei dem unterdrückte Gefühle integriert werden. Die Aussage, »Ich ärgere mich über dich, weil unser Wohnzimmer nicht aufgeräumt ist, und ich finde, du bist dafür mit verantwortlich«, kommt der Wahrheit vielleicht noch näher, und der Satz »Ich ärgere mich darüber, wie unser Wohnzimmer aussieht, und habe ein schlechtes Gewissen bei meinem Ärger, weil ich es nicht aufgeräumt habe«, beschreibt die Wahrheit noch exakter. Vielleicht ist Ihnen aufgefallen, daß es jedesmal zur Integration kommt, wenn Sie die Wahrheit klar genug ausdrücken – und im nächsten Augenblick sieht die Wahrheit auch schon anders aus.

Jeder Mensch hat das Recht, seine Meinung zu ändern. Jeder Mensch hat das Recht, Vereinbarungen zu treffen, die seine Bestimmung im Leben fördern, und bereits getroffene Vereinbarungen abzuändern. Wenn Sie Vereinbarungen mit jemandem absprechen, empfehlen wir Ihnen, beiden Seiten die Möglichkeit einzuräumen, die getroffene Vereinbarung abzuändern. Auch ist es gut, getroffene Vereinbarungen noch einmal dahingehend zu überprüfen, ob sie Ihrer Bestimmung noch förderlich sind, und sie eventuell abzuändern. Das heißt nicht, daß wir Unzuverlässigkeit unterstützen, ganz im Gegenteil; wenn Sie eine Vereinbarung getroffen haben, sind Sie dafür verantwortlich, sie mit sehr viel Integrität einzuhalten oder neu abzusprechen, so daß alle Beteiligten zufrieden sind. Menschen, die so handeln, sind sich ihrer getroffenen Vereinbarungen sehr bewußt, und es ist ihnen ernst damit, sie einzuhalten. Wenn Sie wirklich Integrität entwickeln möchten, ist es wichtig zu beachten, daß mit Integrität ein hohes Maß an Verläßlichkeit einhergeht, was auch bedeutet, jedem Menschen mit Integrität zu begegnen, ganz unabhängig davon, ob er dieses Verhalten erwidert oder nicht.

65 Verhandeln

Verhandeln ist der Prozeß, mit dem wir Vereinbarungen treffen und neu absprechen. Verhandeln bedeutet, daß Sie bereit sind zu äußern, was Sie möchten, statt sich über das zu beklagen, was Sie haben oder nicht haben. Verhandeln ist ein Kommunikationsprozeß, in dem eine Vereinbarung herbeigeführt wird, mit der alle Beteiligten zufrieden sind.

Es wurde viel über den Gebrauch von Macht und Einschüchterungen geschrieben, mit deren Hilfe Sie sich in Verhandlungen durchsetzen können. Wir halten Macht und Einschüchterungen in Verhandlungen nicht für nötig, ja noch nicht einmal für wünschenswert. Das Universum ist gerecht und nimmt sich Ihrer Wünsche an. Da jeder Mensch bereits die Motivation hat, sich für das eigene Wohlergehen einzusetzen, wird auf dem Weg zum permanenten Erfolg durch die Einschüchterung anderer Menschen wahrscheinlich wenig erreicht. Wenn Sie im Sinne aller Beteiligten verhandeln, können Sie die Unterstützung und Mitarbeit Ihrer Kollegen, Freunde, Kunden und Kreditgeber gewinnen und genießen. Hat jedes Individuum bei Verhandlungen das Wohlergehen aller Beteiligten im Sinn, kommt man leicht und angenehm zu Vereinbarungen, deren Einhaltung ebenfalls leicht und angenehm ist.

Dafür brauchen wir die Bereitschaft, Zusammenhänge zu wechseln und die Situation aus dem Blickwinkel jedes Beteiligten zu betrachten.

Affirmationen:
1. Es ist sicher für mich, die Wahrheit zu sagen.
2. Ich bin bereit zu wissen, was ich will, ich bin bereit, es zu erbitten, und ich bin bereit, genau das zu empfangen, was ich erbeten habe.
3. Ich habe das Recht, nein zu sagen, ohne die Liebe von Menschen zu verlieren.
4. Wenn ich ja meine, sage ich ja; wenn ich nein meine, sage ich nein.
5. Ich genieße es zu erbitten, was ich haben möchte.
6. Ich treffe und halte Vereinbarungen, die meine Bestimmung fördern.

66 Dienen

Dienen beruht auf einer Einstellung, die ein Verhalten hervorbringt, dessen Motivation zugleich die Belohnung beinhaltet. Dienen ist die befriedigendste Haltung zum Dasein in dieser Welt. Eine dienende Einstellung heißt, daß die Qualität Ihres Gebens, Ihres Verhaltens und Ihres Dienens Ihnen wichtiger ist als die Qualität des Gebens, Verhaltens und Dienens anderer Menschen. Eine dienende Einstellung ist Großzügigkeit in Aktion. Eine dienende Einstellung heißt, daß Sie sich mit Ihren eigenen Maßstäben messen und sich, falls nötig, selbst liebevoll korrigieren.

Dienen hat weder etwas mit Selbstaufopferung noch mit Konkurrenzverhalten zu tun.

Dienen bedeutet, daß man auch für das verantwortlich ist, was man empfängt. Wenn es Menschen schwerfällt, eine dienende Einstellung zu entwickeln, stecken oft falsche Ansichten über Geben und Nehmen dahinter. Die Ansicht ist weit verbreitet, Geben sei besser als Nehmen; und ebenso gilt allgemein die Ansicht, Geben sei eine bedachte Handlung, das Nehmen hingegen ein peinliches Versehen. Nehmen und Geben sind eins. Ohne Nehmende gäbe es keine Gebenden. Wenn Sie sich klarmachen, daß Ihre Vorstellungen von Geben und Nehmen auslösen, was Sie mit Geben und Nehmen tatsächlich erleben, fällt es Ihnen leichter, eine dienende Haltung einzunehmen. Wenn Sie die Verantwortung für Ihren eigenen Genuß übernehmen und eine dienende Haltung einnehmen, verwandelt sich jede Schufterei in das reinste Vergnügen.

Jeder Mensch bringt es zu mehr, wenn er die Arbeit tut, die er liebt. Trotzdem sollte man auch bedenken, daß die Arbeit nie befriedigender sein kann, als die Haltung, mit der Sie sie tun. Wenn Sie beim Geben grollen oder einen Groll auf Menschen hegen, die anscheinend mehr Erfolg haben als Sie, können Sie damit die erfreulichste Arbeit in eine Plackerei verwandeln.

Nehmen Sie sich einen Moment Zeit, um Ihre augenblicklichen Ansichten über Arbeit im allgemeinen und speziell über *Ihre* Arbeit zu untersuchen. Schreiben Sie zehn allgemeine Gedanken zu Arbeit und zehn Gedanken speziell zu *Ihrer* Arbeit auf. Nehmen Sie sich ein paar Minuten Zeit, die Listen, die Sie gerade geschrieben haben, durchzuschauen. Diese Gedanken formen höchstwahrscheinlich Ihre Einstellung zur Arbeit und speziell zu Ihrer Arbeit. Möglicherweise enthalten diese beiden Listen einige Gedanken, die Sie *nicht* dabei unterstützen, Ihre Arbeit zu genießen. Sie können den einfachen Umkehrprozeß anwenden, um diese einschränkenden Gedanken in positive Affirmationen umzuwandeln.

Wenn ein Gedanke auf Ihrer Liste beispielsweise lautet, »Arbeit ist schwer«, lautet die Affirmation, die durch den Umkehrprozeß entsteht, »Arbeit ist leicht«. Oder wenn ein Gedanke heißt, »Meine Arbeit ist etwas, was ich tun muß«, würde die Affirmation heißen, »Da ich meine Arbeit jetzt frei wähle, macht sie mir Spaß«. Sie finden am Ende dieses Kapitels weitere Affirmationen, die Ihnen helfen, eine positive Einstellung zur Arbeit zu entwickeln.

Im Wörterbuch wird »Arbeit« als körperliche oder geistige Anstrengung definiert, um etwas zu erreichen. Eine weitere Definition von arbeiten lautet, »funktionieren oder etwas bewerkstelligen«. Je mehr Sie Ihre Arbeit als potentielle Möglichkeit sehen, mit Ihren Kapazitäten anderen zu dienen, desto mehr Spaß wird sie Ihnen machen.

Wenn Sie an Ihrer Arbeit keinen Spaß haben, werden Sie sich durch kein noch so hohes Gehalt dafür entschädigt fühlen. Menschen, die nur für Geld arbeiten, haben meistens nicht viel Geld, weil sie es für Vergnügungen ausgeben, die sie glauben, auf Grund ihrer Arbeit zu verpassen. Selbst wenn Sie durch eine Arbeit, die Sie nur für Geld tun, zu viel Geld kommen, ist das bei weitem nicht so befriedigend, wie eine Arbeit zu tun, die Sie lieben. Je mehr Sie Ihre Arbeit lieben, desto besser wird außerdem ihre Qualität sein. Wenn Ihre Dienste die höchste Qualität aufweisen, zu der Sie fähig sind, und Sie darüber hinaus bereit sind, die Qualität Ihrer Dienste ständig zu verbessern, werden die

Kunden sich vor Ihrer Tür drängeln. Mund-zu-Mund-Propaganda ist bei weitem wirkungsvoller und außerdem sehr viel billiger als bezahlte Anzeigen.

Eine schriftliche Übung zur Verbesserung Ihrer Arbeitsqualität

Schreiben Sie zehn Dinge auf, die Sie zu tun bereit sind, um die Qualität Ihrer Arbeit zu verbessern.

Affirmationen:
1. Meine Arbeit wird von jedem geschätzt.
2. Ich habe das Recht, meine Arbeit zu genießen.
3. Es fällt mir leicht und macht mir Spaß, Menschen zu geben, was sie haben möchten.
4. Ich bestimme, was ich annehme.
5. Ich verzeihe mir, daß ich Dinge angenommen habe, die ich nicht haben wollte.
6. Es ist okay für mich, für eine Arbeit bezahlt zu werden, die ich liebe.
7. Ich liebe es zu arbeiten.
8. Ich liebe es zu geben.
9. Die Qualität meiner Arbeit verbessert sich von Tag zu Tag.
10. Ich genieße es, Menschen zu dienen.
11. Ich bin ein/e Diener/in Gottes.
12. Es macht Spaß zu arbeiten.
13. Ich bin mir der Wohltaten, die ich erhalte, ständig bewußt und dankbar dafür.
14. Ich empfange in diesem Augenblick.
15. Meine Arbeit befriedigt mich.
16. Jede Aufgabe, die es zu erledigen gibt, verdient meine volle Aufmerksamkeit.
17. Immer wenn ich arbeite, werde ich zum Kanal für die göttliche Lebenskraft, die durch mich in die materielle Welt gelangt und mich in jeder Hinsicht lebendiger macht.
18. Ich genieße es, Dinge zu vollenden.
19. Etwas zu vollenden, ist sicher für mich.
20. Weil ich in meinem innersten Wesen ganz und vollkommen bin, fällt es mir leicht, mir meine Unfertigkeiten zu verzeihen.

67 Berufliche Selbständigkeit

Ein Mensch, der selbständig arbeitet, verkauft seinen Dienst an *viele* Kunden, während ein Mensch, der bei einem Arbeitgeber angestellt ist, 100 Prozent seiner Dienste an *einen* Abnehmer verkauft. Selbständig arbeiten hat praktische Vorteile und macht Spaß. Für eine Firma zu arbeiten, und sei sie noch so groß, ist keine Garantie für finanzielle Sicherheit. Wenn Sie Zeitung lesen, wissen Sie, daß große Firmen manchmal Bankrott machen und häufiger Arbeiter entlassen. Erfolgreiche Selbständigkeit ist sehr viel sicherer als die Abhängigkeit von einem Arbeitgeber. Ein Mensch, der selbständig arbeitet, kann seine Zeit selbst einteilen, seine Ziele selbst bestimmen, seinen Erfolg selbst beurteilen und die notwendigen Korrekturen vornehmen. Um erfolgreich selbständig zu arbeiten, müssen Sie gleichzeitig ein guter Chef und ein guter Angestellter sein.

Es überrascht uns, daß die Grundlagen für erfolgreiche berufliche Selbständigkeit an öffentlichen Schulen nicht gelehrt werden, und daß der Schwerpunkt der Ausbildung an Grundschulen und weiterführenden Schulen darauf liegt, die Schüler auf Angestelltenberufe vorzubereiten. Erfolgreiche Selbständigkeit verleiht einem Menschen ein Gefühl von Selbstvertrauen und Selbstbestimmung, was für sämtliche Lebensbereiche von Nutzen ist.

Es liegt auf der Hand, daß berufliche Selbständigkeit eine wirkungsvolle Lösung für das Problem der Arbeitslosigkeit ist.

Eine Erfolgseinstellung zu selbständigem Arbeiten erfordert, daß Sie die volle Verantwortung für Ihre finanzielle Situation übernehmen, und das ist die beste finanzielle Sicherheit, die es gibt. Die Fähigkeiten und Einstellungen für erfolgreiches selbständiges Arbeiten sind es wert, alles durchzumachen, was für ihre Entwicklung nötig ist. Wenn Sie daran zweifeln, dann fragen Sie jemanden, der erfolgreich selbständig arbeitet.

68 Rebirthing ist eine wunderbare Möglichkeit, seinen Lebensunterhalt zu verdienen

Wir sind dankbar für die Möglichkeit, unsere beruflichen Erfahrungen als Rebirther mit Ihnen teilen zu dürfen.

Man kann Rebirthing ohne weiteres als einen der schönsten Berufe der Welt bezeichnen. Rebirthing ist das Beste, was Sie für Ihre eigene Entwicklung tun können. Sie können Ihren Lebensunterhalt damit gut verdienen, und Menschen dabei zu helfen, ihr Leben voller Freude selbst in die Hand zu nehmen, ist zweifellos eine der befriedigendsten und beglückendsten Erfahrungen, die wir kennen. Alle professionellen Rebirther erleben ihre Arbeit als großen Beitrag für die Entwicklung der Welt zum Besseren, zu einem Ort, an dem es sich gut leben läßt.

Das Beste am Rebirther-Beruf sind die dauerhaften, engen Freundschaften, die Rebirther mit ihren Klienten entwickeln. Wir sind beide in der glücklichen Lage, sagen zu können, daß wir viele enge Freunde und Freundinnen haben, von denen die meisten ursprünglich unsere Rebirthing-Klienten waren. Menschen, die Rebirthing machen möchten, sind ganz besondere Leute, und die Offenheit und Intimität der Rebirther-Rebirthee-Beziehung begünstigen, einhergehend mit den Qualitäten des Prozesses an sich, dauerhafte Freundschaften.

Wenn Sie Rebirthing zu Ihrem Beruf machen möchten, müssen Sie auf jeden Fall zuerst lernen, sich selbst zu rebirthen. Machen Sie möglichst viele Ausbildungsgruppen bei vielen unterschiedlichen Lehrern. Wir empfehlen Ihnen, auch dann noch von Zeit zu Zeit regelmäßig an Trainings teilzunehmen, wenn Sie schon längst eine erfolgreiche Praxis haben. Sie können sämtliche Trainings, die Sie besuchen möchten, damit bezahlen, daß Sie Gruppen und Trainings für deren Leiter organisieren. Diese Tätigkeit umfaßt meistens die Öffentlichkeitsarbeit, die Registrierung der Teilnehmer und die Organisierung von Räumlichkeiten und Verpflegung. Praktisch alle Trainer sind ständig auf der Suche nach guten Organisatoren, also können Sie die erfreuliche Erfahrung machen, gesucht zu sein und geschätzt zu werden. Wenn Sie gut sind, können Sie außerdem auch gut dabei verdienen. Die meisten Rebirther und Ausbilder haben selbst viele Gruppen organisiert und werden Ihnen gerne sagen, was Sie dabei beachten müssen. Anfangs müssen Sie vielleicht für Anzeigen und andere Kosten etwas Geld investieren, aber dabei geht es fast nie um größere Summen, und manchmal ist selbst das nicht nötig. Wenn Sie mit gesundem Menschenverstand vorgehen, werden Sie ein gutes Einkommen haben.

Als Rebirther verdienen Sie mindestens genauso viel wie jeder andere berufstätige Mensch auch, selbst wenn Sie keine akademische Ausbildung haben. Das heißt, Sie müssen auch lernen, wie man selbständig arbeitet. (Der beste Einstieg dafür ist die Lektüre des Buches *Money is my Friend* von Phil Laut und die Befolgung sämtlicher Schritte, die darin empfohlen werden.)

Rebirthing ist eine wissenschaftliche Kunst, und Sie werden als Rebirther ständig besser werden. Wenn Sie sicher sind, mit Rebirthing kontinuierlich ausgezeichnete Wirkungen zu erzielen und dabei mit äußerster Integrität vorgehen, können Sie anfangen, andere Menschen zu rebirthen.

69 Akzeptieren

Akzeptieren ist ein Zusammenhang, der außerhalb der Realität abwertender Dualitätsmechanismen existiert. Akzeptieren heißt, alles, was ist, liebevoll zu betrachten.

Es gibt keine bedingte Liebe. Die einzige Liebe, die es gibt, ist bedingungslose Liebe, und wir selbst sind es, die unserer Bereitschaft, bedingungslose Liebe zu geben und zu erfahren, Grenzen setzen.

Diese Vorstellung steht der Einstellung gegenüber, die wir »Snob-Mentalität« nennen, und die besagt, daß Sie als Mensch um so besser sind, je mehr Dinge Sie verurteilen und mißbilligen. Der Weg zum Glücklichsein führt über die Integration Ihrer Urteile zur Freude über alles, was Sie erfahren.

Sie können sich mit Hilfe von Mißbilligung für die Erreichung bestimmter Ziele motivieren. Aber Sie werden auf diesem Wege weder viel Freude an Ihrer Arbeit haben noch viel Befriedigung über erreichte Ziele empfinden. Wenn Sie die Dinge akzeptieren, wie sie sind, ist es leicht, durch freudiges Mitwirken befriedigende Ergebnisse zu erzielen.

Affirmationen:
1. Ich akzeptiere dankbar den ganzen Reichtum des Lebens.
2. Ich akzeptiere dankbar meine Bestimmung.
3. Ich akzeptiere dankbar meine Lebensumstände.
4. Ich akzeptiere dankbar alle Menschen, die mit mir diesen Planeten bewohnen.

70 Himmel auf Erden

Stellen Sie sich eine Welt vor, in der jeder Mensch alle Erfahrungen genießt, die er macht, und beständig auf Erfahrungen hinarbeitet, die ihn ganz und gar befriedigen. Es ist einleuchtend, wenn man eine solche Welt den Himmel auf Erden nennt, nicht wahr? Wir hoffen, daß Sie inzwischen erkannt haben, daß sich die Welt bereits in diesem Zustand befindet. Trotzdem würden nur wenige Menschen, die Welt, so wie sie ist, tatsächlich als Himmel auf Erden bezeichnen. Auch die Autoren dieses Buches leben nicht ständig in dem Gefühl, den Himmel auf Erden zu haben. Solange wir noch nicht den Himmel auf Erden haben, werten wir offensichtlich immer noch Dinge ab.

Wir alle machen einen Quantensprung in Richtung Himmel auf Erden, wenn wir erkennen – und sei es nur verstandesmäßig –, daß wir für unsere sämtlichen Erfahrungen verantwortlich sind, daß alles ist, wie es ist, um unsere bewußten oder unbewußten Wünsche zu befriedigen und daß wir frei sind, nach eigenem Willen Veränderungen vorzunehmen, wenn wir erst einmal aufhören, unsere Ausgangssituation abzuwerten. Wenn wir uns der Aufgabe ganz hingeben, den Himmel auf Erden zu manifestieren, sind wir bereits dort.

Stellen Sie sich vor, jeder Mensch würde in seinen sämtlichen Beziehungen im Sinne aller Beteiligten verhandeln. Das wäre das Ende sämtlicher Kriege und Kriegsdrohungen. Es wäre außerdem das Ende des Hungers auf der Welt.

Stellen Sie sich vor, jeder würde die volle Verantwortung für die Erfüllung seiner eigenen Bedürfnisse und Sehnsüchte übernehmen. Das würde Arbeitslosigkeit und Armut mit Sicherheit ein Ende setzen.

Was wäre, wenn jeder Mensch die bloße Existenz ständig feiern würde? Dann würde jeder Mensch zutiefst glücklich sein und sämtliche unterdrückten Abwertungen integrieren.

Was hieße es, wenn jeder die Idee losließe, daß der Tod unausweichlich ist? Das Ende von Leiden, Altern und Tod? Das Ende von Ausbeutung und Vergiftung dieser Erde?

Stellen Sie sich vor, wir stünden am Anfang eines solchen Zeitalters. Hunderttausende von Menschen, die erkennen, daß ihnen die praktischen Hilfsquellen zur Verfügung stehen, um sich in diese Richtung bewegen zu können und das auch tun. Menschen, die zumindest eine Ahnung vom Himmel auf Erden haben. In dieser Phase befinden wir uns im Augenblick.

Stellen Sie sich vor, diese Hunderttausende von Menschen würden nicht nur sich selbst Schritt für Schritt befreien, sondern die befreienden Ideen und Hilfsmittel auch mit anderen Menschen teilen. Zunächst tauschen sie sie vielleicht nur gelegentlich mit ihren engsten Freunden aus, weil diese neuen Ideen sich noch nicht mit dem üblichen Denken in unserer Gesellschaft decken. Aber während sie mit ihrer eigenen Umwandlung immer mehr Erfahrungen machen und ihr Selbstvertrauen wächst, werden sie auch mutiger, engagierter, mitfühlender.

Diese Bewegung ist keine Bewegung des Verschmelzens, sondern eine Bewegung von individuellen Reifungsprozessen. Rebirther sind nicht die einzigen, die an dieser Bewegung teilhaben. Alle Menschen, die sich der Wahrheit widmen, statt sich anzupassen oder zu rebellieren, tragen bereits ihren Teil dazu bei, daß diese Bewegung wächst.

Die Zukunft liegt in Ihrer Hand. Die Zukunft liegt in unserer Hand.

Anhang

Dank

Wir danken den folgenden Menschen für ihre zahlreichen Beiträge zur Unterstützung in unserem Lebens und bei der Arbeit an diesem Buch:
Jean Gilpin, die uns beim Schreiben dieses Buches mit Liebe, Aufmunterungen, Kaffee und belegten Broten unterstützt hat.
Leonard Orr, Begründer des Rebirthing und inspirierender Lehrer.
Al und Anna Lee Leonard, Jims Eltern, die Jim einen Platz in ihrem Haus zur Verfügung gestellt haben, wo er in Ruhe und ohne die alltäglichen Ablenkungen einen Teil dieses Buches schreiben konnte.
Anne Jill Leonard, Jims Frau, die Jim in der Zeit, als er dieses Buch schrieb, materiell und in anderer Form unterstützte, die Grafiken für dieses Buch gezeichnet und bei der Herausgabe geholfen hat.
Sondra Ray und Fred Lehrmann für Beistand und Rat zur rechten Zeit.
Sal Rachele, für einige Affirmationsvorschläge.
Ida van Raam und Joanne Hahn, die uns mit der Internationalen Verzeihungswoche bekannt gemacht haben.
Otto Altorfer, für seine hilfreichen verlegerischen Hinweise und das anregende Beispiel, das er durch sein eigenes Leben gibt, sowie für seine Freundschaft und Unterstützung.
Marz Attar, dafür daß er Jim geholfen hat, einige Feinheiten der Philosophie zu erforschen, die in diesem Buch vorgestellt wird.
Herakhan Baba für sein Dasein in der Welt.
Sue und Don Weatherley, Jims Schwiegereltern, für ihre Freundschaft, ihren weisen Rat und ihre positive Kritik an Jims Ideen.
Jack Szumel, für seine Erleuchtung, seine Freundschaft und seine ansteckende Begeisterung – Jims erster Ausbilder.
Elana Lynse, Phils erster Rebirtherin.
Theano Storm, Jims erstem Rebirther.
Gayle Carlton und Jane English für ihren Beitrag zum Thema Kaiserschnittgeburten.
Lucy Liggett und Stan Sherr für ihre Ratschläge bei der Herausgabe.
Ned Berke, der die grafische Gestaltung vorgeschlagen hat.

Alan Moore, der eine der Techniken für das Vierte Element vorgeschlagen hat.

Kali Victoire für Korrekturlesen und herausgeberische Unterstützung.

All unseren Lehrern, Schülern und Freunden in der weltweiten Rebirther-Gemeinschaft.

Worterklärungen

Jede Wissenschaft hat ihre eigene Fachsprache, und das trifft auch auf die Wissenschaft von der umfassenden Daseinsfreude zu. Obwohl die meisten Wörter und Redewendungen, die wir fachspezifisch benutzen, im Text selber definiert werden, definieren wir sie hier noch einmal, um sie zu präzisieren und weitere Informationen hinzuzufügen, die für den Sprachfluß des Haupttextes hinderlich gewesen wären. Fast alle Definitionen, die Sie in diesem Glossar vorfinden, unterscheiden sich von denen eines Standard-Wörterbuches – das Glossar sagt Ihnen genau, was *wir* unter den Begriffen verstehen, die wir benutzen. Wir haben nur zwei oder drei Wörter aufgeführt, deren Bedeutung der herkömmlichen entspricht; in diesem Fall – wie zum Beispiel bei dem Wort »Therapie« – wollen wir beim Leser keinerlei Zweifel daran aufkommen lassen, daß wir das Wort auf die übliche Weise benutzen. Einige der Begriffe in diesem Glossar wurden von den Autoren dieses Buches geprägt; die gegenwärtige Bedeutung anderer Begriffe wiederum ist im Verlauf vieler Jahre von Fachleuten auf dem Gebiet der Selbstentfaltung entwickelt worden, nicht nur auf dem Gebiet des Rebirthing, sondern auch in anderen Bereichen angewandter Philosophie. Oft benutzen wir diese übernommenen Begriffe nicht im gleichen Sinne wie ihre Erfinder, deswegen soll dieses Glossar auch helfen, Mißverständnisse auszuschließen.

Wir empfehlen jedem, der an Rebirthing wirklich interessiert ist, diese Worterklärungen nicht nur zu studieren, um den Buchtext besser verstehen zu können, sondern sie auch als unabhängige, nützliche Informationsquelle zu benutzen.

Die kursiv gedruckten Wörter sind Hauptbegriffe oder Ableitungen von Hauptbegriffen.

Aberglaube: Ein *unklares Modell.*

Abschluß: a) Der Augenblick in einer *Rebirthing-Sitzung,* in dem alle drei folgenden Kriterien erfüllt sind:
1. Der *Rebirthee* ist zufrieden mit dem Umfang des *Materials,* das *aktiviert* und *integriert* wurde.
2. Alles, was während der Sitzung aktiviert wurde, wurde auch integriert, das heißt, der Rebirthee fühlt sich vollkommen wohl.
3. *Rebirther* und Rebirthee stimmen völlig darin überein, daß die ersten beiden Punkte erfüllt sind.
b) Die vollständige *Manifestation* einer *beabsichtigten Wirkung.*

Absicht: Vollkommene Entschiedenheit, sich den *Aktivitäten* zu widmen, die für die *Manifestation* eines bestimmten *bewußt gewählten Ziels* notwendig sind.

Abwertung: a) Ein *negativer Zusammenhang.*
b) Abwertend (Adjektiv): Bezieht sich auf jeden *Zusammenhang,* in dessen Rahmen alles, was tatsächlich existiert, mit einem *imaginären Standard* verglichen wird.
c) Abwerten (transitives Verb, s. a. schlecht machen): (Wird oft in der Form gebraucht, daß zwischen »werten« und »ab« der jeweilige *Inhalt* steht, wie zum Beispiel: »Er wertet Armut ab.«) In einen *negativen Zusammenhang* stellen.

Ärger: Das *energetische Muster,* das sich im Körper bildet, wenn man die *Aufgaben,* die für einen anstehen, *abwertet.*

Affirmation: Eine einfache, auf Tatsachen beruhende *Aussage* zu dem Zweck, einen bestimmten Inhalt von einem *Zusammenhang* in einen anderen Zusammenhang zu verlagern.

Affirmationsdiät: Eine Woche lang täglich fortlaufend siebzig *Affirmationen* zu einem bestimmten Thema aufschreiben.

Affirmationsinventar: Eine Auflistung sämtlicher *Affirmationen,* die zu einem bestimmten Thema gehören und der affirmierenden Person dazu einfallen.

Affirmationsmodus: Eine *Affirmation* mit Leerstellen, die mit jeglichen positiven Inhalten ausgefüllt werden können. Vergleiche auch *Affirmations-vorlage.*

Affirmationsprojekt: Der Einsatz von *Affirmationen* zwecks Unterstützung bei der *Manifestation* eines *bewußt* gewählten Ziels.

Affirmationsprozeß: a) Die Benutzung von *Affirmationen* durch ein *Individuum.*
b) Ein Prozeß, in dessen Verlauf *Affirmationen* angewendet werden.

Affirmationsvorlage: Eine *Affirmation* mit Leerstellen, die immer *positiv* bleibt, ganz gleich, mit welchen Inhalten diese Leerstellen ausgefüllt werden. Vergleiche auch *Affirmationsmodus*.

Aktivierung: Das partielle oder totale *Bewußtwerden* eines *Inhalts*, der in einen *negativen Zusammenhang gestellt* wurde.

Aktivität: Jeder spezielle, konzentrierte Einsatz von *Geist* oder Körper zu dem Zweck, ein bestimmtes *Ergebnis* zu erzielen.

Akzeptanz/Akzeptieren: Etwas *zur Kenntnis nehmen* und in einen positiven Zusammenhang stellen.

Alle Aussagen sind gleich wahr: Ein *Zusammenhang* oder *Blickwinkel*, in dessen Rahmen sämtliche Zusammenhänge oder Blickwinkel für die Anwendung zur Verfügung stehen.

Altern: Ein Austauschprozeß, bei dem die Körperzellen durch weniger gesunde Zellen ersetzt werden, deren Zusammenspiel wiederum einen weniger gesunden Körper erzeugt.

Ambulantes Rebirthing: Sich selbst *rebirthen*, während man gleichzeitig mit anderen *Aktivitäten* beschäftigt ist.

Anästhesie-Effekt: *Unbewußtheit*, die der *Aktivierung* von ehemals *unterdrückten Erinnerungen* an jegliche unterdrückende Substanz im Körper, besonders Äther, entstammt.

Andere Leben: Gehört zu den *Fünf Großen* und ist ein *Trauma*, das seinen Ursprung in vergangenen Leben hat und das der Mensch trotz Tod und erneuter Inkarnation beibehält.

Angenehm: Wird zumindest von einer Seite der eigenen Person genossen.

Angestochen: Ein Zustand der *Aktivierung*, der durch einen Teil der eigenen *Realität* ausgelöst wurde.

Angst: Das *energetische Muster*, das im Körper entsteht, wenn man eine denkbare zukünftige Veränderung der *Realität abwertet*.

Anpassung: *Gedanken* und *Verhaltensweisen*, für die man sich bewußt oder unbewußt entschieden hat, um sich den *Vorlieben* eines anderen Menschen ungeachtet seiner eigenen Vorlieben zu unterwerfen. Vergleiche *Rebellion*.

Anstehende Aufgabe: Alles, was man im gegenwärtigen *Moment* tut oder sich veranlaßt fühlt, als nächstes zu tun.

Anziehungskraft: Die Fähigkeit, sich mit allem und jedem zu verbinden.

Apana: Die quasi-physikalische Körperenergie, die von den Zellen erzeugt wird, wenn sie *Prana* aufnehmen, um den Stoffwechsel zu gewährleisten.

Apathie: Gleichgültigkeit gegenüber der *Wirkung* der eigenen *Gedanken* oder *Handlungen* oder generell der eigenen Zukunft gegenüber.

Atembefreiung: Die anhaltende Verbesserung der Atmung.

Atemzyklus: Die Zeitspanne beim *Rebirthing,* die mit dem Einatmen beginnt und mit der *Integration* eines *energetischen Musters* endet.

Atemunterbrechung: Eine *unbewußt gewählte integrative* Methode, die manchmal während des *Rebirthing* spontan eingesetzt wird und den plötzlichen, vorübergehenden Verlust des *Bewußtseins* des *Rebirthees* nach sich zieht, wodurch angemessene Bedingungen für die Integration geschaffen werden, der Rebirthee sich dem gefürchteten Material aber bis zum *Moment* der Integration nicht *bewußt* stellen muß.

Ausdruck: a) Ein *Verhalten,* das durch ein *kinästhetisches energetisches Muster motiviert* wird.
b) Die Übersetzung eines *Gedankens* in Worte.

Auskurieren: Die Symptome einer Krankheit vollständig beseitigen. Vergleiche *heilen.*

Auslösen: a) Ein *energetisches Muster aktivieren.*
b) Eine *zwanghafte Anpassung* in Gang setzen.

Aussage: a) Ein in Worte gefaßter *Gedanke.*
b) Jeder Aussagesatz. Bei dieser Definition kann ein und dieselbe Aussage viele verschiedene Gedanken enthalten, je nachdem in welchen *Zusammenhang* diese Aussage gestellt wird.

Bedeutend: Teile der eigenen Realität, die die *bewußte Wahrnehmung* stärker beanspruchen als andere.

Bedingungslose Liebe: Sämtliche Eigenschaften von jemandem oder etwas in einen *positiven Zusammenhang* einbeziehen einschließlich sämtlicher möglicher Veränderungen, die die Person oder die Gegebenheit zukünftig erfahren könnten, und ohne zu beachten, ob diese Person oder Gegebenheit den eigenen *Standards* oder den eigenen *Vorlieben* genügen würde.

Befriedigung: Die *Manifestation* einer *Wirkung,* die man sich *bewußt* oder *unbewußt* als *Ziel* gesetzt hat.

Begeisterung: Ein *dankbares Akzeptieren,* das alles folgende umfaßt: die persönliche *Bestimmung,* die gegenwärtige *Realität,* die persönlichen *Ziele, Pläne,* gewählte *Strukturen,* gegenwärtige persönliche *Aktivitäten* und die eigene Person.

Begrenztes Denken: Der *Gedanke,* daß das, was man für *wertvoll* hält, nur begrenzt vorhanden ist. Siehe auch *Grenze, Die Theorie vom begrenzten Guten.*

Bescheidenheit: Das *Akzeptieren* der gegenwärtigen, *monumentanen* persönlichen *Grenzen*.

Beschwerden-Umwandlungsprozeß: Ein *Prozeß,* der die *Integration* eines *unterdrückten Dualitäts-Mechanismus* bewirkt, indem der *bewußte Verstand* mit diesem Mechanismus bekannt gemacht, eine Affirmation als *Gedächtnisstütze* entwickelt und dann *bewiesen* wird, daß diese *wahr* ist.

Bestimmte negative Einstellungen: *Gedanken,* die bestimmte Begrenzungen erzeugen.

Bestimmung: a) die *bewußt gewählte Motivation* für persönliche *Aktivitäten.* Das, was nach eigener Wahl das eigene Leben ausmachen soll.
b) Eine weit gefaßte *Aussage* über das, was nach eigener Wahl das eigene Leben ausmachen soll.
c) Die *Aktivität,* mit der ein Mensch im gegenwärtigen *Moment beschäftigt ist.*
d) Der Grund für die Beschäftigung mit einer bestimmten *Aktivität.*

Beweis: a) Wahl oder Herstellung eines *Zusammenhangs*, in dessen Rahmen eine *Aussage wahr* ist.
b) Wissenschaftlicher Beweis: Unwiderlegbare logische Schlußfolgerung, daß eine Aussage innerhalb eines gegebenen Zusammenhangs auf unwiderlegbaren Daten beruht, die im Rahmen desselben Zusammenhangs ebenfalls wahr sind.

Bewußt: a) In einem bestimmten *Moment* vom *Selbst* wahrgenommen.
b) Vom Selbst erzeugt oder getan.
c) Nachweisbare Aufmerksamkeit für die äußere *Umgebung.*

Bewußt gewählter Wunsch: Die *bewußte* Entscheidung, *wertvolle* Erfahrungen zu intensivieren.

Bewußte Wahrnehmung: a) Zugang des *Selbst* zu jeglichem *Modell, Zusammenhang, Gefühl,* usw.
b) *Aufmerksamkeit.*

Bewußte Wahrnehmung aller Einzelheiten: Die *Wahrnehmung* sämtlicher Details eines *energetischen Musters.* Das Dritte *Element des Rebirthing.*

Bewußter Verstand: Der Teil des eigenen *Verstandes,* der dem *Selbst* unmittelbar zugänglich ist.

Bewußtsein: a) das *Selbst.*
b) *Wachheit.*
c) Zustand nachweisbarer Wachheit für die äußere *Umgebung.*

Bezugsrahmen (oder: **Rahmenbezug**): Ein *Zusammenhang.*

Blickwinkel: siehe *Zusammenhang.*

Dankbarkeit: a) Ein Zusammenhang, in dem der *Inhalt* als Quelle für persönliche Freude und persönliches *Wohlbefinden erkannt* wird.
b) Das energetische *Muster,* das im Körper entsteht, wenn man etwas wahrnimmt, das man selbst in einen *Zusammenhang* mit Dankbarkeit stellt.

Dankbarkeitsaffirmation: die Affirmationsvorlage: »Ich bin *dankbar* für ____
_____.«

Dankbarkeitsdiät: Sieben Tage lang fortlaufend täglich siebzig *Dankbarkeitsaffirmationen* aufschreiben.

Daseinsfreude« a) Das *Feiern* sämtlicher Ereignisse, die man in einem bestimmten *Moment bewußt wahrnimmt.*
b) Das *energetische Muster,* das im Körper entsteht, wenn man alles feiert, was man in einem bestimmten *Moment* bewußt wahrnimmt.

Denken: *Inhalte* bestimmten *Zusammenhängen* zuordnen.

Dienende Einstellung: Das *Gedanken*system, das *Dienste motiviert.*

Dienst: Eine *Aktivität,* die sowohl zum eigenen als auch zum Wohle aller Beteiligten ist. Eine Aktivität, die in sich selbst den Lohn trägt.

Disziplin: Die Entscheidung, sich nur auf Aktivitäten einzulassen, die die eigenen *Ziele* am effektivsten *manifestieren.*

Doublebind: Eine Situation, von der man glaubt, daß sie nur zwei Möglichkeiten offenläßt, die man beide in einen *negativen Zusammenhang* stellt.

Drama: Seine *Emotionen* ausagieren, statt die *Verantwortung* dafür zu übernehmen.

Drang: Die Wahrnehmung eines *unbewußt gewählten Wunsches*. Ein energetisches *Muster,* verbunden mit dem *Gedanken* an das, womit man dieses energetische Muster unterdrücken könnte.

Das dritte Element des Rebirthing: *Bewußte Wahrnehmung* aller Einzelheiten.

Dritte Person: Die Affirmationsvorlage: »(Ihr Name) (ist, tut, hat) _____
_____.«

Dualität: Zwei *Aussagen,* die entweder einen *Widerspruch* oder ein *Paradoxon* ergeben, je nachdem ob man sich *entscheidet,* beide in ein und denselben *Zusammenhang* oder in zwei unterschiedliche Zusammenhänge zu stellen.

Dualitäts-Mechanismus: Jede der vielen Seiten des *unbewußten Verstandes,* die alle die *persönliche Realität* ständig an einem *imaginären Standard* messen und zur *Motivation* für eine spezielle Form der *zwanghaften Anpassung* werden.

Dualitäts-Skala: Ein Diagramm, mit dessen Hilfe man bestimmte Dualitäts-*Mechanismen* wie folgt leicht analysieren kann:

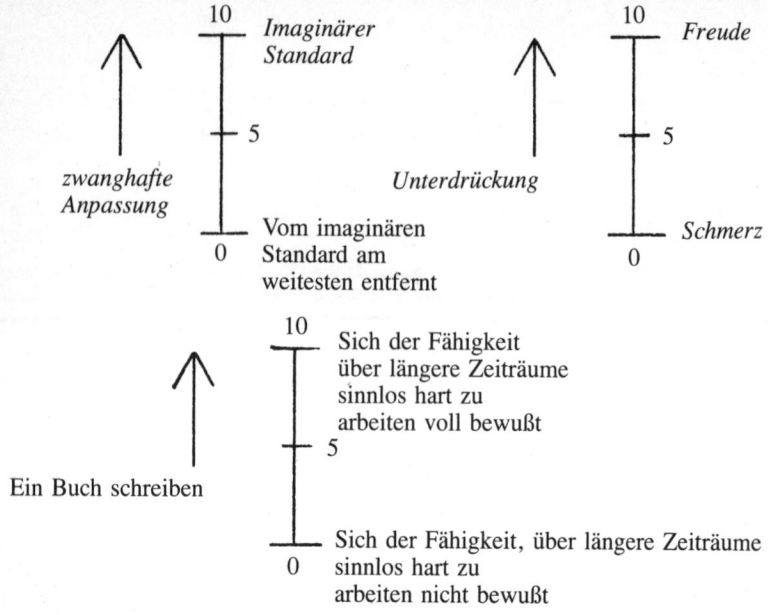

Abbildung 12: Beispiele für Dualitäts-Skalen

Dummes Verhalten: Jedes *Verhalten*, das die *Manifestation* der eigenen *Ziele* verzögert.

Durchbruch: Die plötzliche Erkenntnis einer *wohltuenden Wahrheit*.

Durchkreuzender Wunsch: Ein *unbewußt gewählter Wunsch,* der die *Manifestation* eines *bewußt gewählten Wunsches* behindert.

Eieruhr-Einstellung: Eine Methode, das Ende einer *Rebirthing-Einzelsitzung* festzulegen, die von den Autoren dieses Buches nicht gutgeheißen wird. Dabei richtet sich der *Rebirther* nach der Uhr und beendet die Sitzung zu einem bestimmten Zeitpunkt, ganz gleich, ob der natürliche Zyklus des Rebirthing bereits abgeschlossen wurde oder nicht.

Eifersucht: Das *energetische Muster,* das im Körper entsteht, wenn man ein *Kontrollmuster* hat, das zumindest folgendes umfaßt: *Ärger, Angst* und den *Gedanken,* daß jemand anderes das bekommt, was man selber für *wertvoll* hält. Vergleiche auch *Gier, Geschwisterneid, Die Theorie vom begrenzten Guten.*

234

Einsamkeit: Ein *energetisches Muster,* das im Körper entsteht, wenn man die körperliche Abwesenheit eines anderen Menschen *abwertet.*

Einwand (gegen eine Affirmation): Sämtliche *Gedanken,* die dem *Verstand* zu einer bestimmten *Affirmation* einfallen.

Einwands-Inventar: Eine Liste sämtlicher *widersprechender Gedanken,* die man zu einer bestimmten *Affirmation* vertritt.

Einzelsitzung: Eine *Rebirthing-Sitzung,* für die der *Rebirthee* einen oder mehrere *professionelle Rebirther* bezahlt, damit sie ihm beim *Rebirthing* assistieren, ohne daß weitere Personen anwesend sind.

Einzigartig: Unterscheidet sich zumindest in einer Hinsicht von allem, was sonst noch existiert.

Einzigartige Erfahrung: Die vollständige *Erfahrung,* die ein bestimmtes *Individuum* in der *linearen Zeit* oder in der *momentanen* Zeit macht.

Ekstase: a) In diesem *Zusammenhang* sind alle *Inhalte vollkommen.* Ekstase bedeutet nicht nur, daß *abwertende Urteile* ausgeschlossen sind, sondern auch die absolute Unfähigkeit, *abwertend* zu urteilen. Dem *inneren Zeugen* ist ausschließlich der ekstatische *Zusammenhang* zugänglich, während Ekstase für den *Verstand* nur einer von vielen Zusammenhängen ist.
b) Der Zustand, in dem wir sämtliche *Erfahrungen* in einen ekstatischen Zusammenhang stellen bzw. von einem ekstatischen *Blickwinkel* aus betrachten.

Ein Element des Rebirthing: Jede der fünf *Verhaltensweisen,* die zu dem Zweck angewendet werden, durch *Rebirthing Integration* zu bewirken.

Emotion: Jedes der drei folgenden *kinästhetischen energetischen Muster,* die am häufigsten identifiziert werden: *Traurigkeit, Ärger* und *Angst,* jede Kombination dieser drei Muster oder jede Kombination dieser drei Muster mit einem oder mehreren *Gedanken.*

Das energetische Hauptmuster: Jegliche Komponente einer persönlichen Realität, die in einem gegebenen *Moment* die Aufmerksamkeit dieser Person am meisten beansprucht.

Energetisches Muster: a) Allgemein jede einzelne Seite der *momentan* gegenwärtigen *Realität* eines Individuums.
b) Speziell ein System von *kinästhetischen* oder körperlichen Empfindungen.
c) Ein *Gedanke,* der kinästhetisch *wahrgenommen* wird.

Erfahren (transitives Verb): Sich mit etwas momentan und unterschiedslos gleichzeitig verbinden und davon abtrennen. Dies bedarf einer genaueren Erklärung: Immer wenn etwas Teil Ihrer Erfahrung wird, sind Sie gleichzeitig eins damit und getrennt davon; auch vereinen Sie sich damit und unterscheiden sich gleichzeitig davon. Diese Vereinigung/Trennung dauert nur einen Augenblick, und in dem *Zusammenhang,* in welchem ein Augenblick dem anderen folgt *(lineare Zeit),* verändert sich das *Universum* und damit das Erfahrene ständig; somit gibt es unendlich viele unterschiedliche Erfahrungen. Wir sagen, daß wir »unterschiedslos erfahren«, weil Sie in jedem Augenblick etwas erfahren, ganz unabhängig davon, ob Ihr *Verstand* es *abwertet* oder *feiert* und ob die *Wahrnehmung* dieser Erfahrung im *bewußten* oder im *unbewußten Verstand* vor sich geht.

Erfahrung: a) das Erfahrene.
b) Die Funktion des Erfahrens oder die Fähigkeit zu erfahren.
c) (umgangssprachlich): Wahrnehmung von etwas, oder etwas wahrnehmen.

Erinnerung: Ein *Modell* von Teilen der *Realität,* das man ursprünglich in der Vergangenheit *wahrgenommen* hat.

Erkennen: Etwas *bewußt wissen.*

Das erste Element des Rebirthing: *Kreisförmiges Atmen.*

Erste Person: *Affirmation* in Ich-Form: »Ich (bin, tue oder habe) _____
_____.«

Erwartung: Was der *bewußte Verstand denkt,* geschieht, wird geschehen, sollte geschehen oder hätte geschehen sollen.

Erzwungene Hingabe: Der *Prozeß,* in dessen Verlauf man *erkennt,* daß ein bestimmter *Inhalt* den eigenen *Standards* nicht genügt und sich nicht *unterdrücken* läßt, so daß der einzige Weg, das eigene *Leiden* zu beenden, darin besteht, daß man diesen Inhalt *feiert,* ob er den eigenen Standards nun genügt oder nicht. Das ist die »schmerzlichste« und »schwierigste« Form der Integration, aber sie funktioniert.

Ethik: Die *Strukturen,* die das eigene *Verhalten* in Hinsicht auf die Wirkungen steuern, die es auf andere fühlende Wesen hat.

Eventualität: Ein mögliches zukünftiges Ereignis, das die *Manifestation* eines persönlichen *Ziels* beeinträchtigen könnte.

Existenzialismus: Die *Philosophie,* die von dem *Gedanken* ausgeht, daß *Erfahrungen* eine Funktion des physischen Körpers sind, und daß der physische Körper durch eine Reihe von unerklärlichen und im höchsten Maße unwahrscheinlichen und planlosen Ereignissen innerhalb eines *Universums* erschaffen wurde, das dem Leben gegenüber feindselig oder zumindest gleichgültig eingestellt ist.

Fall: Das *negative* Hauptmuster eines Menschen.

Fallbehandlung: Die Interaktion mit einem Menschen zu dem Zweck, eine bestimmte Änderung in der geistigen Grundhaltung dieses Menschen zu *bewirken.*

Falsch: Verglichen mit einem *Ideal* für minderwertig befunden.

Familiäre Verhaltensmuster: *Konditionierungen, Verhaltensweisen, Zusammenhänge* und *Modelle,* die man von der Familie übernommen hat, in der man aufgewachsen ist.

Feiern: Etwas im Rahmen eines *positiven Zusammenhangs* oder *Blickwinkels erkennen* und vertreten.

Festgefahren: Hilflosigkeit, beliebige Teile eines *Inhalts,* den man in einem *negativen Zusammenhang* vertritt, in absehbarer Zukunft zu verändern.

Freiheit: Die Fähigkeit eines *Individuums,* zwischen unterschiedlichen potentiellen Handlungswegen auszuwählen.

Frustration: Das *energetische Muster,* das im Körper entsteht, wenn man an dem *Gedanken* festhält, daß man etwas tun muß, aber nicht in der Lage dazu ist; somit ist Frustration eine Kombination aus *Ärger* und *Traurigkeit.*

Die fünf Elemente des Rebirthing: Die fünf *Verhaltensweisen,* die beim *Rebirthing* eingesetzt werden, um maximale Ergebnisse bei der *Integration* zu erreichen, nämlich:
1) *Kreisförmiges Atmen*
2) *Vollkommene Entspannung*
3) *Bewußte Wahrnehmung aller Einzelheiten*
4) *Integration in Ekstase*
5) *Tun Sie, was Sie gerade tun – Bereitschaft ist genug*

Die fünf Großen: In Leonard Orrs *Philosophie* die fünf Bereiche, in denen die *geistige Wahrnehmung* der meisten Menschen am meisten *Unklarheit* und *Negativität* aufweist, nämlich:
1) *Das Geburtstrauma*
2) *Das Syndrom Elterlicher Mißbilligung (SEM)*
3) *Unbewußter Todesdrang*
4) *Bestimmte negative Einstellungen*
5) *Andere Leben*

Das fünfte Element des Rebirthing: Tun Sie, was Sie gerade tun – Bereitschaft ist genug.

Geburtstrauma: *Negativität,* die dadurch entsteht, daß man bestimmte Aspekte der *Realität* der eigenen Geburt *abwertet.*

Gedächtnisstütze: Eine *Affirmation,* die im Verlauf des *Beschwerden-Umwandlungsprozesses* entwickelt und benutzt wird und die besagt, daß die eigene *Realität* immer dem eigenen Standard genügt, selbst wenn man das vorher nicht *gedacht* hätte. Wenn man die Wahrheit dieser Affirmation beweist, führt das zur *Integration.*

Gedanke: a) Die Interaktion des *Verstandes* mit *Inhalten,* die zu dem *Ergebnis* führt, daß der Inhalt einem *Zusammenhang* zugeordnet wird.

b) Ein Gedanke als Inhalt an sich. Alle Gedanken werden innerhalb von Zusammenhängen wahrgenommen und in Zusammenhänge eingeordnet, somit erzeugt jeder Gedanke weitere Gedanken.
c) Jedes *Modell* eines Gedankens, wie Worte oder Bilder.

Gefühl: Im allgemeinen jedes *kinästhetische energetische Muster;* speziell *kinästhetische energetische Muster,* die mit einer *Emotion* verbunden sind.

Geistige Wahrnehmung: Siehe *Verstand.*

Geistiger Körper: Der »Körper«, den man in Träumen wahrnimmt und der das *Psychoplasma,* den *inneren Zeugen,* das *Selbst,* die *Wahrnehmungsfähigkeit, Verstand, kreative Kraft* und *interpretative Kraft* umfaßt. In jedem gegebenen wachen *Moment* ist der geistige Körper in dem Maße mit dem physischen Körper verbunden, wie man bereit ist, seinen physischen Körper in diesem Moment zu spüren. Der physische Körper wird (in diesem Modell) als eine *Manifestation* des geistigen Körpers betrachtet, die dieser sich gewünscht hat, um mit der physischen Welt in Interaktion treten zu können. Der physische Körper wird somit durch die Kraft des Verstandes geschaffen, kontrolliert und verändert, wobei die verschiedenen *Gedanken* entsprechende Körperteile beeinflussen. *Positive Gedanken* rufen *angenehme Gefühle* im Körper hervor und sorgen für den Aufbau der Körpermoleküle und damit für Gesundheit. *Negative Gedanken* rufen *unangenehme* Gefühle im Körper hervor und bewirken die Desorganisation der Körpermoleküle und damit Krankheit. Die *Vorliebe,* die der geistige Körper für die *Wahrnehmung* von Freude statt von Schmerzen hat, führt zu seinem Rückzug aus den Teilen des physischen Körpers, die von negativen Gedanken beeinflußt werden; dieser Rückzug ist als *Unterdrückung* bekannt. Wenn der Wunsch des geistigen Körpers, sich aus dem physischen Körper zurückzuziehen, größer ist als sein Wunsch, mit der physischen Welt in Interaktion zu treten, trennt er sich gänzlich vom physischen Körper; diese Trennung ist als *Tod* bekannt.

Genießen: In einen *positiven Zusammenhang* stellen.

Genuß: Das *Vertreten* eines *Inhalts* in einem *positiven* Zusammenhang.

Geringe Selbstachtung: Die *gewohnheitsmäßige Abwertung* der eigenen Person.

Geschwisterneid: Sämtliche *Gedanken* oder *Verhaltensweisen,* die aus den beiden folgenden *negativen Gedanken* abgeleitet sind:
1) Das, was ich will, gibt es nur in begrenzten Mengen;
2) Um zu bekommen, was ich will, muß ich mit jemandem konkurrieren.

Gewinnen: Das eigene *Ziel* erreichen.

Gewohnheit: *Zwanghaftes* und wiederholtes *Verhalten.*

Gier: *Gedanken* und *Verhaltensweisen,* die auf der *Theorie vom begrenzten Guten* beruhen.

238

Glaube: a) Ein relativ beständiger, von allen Teilen des Verstandes akzeptierter *Gedanke*.
b) Umgangssprachlich: jeder *Gedanke*, an dem man schon seit langer Zeit festhält.

Glückseligkeit: a) *Bewußt wahrnehmen*, daß man etwas in einem *ekstatischen* Zusammenhang erlebt.
b) Das *energetische Muster*, das im Körper entsteht, wenn man das *Universum* in seiner *Vollkommenheit akzeptiert*.

Glückseligkeitstrauma: *Negativität*, erzeugt durch die *Angst* vor Glückseligkeit; *Traurigkeit* darüber, daß man die Glückseligkeit verloren hat; andere Menschen *abwerten*, weil sie glücklich sind oder Glückseligkeit auf andere Art und Weise abwerten. Negativität, erzeugt durch die Weigerung, die *bedingungslose Liebe Gottes* anzunehmen.

Gott: Das, was von nichts anderem unterschieden werden kann.

Grenze: Der Punkt, an dem ein gegebenes *Modell* aufhört, praktisch zu sein. Man *nimmt* sich selbst in dem Maße als *begrenzt wahr*, wie man ein Modell *vertritt*, das die Verwirklichung der eigenen *Ziele* nicht fördert.

Großzügigkeit: Ein Gefallen, den man um des Gefallens willen erweist und nicht, um dafür in anderer Form belohnt zu werden.

Gruppen-Rebirthing: Mehr als zwei Menschen, die sich gleichzeitig und in Hörweite selbst *rebirthen*.

Gut: In Übereinstimmung mit den eigenen *Vorlieben*. Somit wird ein *Inhalt*, der in einen *positiven Zusammenhang* gestellt wird, für gut befunden; wird ein Inhalt in einen *negativen Zusammenhang* gestellt, befindet man die konträren Aspekte dieses Inhalts für gut.

Handlung: Die Veränderung der *individuellen Realität* durch das Individuum. Jede Handlung ist *motiviert* durch einen oder mehrere eigene *Gedanken* des Individuums.

Heilung: Eine Krankheit und deren Ursachen beseitigen. Vergleiche *Kurieren*.

Herausfinden: Ein Wirklichkeitsmodell mit Hilfe des eigenen *bewußten Verstandes* und der eigenen Logik schaffen oder *verfeinern*.

Hilflosigkeit: Der *Gedanke*, daß man keine *kreative Kraft* hat.

Himmel auf Erden: Die Erkenntnis sämtlicher Lebewesen auf der Erde, daß jeder alles, was *existiert*, als vollkommen erlebt, und daß jeder die *kreative Kraft* hat, jede *bewußt beabsichtigte Wirkung* hervorzurufen.

Hingabe: Jeden Versuch unterlassen, den gegenwärtigen *Moment* zu kontrollieren. Die *Erkenntnis*, daß alles, was man *wahrnimmt, vollkommen* ist. *Dankbarkeit* für die eigene Existenz, ganz unabhängig von den wahrgenommenen *Inhalten*.

Hohe Selbstachtung: Detailliertes Wissen über den eigenen *Verstand*, den eigenen Körper und das eigene Wesen verbunden mit dem *Feiern* der eigenen Person.

Humor: Ein *Blickwinkel*, in dessen Rahmen offensichtliche *Widersprüche* als *Paradoxon* gesehen werden. Siehe auch *Witz, Lachen*.

Hyperventilation: Ein unverhältnismäßig hoher Anteil von Sauerstoff im Blut, gemessen an der Menge des Kohlendioxyds.

Ideal: a) In der *momentanen* Zeit ein *imaginärer Standard*, an dem man die eigene *Realität* mißt.
b) In der *linearen Zeit* eine *Ethik*.

Identität: Das, was man *denkt* zu sein. Die Identität ist ein *Modell*. Jeder Mensch hat ein anderes Identitätsmodell und wendet im Verlauf der Zeit unterschiedliche Identitätsmodelle an. Für dieses Buch benutzen wir, je nach thematischem Zusammenhang, meistens das Modell des *inneren Zeugen* oder das Modell des *Selbst* als Identitätsmodell; somit meinen wir mit der Anrede »Sie« meistens Ihren inneren Zeugen oder Ihr Selbst.

Imaginär: Teil der persönlichen *Realität*, aber nicht Teil der physischen *Umgebung* eines Menschen.

Imaginärer Standard: *Gedanken* über Dinge, wie sie sein sollten, statt wie sie tatsächlich sind.

Individuum: Ein menschliches Wesen. Dieses umfaßt den physischen und den *geistigen Körper* des Individuums sowie die Verbindung zwischen dem geistigen und dem physischen Körper.

Information: Aspekte der *Realität*. Beispiele für Informationen sind Farbe, Struktur, Duft, Geräusch usw. Die Information erleichtert es dem *Verstand* und dem *Selbst,* zwischen Dingen oder Aspekten von Dingen zu unterscheiden und sie zuzuordnen bzw. auseinanderzuhalten.

Inhalt: Alles, was man tatsächlich *wahrnimmt.*

Der innere Zeuge: Die tiefste Schicht des eigenen Wesens. Auf dieser Ebene erfährt man die *Umgebung*, den *Verstand*, den Körper usw., ohne Wirklichkeits*modelle* zu entwerfen und zu klassifizieren, zu unterscheiden, zu vergleichen, zu kontrollieren, zu *reduzieren* oder in anderer Form einzugreifen. Vergleiche auch *Selbst, Verstand*.

Integration: Die Verlagerung eines *Inhalts* von der *unbewußten* in die *bewußte geistige Wahrnehmung* bei gleichzeitiger Verlagerung dieses Inhalts von einem *negativen Zusammenhang* in einen *positiven Zusammenhang*.

Integration in Ekstase: Ekstase, die auf den *bewußten Verstand* ausgeweitet wird, um sämtliche *Inhalte* einzuschließen. Das Vierte *Element des Rebirthing*.

Integrative Philosophie: Die *Philosophie*, die in diesem Buch vorgestellt wird, und die von zwei Grundideen ausgeht:
1) Man ist auf jeden Fall sowohl *glücklicher* als auch *kreativer*, wenn man die *Verantwortung* dafür übernimmt, sein Leben zu verbessern, statt dieses *abzuwerten;*
2) Es ist möglich, alles jederzeit in einen *positiven Zusammenhang* zu stellen bzw. aus einem *positiven Blickwinkel* zu betrachten.

Integratives Rebirthing: *Rebirthing* unter der Voraussetzung, daß der *Rebirther* und der *Rebirthee* beide das Konzept der *Integration* und die Anwendung der *Fünf Elemente des Rebirthing* vollkommen verstanden haben.

Integrität: Sich nur auf die *Aktivitäten* einlassen, die nach dem eigenen *Modell* für alle Beteiligten *wohltuend* sind.

Intensiv: Sehr viel *bedeutender* als die restliche persönliche *Realität*.

Interpretative Kraft: Die Fähigkeit, zu entscheiden, was etwas ist, bewirkt oder bedeutet, das heißt, die Fähigkeit, *Inhalte* in einen *Zusammenhang* zu stellen.

»Jüngern«: Ein Austauschprozeß, bei dem die Körperzellen durch gesündere Zellen ersetzt werden, deren Zusammenspiel wiederum einen gesünderen Körper erzeugt. Vergleiche *altern*.

Jugend: Die Lebensspanne eines *Individuums*, die mit Einsatz der Pubertät beginnt und mit der Übernahme der Verantwortlichkeiten eines Erwachsenen endet.

Kaltwasser-Rebirthing: *Rebirthing* in Wasser, das sich (bei Berührung) kalt anfühlt.

Kinästhetisch: Etwas gefühlsmäßig *wahrnehmen*, ohne es zu berühren.

Kindheit: Umfaßt die Zeitspanne des menschlichen Lebens zwischen der Entwicklung der Fähigkeit, außerhalb des Mutterleibes normal zu überleben, und der Entwicklung der Fähigkeit, die eigenen *Gedanken* verbal *auszudrükken*.

Kindliche Verhaltensmuster: Jegliche *negativen Gedanken*, die man in der *Kindheit* übernommen hat.

Kindliches Schuldsyndrom: Ein *Blickwinkel*, der bei der Geburt geprägt wird und in dessen Rahmen man die eigene Lebendigkeit als Quelle für den *Schmerz* und das Leid anderer Menschen betrachtet und aus diesem Grunde *abwertet*.

Klar: a) Entspricht dem, was ist, in Hinsicht auf *praktische* Möglichkeiten. b) Ohne *Abwertung*.

Kommunikation: a) Interaktion zwischen zwei Individuen zur Förderung oder Verfeinerung der *Modelle,* die sie sich vom Modell des anderen machen. b) Jede Interaktion zwischen fühlenden Wesen.

Konditionierung: Wirklichkeits*modelle,* die man von anderen Menschen übernimmt, ohne zu überprüfen, ob sie für die eigene Person Gültigkeit haben.

Kontemplation: a) Die Fähigkeit des *Selbst,* seine Wachheit auf eine Sache zur Zeit zu richten und dabei vorübergehend andere Dinge von der bewußten Wahrnehmung auszuschließen. Beachten Sie, daß das Selbst vor allem deswegen zur Kontemplation fähig ist, weil der *Verstand* das Selbst von sämtlichen Veränderungen im Bereich der nicht bewußt wahrgenommenen *Realität* »benachrichtigt«, die laut seiner Programmierung wichtig sind. b) Konzentrierte Wachheit.

Kontrollverhalten: Der Versuch, andere Menschen, äußere Umstände, die eigene *momentane Realität* usw. zu kontrollieren, als eine Form *zwanghafter Anpassung,* die die *Aktivierung* der eigenen *Selbsttäuschungen* verhindern soll.

Kraft: Die Fähigkeit, zukünftige Ergebnisse *bewußt* zu *wählen* und zu erreichen.

Kreative Kraft: Die Fähigkeit, *Wirkungen* zu erzielen, zum Beispiel *Inhalte* abzuändern.

Kreisförmiges Atmen: Jede Form des Atmens, auf die die folgenden drei Kriterien zutreffen:
1) Einatmen und Ausatmen sind ohne Pause miteinander verbunden.
2) Das Ausatmen geschieht entspannt und wird auf keinerlei Weise kontrolliert.
3) Wenn durch die Nase eingeatmet wird, wird auch durch die Nase ausgeatmet; wird durch den Mund eingeatmet, wird auch durch den Mund ausgeatmet. Das *Erste Element des Rebirthing.*

Kurzschluß: Das Unbehagen, das ein inkompetenter *Rebirther* empfindet, wenn er jemandem beim *Rebirthing* assistiert und seine eigene *Negativität* hochkommt, ohne integriert zu werden.

Lachen: Der *Ausdruck* des *energetischen Musters,* das im Körper entsteht, wenn man etwas aus einem *humorvollen Blickwinkel* betrachtet. Lachen ist das sicherste Zeichen dafür, daß etwas *integriert* wurde. Siehe auch *Witz.*

Langeweile: Das *energetische Muster,* das im Körper entsteht, wenn man die Weiter*aktivierung* eines Gefühls – meistens *Ärger* – vermeidet, das bereits partiell aktiviert wurde.

Leben nach dem Tode: Das Fortwähren des eigenen *Erfahrung* nach dem *Todes*erlebnis.

Lehren: Das *Lernen* unterstützen.

Lernen: Ein Wirklichkeits*modell* schaffen, *verfeinern* oder *übernehmen*.

Liebe: Siehe *Bedingungslose Liebe.*

Lineare Zeit: Ein *Zusammenhang,* in dessen Rahmen Vergangenheit und Zukunft Realitäten sind und das eigene *Erfahren* sich mehr oder weniger stetig von Spekulationen über die Zukunft zur Erfahrung der Gegenwart und zurück zu *Erinnerungen* an die Vergangenheit bewegt. Vergleiche *momentane Zeit.*

Loslassen: (veraltet für) *integrieren.*

Lüge: Eine *absichtlich* irreführende *Aussage,* die als *Tatsache* anerkannt oder als solche erzählt wird, und die innerhalb des gegebenen oder vorausgesetzten *Zusammenhangs* nicht *wahr* ist.

Manifestation: Abschluß einer Veränderung der *Realität,* die man sich zum *Ziel* gemacht hatte.

Material: a) Bezeichnet das, was aus physischer Materie besteht.
b) *Unterdrückte Negativität.*

Materialismus: Der *Glaube,* daß materielle Dinge den höchsten *Wert* darstellen.

Metaphysik: Systematische *Gedanken* über die *Wahrheit* und das Dasein.

Mißbilligung: Jemandem *bedingungslose Liebe* verweigern, um sein *Verhalten* (dadurch) zu kontrollieren.

Mitgefühl: Das *energetische Muster,* das im Körper entsteht, wenn man die *Ekstase* und das Leiden eines fühlenden Wesens gleichzeitig betrachtet.

Modell: Eine analoge Darstellung der Realität. Modelle existieren, um dem *Verstand* das *Verständnis* von der Beschaffenheit und dem Ablauf von Gegebenheiten zu erleichtern. Ein geistiges Modell ist ein komplexes *Gedanken*gebäude.

Moment: Eine infinitesimale Zeitspanne, in der Physik und der Differentialrechnung als d/dt bezeichnet (wobei t für »time« = Zeit steht).

Momentane Zeit: Ein *Zusammenhang,* in dem nur der gegenwärtige *Moment* Realität ist und in dem Zukunft und Vergangenheit Teil der Gegenwart und damit *imaginäre Realitäten* sind.

Mortalist: *Todesanhänger.*

Motivierung: Ein *Gedanke,* der einen Menschen veranlaßt, ein bestimmtes *Verhalten* zu entwickeln.

Nadi: Einer der feinen, quasi-physikalischen Kanäle, in denen *Prana* und *Apana* durch den Körper befördert werden. Die bekannten Akupunktur-Meridiane sind die Hauptnadis, die sich verzweigen, um das Prana in sämtliche lebende Zellen zu befördern. Der Fluß von Prana und Apana durch die Nadis ist das Ergebnis eines komplexen Zusammenspiels zwischen dem *geistigen Körper* und dem physischen Körper, das zu weiten Teilen *geistig* gesteuert wird.

Naß-Rebirthing: Ein *Rebirthing* bei dem Teile des Körpers in Wasser getaucht sind.

Negativ: Hinderlich für die eigene *Daseinsfreude* oder die eigene *kreative Kraft*.

Negative Geistige Masse: Sämtliche *negativen Gedanken* sowie die *negativen Zusammenhänge* und *negativen Blickwinkel* eines Menschen.

Negativer Gedanke: Ein *Gedanke*, der etwas in einen *negativen Zusammenhang* stellt.

Negativer Zusammenhang/Blickwinkel: Ein *Zusammenhang/Blickwinkel*, in dessen Rahmen der *Inhalt*, gemessen an einem *imaginären Standard*, als minderwertig betrachtet wird.

Negativität: *Undankbarkeit* für bestimmte Aspekte der einzigartigen persönlichen *Erfahrung*.

Negativmuster: Ein *negativer Zusammenhang*, ein *negativer Blickwinkel*, ein *negativer Gedanke*, ein *unangenehmes Gefühl*, eine *zwanghafte Anpassung*, ein *Drang*, ein *dummes Verhalten* und *Schuldgefühle*, wenn sie sich alle direkt aufeinander und auf einen bestimmten Sachverhalt beziehen und als Einheit betrachtet werden.

Nicht übereinstimmen: Die Weigerung, *Zusammenhänge* zu verlagern, bzw. *Blickwinkel* zu wechseln.

Ökologisch: Für alle Teile des eigenen Verstandes *akzeptabel*.

Opfer: Sich auf eine *Aktivität* einlassen, die man nicht schätzt, oder eine *Aktivität* oder einen Besitz aufgeben, die bzw. den man schätzt, in dem *Glauben*, das sei für das Eintreten einer bestimmten *Wirkung* notwendig, die man selbst *wünscht* oder von der man *denkt*, sie werde von einem anderen Menschen gewünscht.

Opferhaltung: Der *Gedanke*, daß man die eigene *Realität* nicht selbst hervorbringt.

Paradoxon: Zwei *Aussagen*, von denen jede in ihrem eigenen *Zusammenhang* wahr ist, von denen die eine oder andere aber verfälscht würde, stellte man beide in denselben Zusammenhang. Vergleiche *Widerspruch, Dualität*.

Philosophie: Ein *System* von *Modellen, Gedanken* und *Inhalten,* das sich mit dem Wesen der menschlichen Natur, der Natur des *Universums* und der Natur der Beziehungen zwischen beiden beschäftigt.

Plan: Eine Auflistung von *beabsichtigten Aktivitäten,* die mit hoher Wahrscheinlichkeit zur *Manifestation* persönlicher Ziele führen, die, mit dem gegenwärtigen Moment beginnend, in chronologischer Reihenfolge geordnet werden und ausreichend sicherstellen, daß jede vorhersehbare *Eventualität* die Manifestation der eigenen Ziele vorantreiben, zumindest aber nicht verzögern wird.

Positiv: Der eigenen *Daseinsfreude* und der eigenen *kreativen Kraft* förderlich.

Positive Sprache: Wörter, Redewendungen und Sätze, die sämtliche erwähnte *Inhalte* innerhalb positiver *Zusammenhänge* bezeichnen.

Positiver Gedanke: Ein *Gedanke,* bei dem man sich gut fühlt.

Positiver Zusammenhang/Blickwinkel: Jeder *Zusammenhang/Blickwinkel,* in dessen Rahmen der *Inhalt* nicht an einem *imaginären Standard* gemessen und für minderwertig gehalten wird. Vergleiche *negativer Zusammenhang/ Blickwinkel.* Beachten Sie, daß ein *Zusammenhang* weitere Zusammenhänge enthalten kann und daß ein positiver Zusammenhang einen oder mehrere negative Zusammenhänge enthalten kann; somit kann man es manchmal *genießen,* daß man etwas nicht genießt.

Praktisch: Die *kreative Kraft* fördernd.

Prana: Die lebensspendende Energie des Körpers, die aus Sonnenlicht, Nahrung, Wasser, Luft usw. gewonnen wird und über die *Nadis* in sämtliche Körperzellen befördert wird, die mit dieser Energie den zellulären Stoffwechsel in Gang halten und sie dabei in *Apana* umwandeln.

Das Prinzip der Ekstase: »Jeder Mensch ist permanent im Zustand der *Ekstase,* ganz gleich, ob ihm das gefällt oder nicht«.

Professioneller Rebirther: Im weiten Sinne jeder, der Geld dafür erhält, daß er Menschen assistiert, während sie sich selbst *rebirthen.* In unserem Sinne ein *Rebirther,* der bezahlt wird und darüber hinaus außerordentlich kompetent ist, der eher durch seinen Dienst als durch Geld motiviert ist und der *Rebirthing-Sitzungen* und das Rebirthing-Unternehmen professionell und mit äußerster Integrität betreibt.

Projektion: Die *Wahrnehmung,* wie vorübergehend auch immer, daß die eigene *Realität* mit dem eigenen *Modell* übereinstimmt.

Prozeß: a) Ein Hilfsmittel, um *Inhalte* von einem *Zusammenhang* in einen anderen zu verlagern.
b) *Modelle* vergleichen.

Psychoplasma: Die »Substanz«, aus der der *geistige Körper, Imaginationen, Traumwahrnehmungen* usw. bestehen.

Rahmenbezug (oder: **Bezugsrahmen**): Ein *Zusammenhang.*

Realität: Alles, was *geistig* wahrgenommen wird, *Modelle, Umgebung, Gedanken* usw. eingeschlossen.

Rebellion: *Gedanken* und *Verhaltensweisen,* die *bewußt* oder unbewußt gewählt werden, um ohne Rücksicht auf die eigenen *Vorlieben* gegen die Vorlieben eines anderen Menschen vorzugehen. Vergleiche *Anpassung.*

Rebirthee: a) Ein Mensch, der sich ein *Rebirthing* gibt.
b) Der Klient eines *professionellen Rebirthers.*

Rebirthen: a) Sich selbst ein *Rebirthing* geben.
b) Einem anderen Menschen beim Lernen und Praktizieren von Rebirthing assistieren.

Rebirther: Jemand, der anderen Menschen beim *Lernen* und Praktizieren von *Rebirthing* assistiert.

Rebirthing: Ein *selbst gesteuerter Prozeß* mit dem Zweck, die eigene *Daseinsfreude* und *kreative Kraft* maximal zu steigern; ein Prozeß, der *Integration bewirkt* und dessen Methode in der gleichzeitigen Anwendung aller *Fünf Elemente des Rebirthing* besteht.

Rebirthing-Buddy: Ein/e Partner/in für *Rebirthing*-Austauschsitzungen.

Rebirthing mit Augenkontakt: Zwei Menschen, die sich selbst und den anderen *rebirthen* und dabei Augenkontakt haben.

Rebirthing-Sitzung: Eine Zeitspanne, die ganz dem *Rebirthing* und verwandten *Selbstentfaltungsprozessen* gewidmet ist.

Richtig: Die *Wahrheit* innerhalb eines einzigen *Zusammenhangs erkennen.* Siehe auch *nicht übereinstimmen.*

Schmerz: Jedes *energetische Muster* im Körper, das man *abwertet.*

Schnick-Schnack Reden: Eine Gesprächsform, die als Methode zur Verleugnung dient.

Schuldgefühl: Das *energetische Muster,* das im Körper entsteht, wenn man seine vergangenen, gegenwärtigen oder phantasierten zukünftigen *Verhaltensweisen* in einen *negativen Zusammenhang* stellt.

Selbst: Die Seite eines *Individuums,* die die *Realität wahrnimmt* und betrachtet, die Realität bestimmten *Zusammenhängen* zuordnet, Wirklichkeits*modelle* schafft und *verfeinert,* neue Zusammenhänge schafft und entweder *übernimmt* oder ablehnt, bereits existierende Zusammenhänge entdeckt und sie entweder

weiter benutzt, ablehnt oder neu strukturiert, und *Inhalte* entweder im gegebenen Zusammenhang *vertritt* oder sie neuen Zusammenhängen zuordnet. Vergleiche *Verstand, Identität, innerer Zeuge, geistiger Körper.*
Beachten Sie, daß »selbst« als Wortbestandteil – wie in »Selbst-Rebirthing«, »Selbstvorwurf« usw. – von uns als grammatikalische Abkürzung gebraucht wird und mit dem Selbst, wie es hier definiert wird, nichts zu tun hat.

Selbstachtung: Der *Zusammenhang,* in den man die eigene Person stellt. Siehe auch *hohe Selbstachtung, geringe Selbstachtung.*

Selbstbetrug: *Selbsttäuschung.*

Selbstentfaltung: Alles, was man unternimmt, um die eigene *Daseinsfreude* oder *kreative Kraft* zu steigern.

Selbstgesteuert: Das, was man nur selbst wählen, kontrollieren und für sich tun kann. *Rebirthing* ist ein vollkommen selbstgesteuerter *Prozeß,* niemand außer Ihnen kann Sie bewegen, *Rebirthing* zu machen, niemand außer Ihnen kann Ihr *Rebirthing* kontrollieren und niemand kann es für Sie tun oder irgendwelche seiner *Wirkungen* für Sie hervorrufen, selbst wenn Sie möchten, daß jemand das tut.

Selbstrebirthing: Sich selbst ohne die Hilfe oder Anwesenheit eines *Rebirthers rebirthen.* Beachten Sie, daß man beim Rebirthing immer von »sich selbst rebirthen« spricht, selbst wenn ein Rebirther assistiert, der Begriff »Selbstrebirthing« sich aber speziell auf die Situation bezieht, in der kein assistierender Rebirther anwesend ist.

Selbsttäuschung: Die Weigerung zu erkennen, daß die eigene *Negativität Wirkungen* hervorruft, die der eigenen *Bestimmung* widersprechen.

Selbstvertrauen: Die Fähigkeit, entsprechend der eigenen *bewußt gewählten Vorlieben Wirkungen* hervorzurufen, statt davon abhängig zu sein, daß andere Menschen sie hervorrufen.

Selbstverwirklichung: Siehe *Selbstentfaltung.*

Selbstvorwurf: Sich selbst als Ursache für Gegebenheiten *erkennen,* die man *abwertet.*

Sinnlos: Das Einlassen auf eine *Aktivität,* die für die *Manifestation* persönlicher *Ziele* unangemessen ist.

Sinnlosigkeit: Mangel an *Begeisterung.*

Sinnvoll: Das Einlassen auf eine *Aktivität,* die für die *Manifestation* persönlicher *Ziele* angemessen ist.

Skala: Eine *Dualitäts-Skala.*

Snobistische Einstellung: Der *Gedanke,* ein besserer Mensch zu sein, wenn man Dinge in verstärktem Maße *abwertet.*

Sozialbiologie: Die Theorie, daß menschliches *Verhalten* hauptsächlich durch den genetisch bedingten Impuls *motiviert* ist, die eigenen genetischen Merkmale fortzupflanzen und zu verbreiten.

Spiel: Das *bewußt* oder *unbewußt* gewählte *Ziel* eines Menschen in Kombination mit den bewußt oder unbewußt gewählten *Strukturen,* die für dieses Ziel relevant sind.

Spülbecken: Ein Becken, meistens aus Porzellan oder rostfreiem Stahl, das in dem Zimmer des Hauses gut erreichbar angebracht wurde, wo das Essen zubereitet wird; in modernen Haushalten befindet sich über dem Becken ein Hahn, aus dem heißes und kaltes Wasser in das Becken läuft, und unter dem Becken ein Abfluß, durch den das Wasser in eine Umwälzanlage oder in die Kanalisation befördert wird.

Stoff: *Unterdrückte Negativität.*

Struktur: Alles, was zur Kontrolle gegenwärtiger und zukünftiger *Aktivitäten* entwickelt wird, um eine bestimmte *erwünschte Wirkung* zu gewährleisten.

Subtil: Geringfügig *bedeutender* als der Rest der persönlichen *Realität.* Vergleiche *intensiv.*

Das Syndrom elterlicher Mißbilligung: *Negative Gedanken,* die das Resultat der Versuche von Eltern oder Elternfiguren sind, ein Kind durch *Mißbilligung* zu kontrollieren.

Tatsache: Ein Bestandteil der Beschreibung des eigenen *Wahrheitsmodells.*

Tetanie: Eine vorübergehende und unwillkürliche Verkrampfung von Muskeln, die manchmal beim *Rebirthing* vorkommt.

Theorie vom begrenzten Guten: Ein *begrenzendes Modell,* nach dem das, was man schätzt, begrenzt ist und man mit anderen konkurrieren muß, um sich das Geschätzte in *befriedigendem* Umfang zu beschaffen.

Therapie: Die Behandlung geistiger oder körperlicher Krankheiten.

Tod: Die unwiderrufliche Trennung des *geistigen Körpers* vom physischen Körper.

Todesanhänger: Jemand, der den Gedanken vertritt, »Weil ich lebe, werde ich auch sterben müssen«.

Todesdrang: Sterben als *zwanghafte Anpassung.*

Training: Jede Lehrveranstaltung, die von einem *professionellen Rebirther* gegeben wird, um die Fähigkeit von Menschen, sich selbst oder andere zu *rebirthen,* weiterzuentwickeln.

Trauma: *Begrenzung* und Unbehagen, als Resultat davon, daß man etwas *abwertet.*

Traurigkeit: Das *energetische Muster,* das im Körper entsteht, wenn man *Blickwinkel, Gedanken* oder *Modelle vertritt,* die eine Einschränkung *bewirken,* die man wiederum *abwertet.*

Trocken-Rebirthing: Sich *rebirthen,* ohne daß ein Teil des Körpers in Wasser getaucht ist.

Tugenden: *Gedanken* und *Verhaltens*weisen, die die *Daseinsfreude* und die *kreative Kraft* eines Menschen fördern.

Tun Sie, was Sie gerade tun – Bereitschaft ist genug: a) Ein *Zusammenhang,* in dem das eigene Verhalten in keinem Fall *abgewertet* wird.
b) Ein *bewußt* gewählter Zusammenhang. Das Fünfte *Element des Rebirthing.*

Übereinstimmung: Verbale und nonverbale *Kommunikation* zwischen *Individuen;* das *bewußte* oder *unbewußte Wissen* um die Ähnlichkeiten zweier Menschen; die gegenseitige Einbeziehung in *positive Zusammenhänge.*

Überforderung: Ermangelt eines *Plans.*

Übernehmen (bei Redewendungen wie: einen *Gedanken,* ein *Modell* oder einen *Zusammenhang* »übernehmen«): anfangen, etwas zu vertreten.

Umgebung: Die gesamte persönliche *Realität* mit Ausnahme des eigenen Körpers und *Verstandes.*

Umkehr: Eine Methode, *Affirmationen* zu entwickeln, indem man einen *negativen Gedanken* aufschreibt und dann die notwendigsten Worte austauscht, damit der so entstandene Satz zu einer konträren positiven *Aussage* der ursprünglich negativen Aussage wird.

Unangenehm: Wird vom *bewußten Verstand* nicht genossen.

Unbewußt gewählter Wunsch: Die Entscheidung, etwas zu verändern, das man *abwertet,* mit dem Bemühen, das Unbehagen zu vermindern, das in Wirklichkeit durch die Abwertung und nicht durch die Dinge selbst bewirkt wird.

Unbewußter (oder **unterbewußter) Verstand:** Die Seite des Verstandes, die man beschlossen hat, nicht *wahrzunehmen.*

Unbewußtheit: Alles, was beim *Rebirthing* die *Wahrnehmungsfähigkeit* des *Rebirthees* für *kinästhetische energetische Muster* vermindert.

Undank: Ein *Zusammenhang,* in dem man verneint, daß der *Inhalt* für die eigene Person in sich ein unendlicher *Genuß* und unendlich *segensreich* ist.

Universum: Alles was ist, wenn es in seiner Vollständigkeit als Einheit betrachtet wird.

Unklar: a) Durch *Lügen* und *Unterdrückung* entstellt.
b) In der einen oder anderen Hinsicht nicht *praktisch*.

Unsterbliche Beziehungen: Beziehungen zwischen Anhängern der Unsterblichkeit, denen Ewigkeits*wert* beigemessen wird.

Unsterblichkeitsanhänger: Jemand, der die beiden folgenden *Gedanken* hat:
a) Es ist mir möglich, meinen *Verstand,* meinen Körper und meine *Umgebung* soweit zu meistern, daß ich für immer körperlich am Leben und vollkommen gesund bleibe;
b) Ich *beabsichtige,* für immer körperlich am Leben und vollkommen gesund zu bleiben.

Unterbewußtes: *Unbewußtes*.

Unterdrücken: Den Kontakt zwischen dem *bewußten Verstand* oder dem *Selbst* und dem jeweiligen *energetischen Muster* beschneiden.

Unterdrückung: a.) Die vorsätzliche Nichtbeachtung von Teilen der eigenen *Realität*.
b.) Der Vorgang, bei dem man sich selbst dazu bringt, ein *Trauma* unbeachtet zu lassen.

Verantwortung: Ein *Blickwinkel,* in dessen Rahmen man sowohl sich selbst als Ursache der *Inhalte* als auch die *Vollkommenheit* der Inhalte *erkennt*.

Vereinbarung: Eine *Struktur,* der man sich aufgrund vorheriger *Verhandlungen* verpflichtet.

Verfeinern: *Klarer* machen.

Verhalten: Jede Reaktion des eigenen *Verstandes* oder Körpers auf Geschehnisse in der eigenen Realität.

Verhandlung: *Kommunikation* mit der *Absicht,* gegenseitig anerkannte *Strukturen* für die *Manifestation* eines *Ziels* festzulegen.

Verkürzend: Begriffliche Anwendung einer Komponente oder einer Charakteristik als Symbol für das Ganze.

Verlust: Eine Veränderung der *Realität,* die in einen *negativen Zusammenhang* gestellt wird.

Verstand: Der Speicher für sämtliche Zusammenhänge und Blickwinkel, die ein *Individuum* herstellt bzw. einnimmt. Der Verstand *nimmt Informationen wahr* und verarbeitet sie, erzeugt *Gedanken* und Wirklichkeits*modelle* und führt die Instruktionen des *Selbst* im allgemeinen mit der gleichen Präzision aus, mit der ein Computer die Instruktionen des Computer-Programmierers befolgt. (Man könnte den Verstand auch »den ›benutzerfreundlichsten‹ Computer nennen, den man sich nur vorstellen kann«.) Der Verstand wurde vom

Selbst geschaffen, wird vom Selbst kontrolliert, existiert im Dienste des Selbst und kann als eine Erweiterung des Selbst betrachtet werden, durch die es vervollkommnet wird. Siehe auch *bewußter Verstand, unbewußter Verstand.*

Verstehen: Ein klares *Modell* von etwas haben.

Vertreten: (wie zum Beispiel, einen *Gedanken,* ein *Modell* oder *Zusammenhang* »vertreten«):
a) Hat man einmal einen Gedanken entwickelt, »vertritt« man diesen Gedanken solange, wie man ihn für *wahr* befindet. Man kann einen Gedanken mit dem *bewußten* oder mit dem *unbewußten Verstand* vertreten.
b) Hat man einmal ein *Modell* entwickelt, »vertritt« man dieses Modell solange, bis man auf ein genaueres Modell trifft.
c) Hat man einmal einen *Inhalt* einem Zusammenhang zugeordnet, »vertritt« man diesen Inhalt in diesem Zusammenhang, bis man ihn einem anderen Zusammenhang zuordnet, was gleichbedeutend damit ist, daß man mit diesem Inhalt anders umgeht und ihn aus einem anderen *Blickwinkel* betrachtet.

Verurteilen: Etwas *abwerten.*

Verwirrung: a) Der geistige Zustand, in dem der Verstand an *Widersprüchen* festhält.
b) Das *energetische Muster,* das im Körper entsteht, wenn man sich *bewußt* wird, daß man an Widersprüchen festhält. Beachten Sie, daß Verwirrung oft entsteht, bevor es zur *Integration* eines *Paradoxon* kommt. Siehe auch *Humor.*

Verzeihen: Damit aufhören, jemanden oder etwas aus einem *negativen Blickwinkel* zu betrachten.

Verzeihungsaffirmation: Die Affirmationsvorlage: »Ich *verzeihe* _____, *daß* _____.«

Verzeihungsdiät: Ein Begriff, der von Sondra Ray geprägt wurde und bedeutet, daß man sieben Tage lang fortlaufend täglich siebzig *Verzeihungsaffirmationen* aufschreibt.

Das Vierte Element des Rebirthing: *Integration in Ekstase.*

Vollkommen: a) In sich selbst vollständig;
b) *Einzigartig* und deshalb mit nichts vergleichbar.

Vollkommene Entspannung: Keine Muskeln anspannen bis auf die, die am Einatmen beteiligt sind; oder, beim *ambulanten Rebirthing,* keine Muskeln anspannen bis auf die, die für die augenblickliche Tätigkeit gebraucht werden. Das Zweite *Element des Rebirthing.*

Vorliebe: Ein *Modell* von der eigenen zukünftigen Realität, das in einen *positiven Zusammenhang* gestellt wird. Vorlieben sind abhängig von *Zusammenhängen* und jeder Zusammenhang erzeugt ihm entsprechende Vorlieben. Ein positiver Zusammenhang erzeugt eine Vorliebe dafür, daß der *Inhalt* bleibt, was er ist, und tut, was er tut. Ein *negativer Zusammenhang* erzeugt eine Vorliebe dafür, daß der Inhalt sich in bestimmter Weise ändert oder ganz zu existieren aufhört.

Vorwurf: Jemanden oder etwas in einen *negativen Zusammenhang* stellen, weil man *denkt,* daß diese Person oder dieses Ereignis die Ursache für Geschehnisse in der eigenen Realität ist, die man abwertet.

Wahl: a) Beruht auf der Fähigkeit des *Selbst,* aus verschiedenen gegebenen *Zusammenhängen* auszuwählen.
b) Der spezielle Einsatz der Fähigkeit des *Selbst,* aus verschiedenen gegebenen Zusammenhängen auszuwählen.

Wahres Leben: Beständige *Integrität.*

Wahrheit: a) Eine *klare Aussage* über einen Inhalt im Rahmen eines gegebenen *Zusammenhangs.*
b) Ein klares *Modell.*
c) *Wahres Leben.*

Wahrnehmen: *Informationen* von oder über etwas erhalten. Beachten Sie, daß der *Verstand* und das *Selbst* die Dinge wahrnehmen, während *der innere Zeuge* sie *erfährt.*

Wahrnehmung: a) Das Mittel, mit dessen Hilfe der *Verstand* und das *Selbst Informationen* über die *Realität* aufnehmen. Beachten Sie, daß die Wahrnehmung noch weitaus mehr als die »fünf Sinne« einschließt.
b) *Bewußte Wahrnehmungsfähigkeit.*
c) Das, was *wahrgenommen* wird.

Warmwasser-Rebirthing: *Rebirthing* in Wasser, das wärmer ist als 36 Grad Celsius.

Weisheit: *ökologische Gedanken,* die das Erreichen eines *bewußt gewählten Ziels* fördern.

Werte: *Gedanken,* die festlegen, was man für *gut* und *wichtig* hält.

Wichtig: Der *Kontemplation* wert.

Widerspruch: Zwei *Aussagen,* die innerhalb eines gegebenen *Zusammenhangs* nicht beide wahr sein können. Vergleiche *Paradoxon, Dualität.*

Wille: Die Fähigkeit des *Selbst, Inhalte* von einem *Zusammenhang* in einen anderen zu verlagern sowie Inhalte in jeden vom Selbst gewählten Zusammenhang zu stellen.

Wirkung (im Text auch: **Ergebnis**): Eine Veränderung der persönlichen *Realität,* die durch die eigenen *Gedanken* und *Aktivitäten* geschaffen wird.

Wissen (Substantiv): a) *Klare Modelle.*

b) Im Besitz *klarer Modelle* sein.

Wissen (Verb): Ein *klares Modell* von etwas besitzen. Vergleiche *erkennen*.

Witz: *Kommunikation* mit der *Absicht, Integration* zu bewirken, indem man jemanden dazu bringt, einen offensichtlichen *Widerspruch* als *Paradoxon* *wahrzunehmen*. Siehe auch *Humor, Lachen*.

Wohlstand: Geld, Gutes und *Dienste*.

Wohltuend: Steigert das Wohlbefinden. Vorteilhaft.

Wunsch: a) Jeder *Gedanke* über konkrete Möglichkeiten, einen bestimmten Inhalt oder die offensichtliche Richtung, in die Veränderungen dieses Inhalts weisen, im Sinne des eigenen Wohlbefindens besser zu gestalten. Vergleiche auch *bewußt gewählter Wunsch, unbewußt gewählter Wunsch, Zwang, zwanghafte Anpassung, Absicht, Vorliebe* und *Drang*.
b) Alles, was jemand in Zukunft zu werden, zu erreichen, herzustellen oder zu besitzen *beabsichtigt*.

Zusammenhang: Die Zuordnung von *Inhalten* entsprechend des eigenen Bezugs zu diesen Inhalten. Beachten Sie, daß ein Zusammenhang der Inhalt eines weiteren Zusammenhangs sein kann. Vergleiche *Gedanke*. Beachten Sie auch, daß der menschliche Verstand jeden spezifischen Inhalt fast immer in mehrere Zusammenhänge gleichzeitig stellt, das Selbst hingegen einen Inhalt nur in einen einzigen Zusammenhang zur Zeit stellen kann, obwohl es in der Lage ist, zwischen verschiedenen Inhalten sehr schnell vor- und zurückzuschalten. Siehe auch *Blickwinkel*.

Zwang: Ein starker, wiederkehrender *Drang*.

Zwanghafte Anpassung: Ein *Verhalten*, das durch den *unbewußt gewählten Wunsch motiviert* wird, etwas, das man *abwertet*, zu veranlassen, dem eigenen *imaginären Standard* besser zu genügen. Vergleiche *Dualitäts-Mechanismus*.

Zwanghafte Verpflichtung: Der *Gedanke*, daß ein Mensch sich für das Wohlbefinden eines anderen Menschen *opfern* muß.

Das Zweite Element des Rebirthing: *Vollkommene Entspannung*.

Zweite Person: Die Affirmationsvorlage: »(Ihr Name), Du (bist, tust oder hast) _____.«

Überblick über die im Buch beschriebenen Prozesse und Techniken

Dieser Anhang soll es Ihnen erleichtern, dieses Buch Jahr für Jahr praktisch anzuwenden.

Obgleich dieses Buch eine Fülle von Informationen enthält, haben wir es weniger als theoretische Unterweisung geschrieben, als vielmehr, um Ihnen praktische Selbstentfaltungstechniken an die Hand zu geben. Aus diesem Grund haben wir viele Prozesse einbezogen, die Sie für die Umwandlung Ihres Denkens und Ihres Lebens einsetzen können. Dieser Überblick erleichtert Ihnen den schnellen Zugang zu diesen Prozessen.

Wie schon erwähnt, empfehlen wir Ihnen, dieses Buch Abschnitt für Abschnitt nacheinander durchzulesen. Die praktischen Übungen folgen immer auf den Textinhalt, mit dessen Hilfe Sie sie verstehen können. In den meisten Fällen ist es ein Muß, die Inhalte, die jedem Prozeß vorangehen, zuerst zu lesen; manchmal aber auch nicht. Außerdem können Sie die meisten praktischen Prozesse im Buch sofort selbst anwenden; für einige brauchen Sie die Hilfe eines anderen Menschen, bei wieder anderen wäre diese Hilfe gut, aber nicht unbedingt notwendig. Was Rebirthing selbst betrifft, so weisen wir noch einmal nachdrücklich darauf hin, daß die Hilfe eines ausgebildeten und kompetenten Rebirthers *notwendig* ist, damit Sie lernen, sich selbst zu rebirthen – und damit eine Technik zur Verfügung haben, mit der Sie Ihr Leben lang weiterarbeiten können.

Nachfolgende Abkürzungen geben an, welche vorbereitenden Bedingungen für jedes Verfahren erforderlich sind:

LA – Lesen Sie alles an Text, was dem Prozeß vorangeht.

LT – Lesen Sie den Teil (wie »Teil I«, »Teil IV« usw.), der dem Prozeß vorangeht.

LK – Lesen Sie das ganze Kapitel, in dem der Prozeß aufgeführt wird.

PN – Eine zweite Person ist für die Durchführung des Prozesses notwendig.

PH – Eine zweite Person wäre für die Durchführung des Prozesses eine Hilfe, ist aber nicht unbedingt notwendig.

PU – Sie brauchen anfangs professionelle Unterstützung.

Wie wir dieses Buch geschrieben haben

Dieses Buch ist in wirklicher Co-Autorenschaft entstanden. Zuerst hat jeder von uns über die Themen geschrieben, mit denen er sich am besten auskennt. Dann haben wir unsere Manuskripte gegenseitig sorgfältig und mit Achtung für die Arbeit des anderen durchgelesen, sie an manchen Stellen ergänzt, an anderen gekürzt und dann den ganzen Text noch einmal stilistisch überarbeitet.

Teil I wurde fast durchgängig von Jim geschrieben, Teil IV ist größtenteils Phils Arbeit. Teil II ist zu großen Teilen von Jim und Teil V von Phil. Jim hat »Warum wir es Rebirthing nannten«, »Warum wir den Namen geändert haben«, die Einleitung und die Worterklärungen geschrieben. Das restliche Buch ist eine Kombination der Manuskripte von Jim und Phil, die beide zu gleichen Anteilen erstellt haben.

Die Arbeit an diesem Buch war für uns eine der erfreulichsten Erfahrungen partnerschaftlichen Zusammenwirkens, die wir beide jemals gemacht haben.

Anmerkung der Autoren

Wie ich das integrative Rebirthing erfand
(von Jim Leonard)

Im November 1972, als ich gerade angefangen hatte, an der Universität California Riverside zu studieren, machte ich eine »religiöse« oder »Gipfel«-Erfahrung, während ich in den frühen Morgenstunden in den Bergen umherwanderte. Diese Erfahrung, die etwa anderthalb Stunden andauerte, schenkte mir eine direkte Einsicht in das Wesen der Existenz. Weil die gesamte Erfahrung völlig ohne Worte verlief, fühlte ich mich zwar wie umgewandelt, hatte aber keinerlei Mittel in der Hand, das Erlebte auf Begriffe zu »reduzieren«, mit denen ich es intellektuell erfassen konnte.

Erst ein Jahr später wurde mir bewußt, daß ich die Einsichten, die mit dieser Erfahrung einhergingen, auch intellektuell verarbeitet hatte und sie verbal ausdrücken konnte. Ich versuchte vorsichtig, sie Menschen »beizubringen«, die mir nahestanden. Einer von ihnen konnte sich während einer solchen Sitzung mit mir an seine Geburt erinnern, aber zu der Zeit hatte ich keine Ahnung, wie es dazu gekommen war.

Während der nächsten fünf Jahre verfolgte ich andere Arbeiten und unternahm nichts weiter mit den Einsichten, die ich an jenem Herbstmorgen in den Bergen gewonnen hatte.

1978 fing ich an, bei Theano Storm und Jack Szumel in Santa Cruz, Californien, Rebirthing-Sitzungen zu nehmen (beide sind immer noch erfolgreich als Rebirther tätig). Die beiden bildeten mich auch zum Rebirther aus, und ich machte Rebirthing zu meinem Beruf. Zu der Zeit stellte ich keine Verbindung zwischen Rebirthing und meiner damaligen Gipfelerfahrung her.

Im Verlaufe meiner Berufstätigkeit als Rebirther stellten sich mir immer wieder zwei wichtige Fragen: Warum wirkt dieses Verfahren, und warum ist es nötig, soviel Schmerz zu durchleben, um zu den erfreulichen Ergebnissen zu gelangen?

Im Mai 1979 besuchte ich Herakhan Baba in Indien, und obwohl ich mit ihm nicht einmal über Rebirthing sprach, wurde mir nach meiner Rückkehr klar, daß ich die Antworten auf meine Fragen wußte.

Die ersten Monate nach meiner Rückkehr aus Indien waren für mich eine Zeit voll großer Freude, Inspiration und Kreativität. In dieser Zeit begegnete ich einem Mann mit Namen Tai Baba (sein ursprünglicher Name war Bill French und inzwischen nennt er sich Shiva Shiva), der auch erst kürzlich eine transformierende Erfahrung mit Herakhan Baba gemacht hatte. Wir beiden erzählten uns gegenseitig oft ganze Nächte lang »Zen-Witze« und rollten uns dabei vor Lachen auf dem Boden.

Diese Atmosphäre war es, die mich dazu brachte, das erste Mal eine Verbindung zwischen den Einsichten, die ich bei meinem damaligen Gipfelerlebnis gewonnen hatte, und meinem Wissen über Rebirthing zu sehen. Das Ergebnis dieser Synthese war das Konzept der Integration und der Fünf Elemente des Rebirthing. Ich stellte schnell fest, daß jeder Mensch durch Anwendung dieser Methode viel schneller, angenehmer und sicherer in den Genuß der Wirkungen von Rebirthing gelangen konnte.

Seitdem habe ich die Technik Hunderten von Menschen beigebracht und die Methode noch weiter ausgefeilt. Dieser Prozeß des Ausfeilens und Verbesserns setzt sich heute immer schneller fort, und ich lerne jeden Tag mehr dazu.

Warum wir es Rebirthing nannten

Rebirthing ist eine einfache Selbstentfaltungstechnik von großem praktischen Wert. Es führt zu tiefer Entspannung, zu Neuausrichtung und

Erneuerung von Seele, Geist und Körper. Es ist leicht zu lernen und sehr angenehm zu erleben. Seine Wirkungen sind anhaltend.

Warum wird es also Rebirthing genannt?

Erstens bewirkt diese Technik, daß unsere spontane Lebenslust und unsere natürliche Fähigkeit zur Entspannung wachsen und sich auf sämtliche Erfahrungen der Vergangenheit ausweiten. Das Ergebnis ist meistens, daß wir unsere Geburt vollständig erinnern können.

Zweitens schenkt diese Technik jedem Menschen die Erfahrung eines Neuanfangs in seinem Leben mit einem klareren Gefühl für seine persönliche Bestimmung, mit größerem Mitgefühl und tiefer Freude.

Rebirthing ist ein erstaunliches Abenteuer, eine Reise tief ins Innere Ihres Herzens und zugleich in die äußere Welt. Sie werden auf dieser Reise entdecken, daß Sie die Fähigkeit haben, Ihr Leben so zu gestalten, wie Sie es sich immer gewünscht haben. Und noch wichtiger – Sie werden entdecken, wie Sie daran mitwirken können, die Erde in einen Ort umzuwandeln, an dem Menschen dauerhaften Frieden, Wohlstand und Zusammenarbeit erfahren.

Warum wir den Namen geändert haben

Im August 1987 haben wir unsere Technik von »Integratives Rebirthing« in »Vivation™« umbenannt, und zwar aus mehreren Gründen:

1) »Rebirthing« ist kein Name, den wir als Warenzeichen einführen können, und es gibt inzwischen auf dem »Psychomarkt« zuviele Techniken, die sich »Rebirthing« nennen, die aber nicht das Geringste mit dem Prozeß zu tun haben, den wir in diesem Buch beschreiben.

2) Wir bringen Menschen bei, Gefühle aus allen Lebensbereichen und -abschnitten zu integrieren und legen dabei nicht einen so starken Nachdruck auf die Geburt, daß wir unsere Technik danach benennen möchten.

3) Wir denken, daß das Wort »Vivation™« den Prozeß genauer beschreibt.

Das Wort »Vivation« stammt vom lateinischen Begriff für Leben ab. Dieses Buch erläutert diese Technik auf dem neuesten Stand, so wie wir sie anwenden. Inhaltlich ist unsere Arbeit dieselbe geblieben, wir haben lediglich den Namen geändert.

VIVATION™ ist ein eingetragenes Warenzeichen von Jim und Anne Leonard, Phil Laut und Jeanne Miller, die in dem von ihnen gegründeten Verband »Associated VIVATION™ Professionals« tätig sind.

Literaturhinweise

Rebirthing
Ray Corsini (Hrsg.): Handbuch der Psychotherapie, 2 Bde. Weinheim: Psychologische Verlagsunion, 1987. In Bd. 2, S. 1127 ff. steht ein Artikel über Rebirthing von Eve Jones.

Sanfte Geburt und intrauterine Erfahrung
Frédérick Leboyer: Geburt ohne Gewalt, München: Kösel-Verlag, 1986. Ein bahnbrechendes Buch über die Auswirkungen und den Ablauf der sanften Geburt. Enthält einen ausgezeichneten Teil über die Traumata, die mit der herkömmlichen Krankenhausgeburt einhergehen.
Michel Odent: Erfahrungen mit der sanften Geburt. München: Kösel, 1986. Berichte aus der Klinik von Pithiviers in Frankreich, wo seit Jahren sanfte Geburt praktiziert wird.
Thomas Verny/John Kelly, Das Seelenleben des Ungeborenen. Berlin: Ullstein-Verlag, 1983. Pränatale Psychologie und die Auswirkungen der intrauterinen Erfahrungen auf das Erwachsenenleben.

Die kreative Kraft des Verstandes
Shakti Gawain: Stell Dir vor. Kreativ visualisieren. Reinbek b. Hamburg: Rowohlt Verlag, 1986. Eine einfache und gründliche Beschreibung des Visualisierens praktischer Ergebnisse.
Shakti Gawain: Leben im Licht. Quelle und Weg zu einem neuen Bewußtsein. München: Peter Erd-Verlag, 1987. Gründliche Beschreibung des Visualisierens und Affirmierens positiver Ergebnisse für praktisch alle Lebensbereiche.
Phil Laut: Money is My Friend. Cincinnati: Trinity Publications, 1979.
Jim Leonard: Your Fondest Dream. How to Use Creativity to Get Everything You Want. Cincinnati: Trinity Publications, 1988.
Sondra Ray: Ja zur Liebe. München: Peter Erd-Verlag, 1987. Die Anwendung von Affirmationen im Bereich zwischenmenschlicher Beziehungen.
Sondra Ray: Kraft der Liebe. Basel: Sphinx-Verlag, 1987. Eine gründliche Beschreibung von praktischen Verfahren für die Vertiefung und Weiterentwicklung von Paarbeziehungen.
Sondra Ray: Schlank durch positives Denken. Die spirituelle Diät. München: Kösel-Verlag, 1986. Die Praxis des Verzeihens.

Unsterblichkeitsphilosophie
Ruby Nelson: Das Tor zur Unendlichkeit. Grafing: Aquamarin-Verlag, 1986. Spirituelle Betrachtungsweise der Unsterblichkeitsphilosophie.
Baird T. Spalding: Leben und Lehren der Meister im fernen Osten. München: Drei Eichen-Verlag.
Bd. 1–3 Bericht eines Eingeweihten über das Wunderwirken des Avatars. 1984.
Bd. 4: Unterweisungen – Indische Reisebriefe. 1981.
Bd. 5: Menschen, die mit den Meistern gingen. 1985.
Erzählende Darstellung des Besuches westlicher Wissenschaftler bei unsterblichen Meistern in Indien.

Adressen

Bei folgenden Adressen können Sie nähere Auskünfte und Informationen über Rebirthing erhalten, Rebirthing-Sitzungen nehmen und zum Teil Anschriften von Rebirthern in der Nähe Ihres Wohnortes erfahren. Die mit * bezeichneten Rebirther arbeiten nach der Vivation^{tm}-Methode, d. h. mit der gezielten Stärkung der Fünf Elemente im Sinne dieses Buches.

Deutschland:

Deutsche Gesellschaft
für Rebirthing e. V.
Bernd Schröder
Kreuzbergstr. 28
1000 Berlin 61
Tel.: 030/7854196
(vermittelt Adressen)

* Demian zur Strassen
Clayallee 351
1000 Berlin 37
Tel.: 030/8014405
(vermittelt Adressen;
Ausbildungstrainings mit
Jim Leonard u. Phil Laut)

Ines Howe
Gervinusstr. 19a
1000 Berlin 12
Tel.: 030/3241943

* Martina Zweigle
Königsallee 39
1000 Berlin 33
Tel.: 030/8265822

* Margarethe Conradi-Techt
Bergstr. 5
2057 Reinbek
Tel.: 040/7223669

* Egbert Sukop
Untere Sukopsmühle
3320 Salzgitter
Tel.: 05341/51244

Sarah E. Barth-Görgen
Ruhlstr. 7
3500 Kassel
Tel.: 0561/776389

Dr. Rüdiger Stellberg
(und Organisation für Tilke
Bluemen-Deur)
Wülfrather Str. 7
4000 Düsseldorf 1
Tel.: 0211/676153
(vermittelt Adressen)

Barbara Görner
Kampstr. 32
4000 Düsseldorf 13
Tel.: 0211/763255

Christa & Marcus Schwandner
Kolpingstr. 67
4040 Neuss 1
Tel.: 02101/593606

Heidi Stein
Borner Feld 23
4057 Brüggen 1
Tel.: 02163/59655

Alexander Haardt
Mechthold Steffen
Hölterstr. 32
4330 Mühlheim/Ruhr
Tel.: 0208/33914

Jürgen Heinrichs
Heissstr. 47
4400 Münster
Tel.: 0251/393628

Michael Niggeman
Kronenstr. 16
4630 Bochum 1
Tel.: 0234/313921

Institut für Personaltraining
Udo Hartmann
Hevenerstr. 60
4630 Bochum-Stiepel
Tel.: 0234/793529

Lothar Huppertz
Im Grüntal 44
5100 Aachen
Tel.: 0241/571154

Uttam Gerlach
Merzenicher Str. 61
5160 Düren
Tel.: 02421/37737

Charam Thomas Haßel
Bromberger Str. 11
5600 Wuppertal 2
Tel.: 0202/510910

Institut für Körperarbeit
und Tiefenentspannung
Wolfgang Wessely
Münchner Str. 27
6000 Frankfurt/Main
Tel.: 069/231643

Zentrum für ganzheitliche
Beziehungen
Oranienstr. 54
6200 Wiesbaden
Tel.: 06121/39506

Heike Schermer
Goebenstr. 28
6200 Wiesbaden
Tel.: 06121/47161

Alfred Baumgartner
E 7, 24
6800 Mannheim 1
Tel.: 0621/12579

Henna Ritter
Ganzheitliches Wachstums- und
Therapiezentrum
Neckarstr. 81a
7000 Stuttgart 1
Tel.: 0711/292352

Joachim Ruhmann
Wildunger Str. 69
7000 Stuttgart 50

Ulla Schick
Postfach 517
7000 Stuttgart 60
Tel.: 0711/331026

Axel Leopoldt
Doblerstr. 21a
7400 Tübingen
Tel.: 07071/52608

Evelyn Stierle
Lichtensteiner Str. 67
7410 Reutlingen 2
Tel.: 07121/34741

Christa Maria Rump
Rittergut 264
7601 Durbach
Tel.: 0781/42753

Ulla Bonnekoh-Konermann
Entenburgweg 4
7710 Donaueschingen 17
Tel.: 0771/13479

Freiburger Atemlehrergemeinschaft
Alf Lüchow und
Eva-Maria Kreis
Schwaighofstr. 11
7800 Freiburg
Tel.: 0761/77715

Christoph Bösch
Hofackerstr. 25
7800 Freiburg
Tel.: 0761/85179

Dorothea Klaer
Hasenweg 38
7800 Freiburg
Tel.: 0761/82838

* Jörg Pfeiffer
Aigeltshofen 12
7972 Isny
Tel.: 07562/4616

Theta Rebirthing München
Samadhi & Sarito Griebl
Parzivalstr. 23
8000 München 40
Tel.: 089/364370
(vermittelt Adressen)

Ludwig Koneberg
Friedrichshafener Str. 43
8000 München 60
Tel.: 089/837840

* Helga Eichler
Schaffhauser Str. 3
8000 München 71
Tel.: 089/754991

Lore Schreiner
Meisenweg 29
8011 Vaterstetten
Tel.: 08106/6703

Gisela Liebscher
Gerhart-Hauptmann-Str. 5
8037 Olching
Tel.: 08142/14323

Inst. f. Rebirthing und Körper-
erfahrung
Monika Bärnreuther
Pilotystr. 29
8500 Nürnberg 10
Tel.: 0911/352322

Haus für Gesundheit und Selbstverwirklichung (HGS)
Luitpoldquelle 10
8700 Würzburg-Oberdürrbach
Tel.: 0931/92523

Ingeborg Baldenius
Am Lueginsland
8940 Memmingen
Tel.: 08331/82425

Christine Goll
Bodmanstr. 11
8960 Kempten
Tel.: 0831/28822

Schweiz:

Irene Abbondio
Cité Derrière 4
1005 Lausanne
Tel.: 021/239225

* Margrit Reck
Birkenweg 21
3014 Bern
Tel.: 031/429719

Stephan Scharfenberger
und Marco Guerini
Schaffhauser Str. 34
8006 Zürich
Tel.: 01/417305
      01/9843488

Österreich:

* Ingrid & Daniel Hirtz
Wollzeile 19/18
1010 Wien
Tel.: 0222/5121981

* Ursula Göltl
Dampfschiffstr. 6/12
1030 Wien
Tel.: 0222/7219895

* Eva Brückner
Lustenauer Str. 10
4020 Linz
Tel.: 0732/2755783

Christine Goll
Boden 41
6644 Elmen (Lechtal)

Luxemburg:

Marie-Rose Plein-Fritz
16, Cité Pierre Frieden
6673 Mertert
Tel.: 748139

Gerald Jampolsky

Die Kunst zu vergeben

Der Schlüssel zum Frieden mit uns selbst und anderen
184 Seiten. Gebunden

Sehr viele Menschen leiden heute unter Schuldgefühlen und
Ängsten, empfinden Groll und Unzufriedenheit und fühlen
sich abgeschnitten von der lebendigen Gegenwart der
Liebe.
In diesem Buch zeigt der weltbekannte Autor und Psychothe-
rapeut, wie wir uns von diesen sinnlosen Leiden und Bela-
stungen befreien können. Anhand zahlreicher Beispiele und
bewegender Dokumente macht er deutlich, daß der Schlüssel
zur grundlegenden positiven Veränderung unseres Lebens die
Vergebung ist. In vierzehn lebendigen »Lektionen« gibt er
eine Fülle von Anregungen und Hilfen, wie wir diese rar
gewordene Kunst lernen, im Umgang mit uns selbst und
anderen üben und uns so an den lebendigen Strom der Liebe
wieder anschließen können.

Kösel-Verlag · München

Sondra Ray

Schlank durch positives Denken

Die spirituelle Diät
3. Auflage 1986. 149 Seiten.
Kartoniert

Dieses faszinierende Buch wirft alles über den Haufen, was wir bisher über Diäten zu wissen glaubten: nicht unsere Eßgewohnheiten machen uns dick, sondern unsere negativen Gedanken und Gefühle. Und dagegen hilft nur eines: die Diät der Liebe und Vergebung.

Die amerikanische Bestsellerautorin Sondra Ray zeigt einen neuen Weg aus dem Teufelskreis des Zu- und Abnehmens: positives Denken. Denn unsere Fettpolster sind auch Ausdruck von Schuld, Haß, Wut, Kummer und Angst vor Schmerz, an denen wir seit Jahren festhalten. Indem wir Geist und Herz von überschüssigem Gewicht entlasten, befreien wir auch den Körper.

Wie wird man nun schlank durch positives Denken? Vor allem, indem man mit Affirmationen arbeitet, die – bewußt ausgewählt und wiederholt aufgeschrieben oder gesagt – eine allmähliche Neuorientierung der Denk- und Handlungsmuster bewirken, auf die auch der Körper positiv reagiert. Sondra Ray gibt in diesem Übungs- und Arbeitsbuch alle notwendigen Anregungen zu diesem spirituellen »Diätplan«.

Kösel-Verlag · München